● 2005年度国家社科基金项目"中国少数民族传统法律文化与当代法治建设"（05XFX005）研究成果之一
● 全国少数民族优秀图书出版资金资助项目

· · · · · · · · · ·

在遭遇一场雷击之后，
文斗寨千年银杏树的树干早已枯死，
仅以树皮的滋养仍生机勃勃，
这是从中空的树干内部拍摄的银杏树。

贵州
文斗寨苗族契约
法律文书汇编
——姜启贵等家藏契约文书

陈金全　梁　聪／主编

人民出版社

贵州文斗寨苗族契约法律文书汇编

——姜启贵等家藏契约文书

顾　　问：王朝文　张伟仁　易　强

主　　编：陈金全　梁　聪

副 主 编：刘振宇　郭　亮　龙　江　吴　郁

参加搜集整理工作人员名单（以姓氏笔画为序）：

龙　江	叶力玮	申中军	宁天琪	朱益儋	刘　秀
刘振宇	纪　希	李　剑	李胜渝	李维兵	肖一爽
吴　郁	何青蓝	宋林涛	张传政	陈小曼	陈　松
陈金全	易遵发	金　逸	周华嵩	赵佳欣	郜永昌
侯晓娟	姜先福	姜廷化	姜达琪	姜启成	姜启松
姜启贵	姜良锦	姜周繁	姜高松	徐　毅	殷秀峰
郭　亮	陶亚杰	梁　聪	覃　勇	傅　伟	窦婷婷
蔡璐琳	潘志成				

　　本书绝大部分契约的收藏者姜启贵先生（后排右）全家合影，姜启贵旁边的是他的妻子陆元香（后排左），前排是姜启贵的母亲和两个儿子。姜姓是占据了文斗寨92%以上人口的大姓，族谱、民间文献、碑文、契约和口述历史，共同讲述着文斗的姜姓宗族几百年来曲折的历练与兴衰。姜启贵生于1977年，世居文斗，以稼穑为业，家中至今仍有藏契300余份。　　（摄影/陈金全）

　　2007年三板溪水电站建成后，流经文斗寨境内的清水江不再湍急蜿蜒，而是高峡出平湖，形成三面环水一面靠山的半岛形状。水面宽达850米，距村寨垂直距离仅100米，延青石步道约一公里。清水江清澈如昔，两岸群峰叠翠，风光旖旎，气候温和湿润，仍是多种林木尤其是优质杉木的重要生产地。当年伐木放排、当江市易，已成为一段真实历史的追忆。　　（摄影／郭亮）

　　文斗位于清水江中下游地区，是清水江下游的一个苗族村寨，今由锦屏县河口乡文斗上寨、文斗下寨、文斗河边村三个行政村合并而成。全寨400余户，2480人。文斗寨横跨"九冲十一岭"，面积约11.5平方公里，森林总覆盖率达95%以上。文斗至今仍保留着传统的干栏式吊脚木楼民居，村寨呈带状分布，顺山势而展延，层层叠叠。图为文斗寨一角。　　（摄影/郭亮）

　　文斗凤尾坡头曾依山势筑有寨墙，沿墙扼险
要地段开辟寨门。上、下寨门均保存完好，已
有近三百年的历史。图中的下寨门建于村寨后古
木荫稠的山口，一旁矗立的是镌刻着文斗寨寨规
的石碑。阳光透过密林，洒在古旧的门楼和碑石
上，呈现出几分历史的凝重与苍凉。

（摄影／潘志成）

　　文斗寨内青石板步道随山势而上，步道旁古树成行。这里无山不青，无水不绿，孕育着独特的古代少数民族传统生态环保文化。刊刻于清乾隆三十八年（1773年）的"六禁碑"就是文斗苗寨环保的历史见证，被誉为"中国环保第一碑"。文斗先民早就开始山田互补、以林养林、间伐轮种的生产生活方式。图为文斗村民易遵辉上山砍伐杉木后喜悦而归。　　　　（摄影／郭亮）

　　《贵州文斗寨苗族契约法律文书汇编》第一卷《姜元泽家藏契约文书》于2008年出版后，编者再次前往文斗寨，将该书赠送给姜元泽先生及部分文斗村民。编者对文斗寨全体村民的慷慨与热情表示崇高的敬意和诚挚的谢意。图为文斗村民为此专门召开的文斗契约首发式座谈会现场。从左到右：姜高松、姜良锦、易遵发、姜元泽、陈金全、姜先福、郭亮。　　　　（摄影/刘振宇）

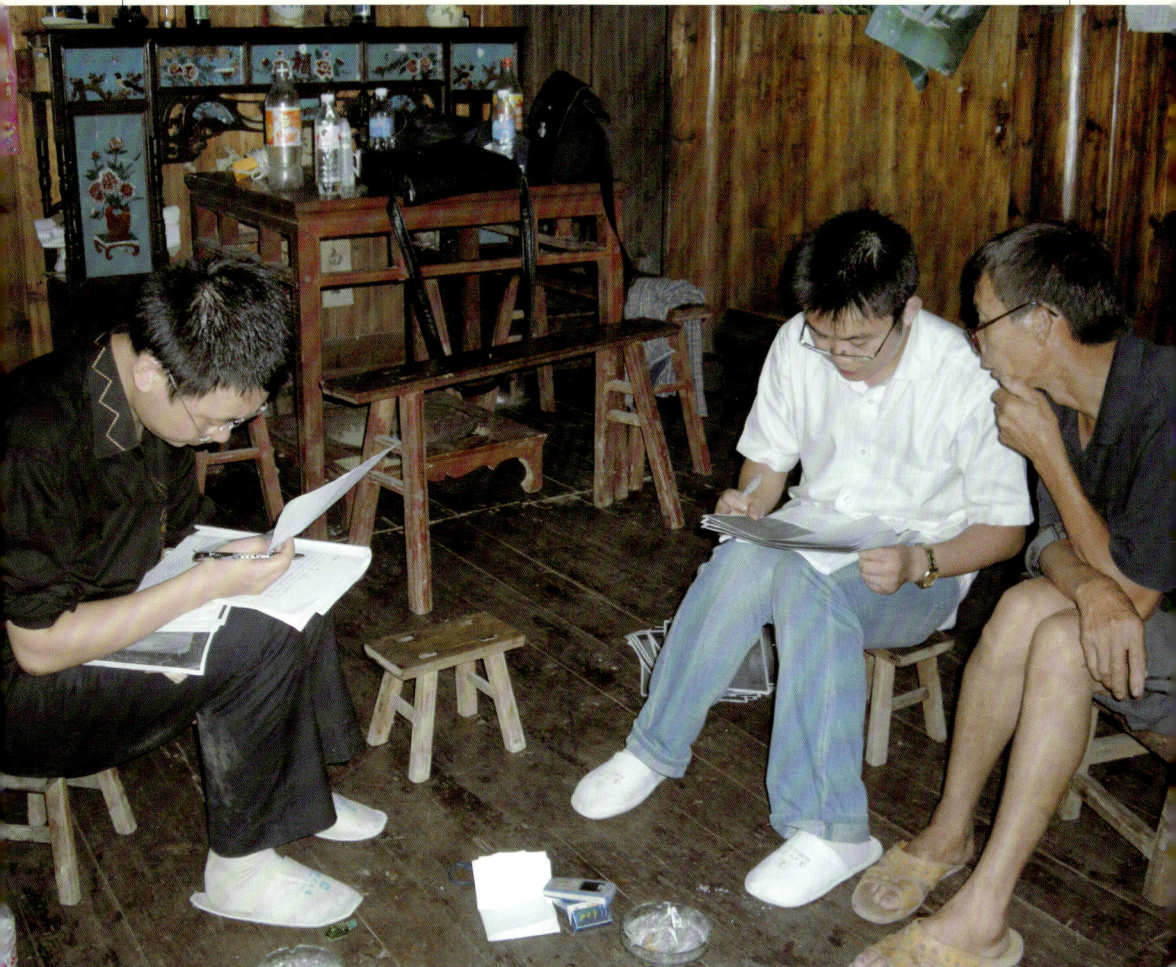

　　契约是文斗村民的一种生存生活方式。大量的契约文书确定了不同家庭、家族和村寨的经济权属，调节管理当地林业市场，规范约束人们的社会行为，维护社会的团结和稳定，保障大规模人工造林长期进行，可以说是一种原生的、自发的民事、经济习惯法。图为收集整理者郭亮（中）、刘振宇（左）在田野调查中得到文斗村民姜良锦（右）的热情帮助。　　（摄影/陈全全）

立清白分山合同約人下寨姜國珍敞才應飛周傑儸黨與
才等上寨姜廷偉姜明光周龍文寄龍香係等為因白号山
場早已分清栽木無異今有姜與才所栽杉木本任白号山頭二屸
混爭意欲與訟後人親友不恐坐視于中釋紛解勸將與才所栽之
山並地公庭拆股將□股拜斷與姜敞才國珍等五十兩之山紙上有名
人收租管業所有□股斷與姜明相文龍文寄十兩之山有名人等收租
曾業日後不得異言恐後無憑立此合同各執一蕴存照

立分合同為憑

廷武 士朝
憑中 姜廷盛
岩生 官科

乾隆五十五年八月初九 代筆姜文勤

　　文斗有"契约之乡"之称，山林买卖、租佃、
典当、分家析产等都要订立契约文书，如发生纠纷
则以契约为据。图为姜启贵家藏的乾隆五十五年
（1790年）订立的一份分山合同。

（摄影/郭亮）

序

一

王朝文

  苗族是中国古老的民族之一，不仅有悠久的历史，而且有光辉灿烂的文化。多少年来，国内外的一些专家、学者，从各自不同角度，对苗族的历史、文化进行了一些有益的探讨，虽不那么系统全面，但其研究成果也还不少，而且已开始为世人所注目。

  文斗是锦屏县清水江边一个普通的苗族村寨，但它却引起了国内外法学、历史学、人类学等领域专家的极大兴趣。令学者们大为惊叹的是，如此一个地处偏远、至今仍不通公路的寨子，竟能完好地保存这如此之多的清代契约文书。在一般人看来，大量的契约文书多应出现在历史上文化经济比较发达的地区，像文斗这样一个交通不便、经济落后的少数民族村寨中是不会有如此多的契约文书的。其实这样的认识是错误的，在中国古代，民间签订契约是伴随着交易等经济行为发生的；但凡有交易，多有契约，无论是文化发达的汉族地区，还是经济落后的少数民族山乡，都是如此。我幼时生活的黄平苗族地区也有这种清代遗留的契约，只不过其数量远不能与文斗相比。文斗的苗族同胞们所收藏的这万余份清代契约文书以及在锦屏范围内数量更多的契约再一次证明了苗族是有着丰富多彩的民族文化的。除了契约以外，苗族民间还存留有大量习惯法石碑、寨规民约、理词、法谚等习惯规则，这些共同构成了苗族绚烂多姿的法律文化，它是苗族文化的集中反映，有深厚的基础。苗族传统法律文化是苗族人民在长期的生活及与其他各族人民的长期交往中形成的优秀智慧的结晶，也是中华法系极其宝贵的历史遗产，我国学者必须重视和抢救这一珍贵的历史文化遗产，通过调查整理和深入研究，做出应有的贡献。

西南政法大学的陈金全教授早年曾在少数民族地区工作多年，此后虽然在大学校园里从事教学科研工作，但始终心系民族地区，近年来一直在贵州黔东南等地从事田野调查工作。此次，在陈教授带领下，一批学者和民族工作者，经过多年努力，付出艰辛劳动，共同组编的这套《贵州文斗寨苗族契约法律文书汇编》终于问世了。这是苗族文化史上的一件大喜事，也是中华民族文化建设事业的一件大喜事。对此，我衷心地祝贺这套书的成功出版，并愿借此机会向广大读者说几句心里话。

苗族是一个勤劳勇敢而又灾难深重的古老民族。历史告诉我们，苗族的祖先与其他民族先民一起，曾经为创建中华民族文化进行过英勇顽强的拼搏。他们万众一心，用集体的智慧和力量，勇敢地捍卫了自己民族的尊严，同时也为中华民族的团结、进步、统一与完整做出了重要贡献。苗族主要分布在贵州、湖南、云南、四川、重庆、广西、湖北、海南等省、区，在黔东南和湘鄂川黔的交界地带（以湘西为主）有较大的聚居区，在广西大苗山、滇黔桂和川黔滇交界地带和海南也有小聚居区。其他地方的苗族则与其他各民族杂居。苗族村寨少则几户、十几户，多则百户、千户。居住环境各地差别较大，多为山坡地或较平坦的山脚，也有高寒山区。历史上，苗族人民曾深受封建统治者的政治压迫和民族歧视。新中国成立之后，苗族人民真正获得了解放，在党的领导下，经济、文化建设都取得了很大成绩，人民生活有了很大提高。根据我国2000年第五次全国人口普查统计，除台湾、香港、澳门尚未统计在内，苗族人口总数有894万。另外，先后从中国迁去，而今散居于东南亚各国以及欧洲、美洲、澳洲等其他国家和地区的苗族人口，也有约200多万。这个民族，赫赫而又默默地生存了数千年，特别是中国的苗族，现在正以她的鲜明的形象与汉族及其他兄弟民族一起，立于世界民族之林。

苗族文化，包括物质文化和精神文化两个方面，在其文化类别组合的整体当中，向来著称的是传统文化。近些年来，越来越多的人开始注重研究苗族的传统文化，也取得一定成绩。但是，由于种种条件局限，有关研究还缺乏一定的系统性，这与这个具有悠久历史和悠久文化的民族的形象相比，还不大相称。因此，我们应该坚持党的基本路线，在我国民族政策的指引下，创造各种条件，调动一切积极因素，深入挖掘和系统整理苗族的传统文化，以促进苗族现代文化的发展，同时与其他兄弟民族一起，为弘扬整个中华民族优秀文化做出应有的贡献。

《贵州文斗寨苗族契约法律文书汇编》的编辑出版，在系统整理苗族文化方面做出了很大努力，并取得了显著成绩。过去我们对苗族历史文化的研究多是以汉族文献为基础资料，注意和强调汉族移民和中原文化在开发西南地区中的作用，而很少有学者从少数民族本身出发去研究他们在相对封闭环境中的经济生活和政治生活，以及他们社会发生的历史性变化、他们在这种变化中扮演的角色。除去一些观念认识上的问题外，文字资料的缺乏也是一个重要问题。这套契约文书资料的出版对于研究西南土著民族的社会，有着重要的价值。它们虽然是使用汉字签订的，却都是在苗族内部形成的，足可以真实反映苗族群众的经济活动、家族形态、村社政治状态及其变迁，为研究人员提供了说明问题的依据，有着重要的文献学意义，同时兼有法学、历史学、经济学、人类学和民俗学等多学科的研究价值，为当今苗学研究和多学科性的社会科学研究提供了难得而又可贵的第一手材料。这种契约资料在藏族、蒙古族、壮族及黎族等其他少数民族社会中也还存在，有的还是使用本民族文字订立的，虽然其数量不一定能与文斗的林业契约相比，但毕竟也能够比较真实地反映当时当地特定的民族政治、经济及历史状况，相信在《贵州文斗寨苗族契约法律文书汇编》之后，会有更多的专家学者投身于这一领域，将其整理出版。

人类社会的发展，必然要走向民族平等、民族团结和各民族的共同繁荣。但愿本套契约资料的公开出版发行，既能继承和发扬苗族的优秀文化传统，又能引起人们对这个民族的重视与研究，为各民族的共同进步与共同繁荣而继续努力奋斗！

序

二

张伟仁

西南政法大学陈金全教授近来在贵州发现了极多清代民间的契约文书，经其整理后，将分批、分期出版。我有幸先行拜读了首期的前言，对于他为这些资料的背景及内容所做的探究和分析，深感钦佩。这些资料不仅可以直接用于研究清代各色交易及以协议而建立的其他人际关系，也可以广泛地用于清代社会、经济、法制、政治等方面的研究。在法制方面，如他所说，可以充分证明中国存在着丰富的民事经济习惯法，中华法系并不是"以刑为主"或"只是刑法（刑罚）"而已。

任何一个社会的存在和发展，都要依赖多重规范来指导并约束其成员的行为，使其相互之间以及他们与环境之间的关系能够和谐稳定，以至人生丰富喜悦，万物各得其所。目前社会里最受人注目的规范是政府的法令，其次是各种社团（如政党、教会、公司等等）的章程。二者都是掌握了重要社会资源（如民意、武力、知识、财富等等）的人所制定的。再次是若干地域性的习惯，它们起源不详，但经人们长期遵行，也成了一种规范。在此三者之外，还有一种是由人们两方或多方所订立，关于某些作为或不作为的协议，是为"契约"，因为它们指导并约束当事者的行为，当然也是一种规范，而且因其出于当事者同意，所以是一种可行性较强的规范。

中国自古以来，人们就以契约指导并约束当事人的各种行为，但在近代之前，几乎没有人研究契约；相对而言，有许多人研究伦理、道德等规范，因为汉代以后的学者大多属于儒家之故。此外有关法令的也有一些，主题几乎全在刑法，大约因为研究者大多与统治阶层有关。这一阶层注重的是社会的安宁秩序，维持了这点，也就保护了他们既得的权势和利益，人们的行为无害于此的，他们都不关心。以民间的契约而言，除了涉及成立奸党、邪教、帮会等"重情"的，其他"细事"如户婚、田土、钱债等等，只要不涉刑禁的，都听当事人自由约定，对此，学者也很少加以研究。

研究契约，目的在于对各类契约当事人的资格、议约的程序、约定的内容和格式、约文的效力和诠释、争议的解决和手续等等，求取深入的了解，对现行各类契约里常见的问题加以分析，探究其原因，进而提出改善的办法，建议若干范例，以供人们参考，使得契约的订立和执行能妥善顺利，避免许多纠纷。

西方学者对此有清楚的认识，做了许多有关的研究，产生了一套详密的"契约法"。现在的跨国性契约，甚至国际间的条约，大多皆依他们研究所得的原则和方式而订立、诠释，遇有纠纷，也大多采用他们建议的途径和手续来解决。我国对契约的研究落后，所以一般人所订的契约往往不够精慎，容易引起纠纷；在议订跨国契约甚至国际条约时，多受制于人。

以上所说的是对契约自身的研究及其实用的价值。此外，研究契约还可以帮助其他研究工作的发展——因为人们常用契约规定他们的关系和行为（如婚姻、收养、买卖、借贷、雇佣、承揽、代理等等），研究各种契约，可以见到许多社会现象（如家庭和社团的结构及其成员之间的关系，经济体系的建立和运作，资源的生产和分配等等），所以近代的许多社会科学都将契约作为一项重要的研究数据，对此数据的分析也成了这些学科的一种重要研究方法。我国以往忽视契约的研究，所以那些学科的发展也比较晚。

更进一步，研究契约还有助于整个社会的发展。这一点不如上述二点那么显而易见，需要在此稍加申述。

正常的契约是由人们双方或多方自愿订立的，其前提是当事人应有平等的地位和自由的意志；其内容应该是他们在社会共同认可的范畴内，各自以主观认定具有对当性的权利和义务。前提不合或内容违反禁令或公序良俗，契约便属无效或可撤销；如无此等瑕疵，而契约一方不履行其义务，他方便有权解除契约。对于这两点，一般契约当事人必然都了解并接受，否则便不会订立契约了。

18世纪的欧洲人民渐起反抗专制暴政，学者们创立了"社会契约论"，以支持民众的行动，对抗统治者高唱的"君权神授论"。依此新说，统治者与人民间的关系应该以契约订立，双方有对当的权利和义务，一方违约，他方就可解约。此一虚构之说，有许多牵强之处，但是或许因为犹太教及基督教一向有神人相约的传说和信仰，所以欧洲人对此新说很易接受，因而引发了若干国家的民主改革或革命，产生了一类特殊的"契约"——宪法，设定了几种新型的治者与民之间的关系。这些宪法在各国实施的结果并不尽如理想，但有一点明显的长处：依此建立的统治者与人民间的关系，远比以武力或阴谋所建立的关系较为和谐稳定，因为至少在理论上，这些新型的关系是由统治者与人民，以平等的地位和自由的意志协议而生的，对于双方行为的指导性和约束力都比较强。

其实在任何人之间若能平等相待，依据双方的自由意志，议定相互的权利义务，他们的关系都可以比较和谐稳定。在正常的契约关系里，此原则的效果是很明显的。西哲将此原则扩大应用于统治者与人民的关系上，初看似属创举，但我国前贤早已有此认识。孔子说"君君、臣臣、父父、子子"，就是说君臣、父子之间，都应有对当的权利义务。此外，他又进一步指出社会上有一套为大众普遍认同的行为范畴——"道"，人们应该一体遵守，才能维持相互的关系。在任何关系里，双方的权利义务当然也应合乎这"道"，如果一方的权利义务与"道"相悖，或一方不依"道"行使其权利、履行其义务，他方至少可以不再履行其相对的义务。例如在君臣关系中，君无道，臣可以退隐，卷而怀之。孟荀申述此义，强调"从道不从君"，提出了暴君放伐之说。这些想法，其实都是从一个基本原则引申出来的，那就是——和谐稳定的人际关系，必须是人们以平等地位和自由意志，为寻求对当权利义务而建立起来的。认识了这一原则之后，再来观察人际关系，便可直接看出其和谐稳定与否的原因，进而加以改善，无需假借虚构的契约为引子。这是我国先贤胜出西哲一筹之处。

可惜孔孟的见识和主张未经发扬，到了汉代，竟被董仲舒等人的"纲常"之说扼杀了，使人们在许多情况下，无法以平等的地位和自由的意志寻求对当的权义，无法用协议的方式决定某些关系的建立与调整、延续或废止，而由掌握了权势的人，以其私意，迫使多数人陷入不平等的关系，受到剥削和虐害。人们被压制到了极限，便爆发出大规模的反抗，来摧毁那些不平等、非自愿的关系。可叹的是，那些在旧关系里受害的人们，于消极地破坏、泄愤之后，并没有积极地参与改革，以平等的地位、自由的意志，经过协议来重建新的关系。所以虽然牺牲了无数生命，旧关系又恢复了，只是更换了少数的当事人而已。为什么人们不从事那样的重建工作，而让悲剧周而复始地一再上演？主要因为他们已被蒙蔽，以为民众与统治者之间的关系和一般人际的关系不同，基本上不是平等的，所以只能希望找到一些圣贤仁义之人来统治，无法建立一种平等的新关系。

自从西风东渐，我国知识分子受了社约论的影响，依据西方先例，前后制定了若干版本的宪法。但因国人既不明其理论的背景，又不知其实施的要诀，所以都成了具文。其实不必东施效颦，只要将孔孟指出的原则刮垢磨光，使人们能充分了解并付诸实施，必定可使统治者与民众之间的关系彻底改善，无须附会契约之说。

然而契约是人们遵行上述原则最常见的举措，所以研究一般契约的种种细节及其背后的原则和精神，对于并非以明显的契约方式所产生的人际关系应如何建立，如何施行，可以有很大的帮助。以人民与统治者之间的关系而言，人民不仅应依据这种原则和精神订立宪法，成立政府，在此之后，还应该以直接或间接的方法制订其他法律和实施细则，更明确、精密地规定政府与人民之间对当的权利和义务、行使权利和履行义务的办法，以及违背这些办法的处分和实施处分的程序。这些做法与虚构的契约论所述有异，但其原则和精神与契约所据的大致相同，而其细节——如何使双方权义对当，如何防止一方违反其义务或不当地行使其权利，及在这种情形发生后如何解决等等——也可以取自常见的契约之中。

所以金全教授搜集整理出版的民间契约，犹如一个宝库，此后学者可以利用其中的材料，对于契约自身，详细寻绎出它们如何指导并约束当事人行为的种种办法，并且进一步用以探究当地社会、经济等等现象。此外我更希望经由这些研究，可以让人们见到以平等地位和自由意志所建立的人际关系的优点，促使人们在各种人际关系（特别是人民与统治者之间的关系）中力求此一原则的适用，使社会能更趋和谐稳定。要取得此一成果，当然有赖许多睿智弘毅之士长期的努力。幸而金全教授已为大家完成了一部分准备工作，我们应该为此向他致敬!

二○○六年三月于台北

目录

前
言

　　自 2000 年以来，我和我的学生们一直致力于法人类学的田野调查工作。在一次以贵州省黔东南少数民族习惯法为中心的调查工作中，我们专程来到文斗寨，由此而有幸与文斗数量众多的苗族契约文书结缘。文斗是黔东南州锦屏县西南部的一个苗族村寨，距县城有三十余公里，至今不通公路，只能沿清水江溯流而上，行舟至文斗河边村❶登岸，再山行近一个小时，方可到达文斗上下两寨。初次接触文斗这个古朴的"世外桃源"，我们既惊叹于这样一个"偏远"之地竟有数量如此巨大、内容如此完备的清代苗族契约，同时也为这批苗族契约久在深山人未识而颇感惋惜，自然生发了将这批契约整理出版以供学界研究的念头。

一

　　黔东南及其毗连的湘西地区，皆崇山峻岭，层峦叠嶂，宜林木生长，是一个纵横千里的大林区。早在明初，朝廷即开始在以锦屏为中心的清水江流域征派"皇木"，明末清初时除了皇室征派外，还吸引了各地客商云集于此收购木材，每年都有大量的木材外运。锦屏县的王寨、茅坪、卦治三个苗村侗寨由于地处清水江下游，河面开阔，适宜停泊船只、木排，同时又有清水江水运之便利（清水江

---

❶ 文斗属锦屏县河口乡，原分蛾上寨村、下寨村和河边村三个自然村。2003 年国家重点工程三板溪水电站实现截流，文斗河边村被淹没。

与湖南的沅江相连，并可经洞庭湖直下长江），成为锦屏木材集运的交易口岸，称为"三江"。自卦治、王寨而上的清水江林区，本地经营木业的苗侗等族商人只能运销木材于三江，谓此种商人为山客、山贩或上河山客、上河山贩；凡自长江流域各省来黔经营木业的商人，也止于三江购木，谓之水客或下河水客。山客与水客之间不可直接交易，必须经由三寨的木行中介方可成交。据民国年间的资料记载，清水江林业贸易最盛时期年营业总值曾达二百万元，最低亦约七八十万元，❶ 足见当时木材交易之盛况。但是，天然林的储量毕竟是有限的，木材的商品化加剧了山林买卖的同时也导致了山林趋向过伐的状态。据《锦屏县志》记载，至道光年间时清水江沿岸"杉几尽矣"❷，亟须更新再生产。在这种情况下，锦屏地方的人工育林传统应运而生，人工商品林逐渐取代了天然林，从而延续了清水江流域几百年林业贸易的辉煌。

鼎盛时期的文斗寨是个有千户人家的大寨，其地近清水江，属山林地带，地面受清水江切割较深，山清水秀，风景旖旎，气候温和，雨量调匀，适宜林木速生丰产。江岸巍巍群山，翠林排山塞谷，绵延不断，是锦屏县的重要林产地之一，人工造林与木材采运是清代文斗苗人赖以谋生的主要生产手段。不仅本地人热衷造林，省内各地甚至湖南等地的手工业者和破产农民也蜂拥而至，争相租地造林。长期大规模的木材采运贸易和人工造林，导致了异常频繁的山林土地权属和劳动利益的复杂转换和分配，相应地伴生了大量作为确定经济权属凭据的林业契约。历史上，人们买卖山林田地、租佃山场、管理山林、伐林卖木等行为，无不通过签订契约文书来实现。同时，人们还把签订契约这一习惯引入了婚姻嫁娶、抚养继承、分家析产和订立族规等各个领域，每一张契约，都记录了一段历史。尽管历经自然灾害和政治运动，契约损毁严重，但目前文斗寨内大部分村民家中都还珍藏着这些历史文书。据估计，文斗村民家中存留的这些契约文书的总量当在一万件以上。除了文斗寨，锦屏县清水江两岸的其他苗族侗族村寨

---

❶ 贵州省档案馆等编：《贵州近代经济史资料选辑（上）》第一卷，四川社会科学院出版社 1987 年版，第 339 页。

❷ 贵州省锦屏县志编纂委员会编：《锦屏县志》，贵州人民出版社 1995 年版，第 473 页。

中也都或多或少地存有这些林业契约，据估计全县 212 个村目前保存有十万份以上的契约文书。不过，就所藏契约的数量而言，均无法与文斗比肩。文斗的这些契约文书，产生于 18 世纪初（康熙末年），鼎盛于 18 世纪中后期（乾隆、嘉庆、道光年间），一直延续到 20 世纪，时间跨度约为 300 年。像这样大量、系统地反映一个狭小地域的民族、经济及社会发展状况的契约，不仅在我国契约史料中是罕见的，即使是在全世界范围内也并不多见。

二

我国使用契约的历史很长，现存的契约文书数量相当庞大。杨国祯先生早在 20 世纪 80 年代初便曾保守地估计，仅中外学术机构搜集入藏的明清契约文书原件的总和，当在一千万件以上❶，这还没有包括敦煌文书中的，以及宋元、民国时期的契约文书原件。如果再加上金石文字以及文献中的契约资料（包括民间大量的契约样文、契约程式），其数量之巨，非凡人所能尽数；其内容之丰富，亦非凡人所能遍睹。近年来，我国有一大批契约资料经整理考释后出版，其中比较重要的包括：张传玺主编《中国历代契约会编考释》（北京大学出版社 1995 年版），该书共收有自西周至民国历时 3000 年的契约 1402 件，其中包括明代契约 422 件、清代契约 500 件以及民国契约 73 件；中国社会科学院历史研究所编《徽州千年契约文书》（花山文艺出版社 1993 年版），包括"宋元明编"及"清、民国编"，收录了徽州地区自宋至民国时期的契约及相关文书，所收契约文书全以缩微胶版形式出版，非常直观，但文字不甚清楚，识别起来有一定困难；沙知录校的《敦煌契约文书辑校》（江苏古籍出版社 1998 年版），共收契约资料 300 余件，同时又收录了少量含有契约内容或与契约密切相关的牒状、公验、凭约文书；国家文物局古文献研究室等编辑《吐鲁番出土文书》第一至十册；四川自贡市档案馆等编《自贡盐业契约档案选辑（1732—1949）》（中国社会科学出版社 1985 年版），该书收录了清代至民国间的契约

---

❶ 参见杨国祯：《明清土地契约文书研究》，人民出版社 1988 年版，第 3 页。

785 件；中国少数民族社会历史调查资料丛刊，广西壮族自治区编辑组编《广西少数民族地区碑文、契约资料集》（广西民族出版社 1987 年版），这是广西少数民族社会历史调查组 1956—1957 年在大新县进行壮族社会历史调查时，搜集的土司时期的田地契约文书资料；四川新都县档案史料组编《清代地契史料》和《民国地契史料》；谭棣华、冼剑民编《广东土地契约文书》（暨南大学出版社 2000 年版）；另有田涛等主编《田藏契约文书粹编》所收录的近千件契约系田涛先生的私人收藏，时间跨度从 1408 年到 1969 年；台湾学界出版有《台湾总督府抄录档案契约文书》（全十册）；台湾"中央研究院"编《台湾平埔族文献资料选集》（上下册），岸里大社文书出版编委会编《"国立"台湾大学藏岸里大社文书》（共 5 册，1998 年出版，收录 1091 件契约等文书资料），陈秋坤、蔡承维编著《大岗山地区古契约文书汇编》等等。众多契约文书的整理和出版，为我们系统深入地研究明清社会的社会经济、法制状况提供了大量翔实的资料，具有相当程度的参考价值。同时，众多契约文书及相关研究成果的出版，也彰显了"契约学"作为一个新兴的、独立的研究领域所具有的远大前景。

在我们列举的这些已整理出版的契约文书中，吐鲁番文书与敦煌文书中的契约资料多是唐时的文物，其他属于明清时代的契约则多见于历史文化经济较发达的地区。至于广袤的边远民族地区，除台湾出版的少数民族族群的契约文献及《广西少数民族地区碑文、契约资料集》外，已知的还有内蒙古大学图书馆收藏的呼和浩特和包头两地的契约数百件，都是清朝后期和民国时期的遗物，其他如分布在云贵川等地的彝族也有少量契约等文书资料。这些契约多以汉字订立，对研究少数民族经济的发展、汉族和土著民族的关系等都有很高的参考价值。不过，由于这些民族居地偏远，经济发展滞缓，文化相对落后，存有的契约资料尤其稀少，至多不过百余件。至于在一个并不算太大的少数民族村寨中能存留有近万份的清代契约，相信也仅有文斗一例。

当然，尽管文斗现存的这些契约数量甚巨，亦无法与徽契 ❶ 比肩，在浩如烟海的明清契约中，其不过只是沧海一粟。但现存的明清契

---

❶ 据估计，现收藏于国内外各收藏单位和私人收藏者手中的徽州契约当在 25 万—30 万件，在徽州民间尚未流传出来的徽州契约文书大约还有 10 万件。

约文书除已出版的《自贡盐业契约档案选辑（1732—1949）》所载以盐场、井基、井灶等的买卖、租佃、合股、分成等盐业契约为主外，其他的契约多集中于土地的买卖、典当、租佃以及银钱借贷等方面。日本东京的东洋文库明代史研究室曾于1975年编有《中国土地契约文书集（金—清）》（东洋文库1975年版），该书较为全面地反映了明清时期中国土地所有与土地经营关系。在土地经营以外的广大领域，则较少有契约文书传世，即使是与农业密切相关的山林，也是如此。在以自然经济占绝对优势的封建社会里，人们对森林资源的利用，仅是就地采伐以用于生产和生活所需而已，因此很少会形成规模性的人工造林，更难建立林业上的租佃、买卖、合伙等经营关系。即使民间存在少量的林木买卖，其买卖关系也在一买一卖之后即已完毕，无须再签订契约，所以现存的明清契约中很少会存在此类林业契约。而贵州文斗的苗族契约文书，独以林业契约为主，正好填补了这一领域的空白。生活在文斗的苗族先民们，一方面靠山吃山，以原始自然林为生，一方面又与自然和谐相处，有计划地培育人工林，既维系改善了自身的生存条件，又防止了破坏性的开采，形成了生态环境的良性循环，也在林业经营中产生了大量作为经济权属凭据的林业契约文书。这些契约文书对我们研究清代以至民国期间苗族人民的林业经济生活以及我国林业发展史都有重要意义，足以真实反映清代文斗社会的生活图景。

在对文斗现存的大量契约及相关文书的整理考释过程中，我们发现历史上的文斗可以说是一个依法办事的"礼法社会"，一个以契约为主要依据的"自治社会"。文斗人工培育的林木主要是杉木，杉木生长期一般在三十年左右，虽然文斗的气候和土壤均适宜林木生长，但杉木最快也需十八年至二十五六年方才成林。所谓"前人栽树，后人乘凉"，在人均寿命仅有四五十岁的那个时代，往往是"前人种树，后人受益"，一代人在壮年时种下的木植，往往等不及伐卖，自己业已在劳顿的生活中过早辞世，得益的仅是后人。而有的杉木或者山场在杉木的一个成长期中屡经转手，几易其主，能确保人们所有权及经济收益的凭据也仅有契约文书，文斗社会延续几百年的人工造林和林业经营史向我们展示了契约文书这种毋庸置疑的效力。每年的农历六月初六，文斗的村民们都要将家中存放的这些发黄的契约拿出来晾晒，称为"晒契"，足见契约在人们心目中的重要地位。即使在新中国成立之后，这些契约已经不再具有效力，人们仍要把它拿出来晾晒。以契约形式存留的乡规民约（如文斗寨寨门外竖立的保护环境的"六禁碑约"），具备了同契约相近的强制性。对规约的尊重，连地方和宗族领袖也不能例外。由于文斗人喜欢凭契约讲理，甚至被官府称为"好讼之乡"。大量的契约文书确定了不同家庭、家族和村寨的经济权属，调节管理当地林业市场，规范约束人们的社会行为，维护社会的团结和稳定，保障大规模人工造林长期进行，可以说是一种原始的、自发的民事、经济习惯法。文斗苗契的事实和苗族人的法律生活经验充分说明中国存在着丰厚的民事法文化和民事立法的历史依据。这也从一个侧面说明中华法系并不是"以刑为主"或"只是刑法（刑罚）"而已，中华民族也并不是只有刑法而无民法的"不开化"民族，❶这对于廓清近代以来国内外对中国传统法律文化的偏见和误解不仅有极大的启发意义，而且也是把颠倒的历史校正过来的切实工作。通过对现存契约文书资料的整理编校，不仅可以为中国制定民法典提供一些智慧和借鉴，使建构社会主义法律体系特别是民商事立法可以从中获得丰富的鲜活的资源和启示，而且可以揭示出中国本土民事法律的一些新内容、新观点，从而丰富中国的民法学和民法史学。

三

目前，文斗苗族的林业契约已引起了国内外法学界、历史学界、人类学界和经济学界的充分关注。自2000年来，每年均有十余批国内外专家学者前往文斗考察，但相关研究才刚起步。鉴于需要，有的研究者已经致力于搜集整理工作，并进行分门别类的专项研究。如日本东京外国语大学唐力、武内房司教授和贵州省社科院杨有赓研究员等共同编校

---

❶ 梅因曾有言："衡量一国文明程度之高低，观其刑法与民法的比例便略知一二；大凡刑法发达于民法的国家，必是不开化或者半开化的国家，而民法发达于刑法的国家，则为开化的文明国家。"李祖荫为介绍《古代法》一书所作的《小引》云：日本有的法学家把《古代法》作者梅因的"大凡半开化的国家，民法少而刑法多"的观点，奉为至理名言，"据此对我国大肆诬蔑，说中国古代只有刑法而没有民法，是一个半开化的、文化低落的国家。就在我国，也有一些资产阶级法学家像鹦鹉学舌一样，把自己的祖先辱骂一顿"。（李祖荫：《"古代法"小引》，见亨利·梅因：《古代法》，商务印书馆1959年版）

出版的《贵州苗族林业契约文书汇编（1736—1950）》（三卷本）中收录有契约等文书计800余份；山东大学谢晖、陈金钊教授主持的《民间法》第三、四卷（山东人民出版社出版）中也收录有谢晖、罗洪洋整理的部分文斗契约，其数量亦不过百余份，这些与文斗民间现存的万余份契约相比是远远不够的。此外，早在2001年8月锦屏县人民政府与中山大学即已开始合作开展锦屏林业契约的征集和研究工作，据说目前征集到的各种契约文书已有一万多件，均收藏于锦屏县档案馆。

资料是研究工作的基础，同时也可以是研究的对象，资料欠备或不准确，对研究工作的影响不言而喻。为了能给研究者提供全面的资料，以使研究者的工作能在扎实的基础上进行，不致因资料不备而知其一不知其二，形成片面乃至不正确的论断，我们数次进入文斗寨，并与文斗上下两寨的村民委员会共同搜集整理这些契约，汇编结集为《贵州文斗寨苗族契约法律文书汇编》出版。为了使研究者能更全面地了解清代中后期苗族家庭的经济生活，同时也充分尊重这批苗族林业契约的保存者——文斗村民们的利益，将文斗各户所藏契约分卷出版，所藏契约多者单独编为一卷，其余按房族亲缘合编为若干卷。其中丛书的第一卷《姜元泽家藏契约文书》已于2008年7月由人民出版社出版。

现在奉献给读者的这本《姜启贵等家藏契约文书》是本套丛书的第二卷，所收录的契约资料绝大部分来自于姜启贵先生的家藏。在此，我们对文斗寨姜启贵先生及其家人的慷慨与热情表示最崇高的敬意和最诚挚的谢意！姜启贵先生家中保存有清朝及民国年间的契约数百份。这些契约，大部分都是姜先生祖上流传下来的，或由其祖上所签订，或是其祖上作为单契的权利相对人保存。内容涉及租佃契约、买卖契约、借贷契约、合同文书、分关合同、典字、换字、讨字等。所有这些契约文书统一按年代循序排列出版。

经过几年的辛勤劳动，这套《贵州文斗寨苗族契约法律文书汇编》丛书中的第二卷《姜启贵等家藏契约文书》终于得以面世了。这期间，最难以忘怀的就是那些与文斗的村民们在一起搜集整理契约的日日夜夜。几年来，我们数次进入这个清水江沿岸至今仍不通公路的苗族村寨，村民们的淳朴好客、热情大方给我们留下了难以磨灭的印象。此后，我们又邀请文斗寨的姜廷化、易遵发两位村长来到重庆与我们共同整理这些契约资料，同时两位村长还在西南政法大学的讲坛上为广大法学学子作了一场关于文斗林业契约文化的精彩报告。这本《姜启贵等家藏契约文书》得以顺利出版，离不开文斗寨众多朋友的慷慨帮助和辛勤工作。再次感谢姜启贵先生及其家人，正是他们的悉心看管才有了今天这批珍贵的契约资料，也要感谢在调查时始终陪伴我们工作的文斗寨姜廷化、姜良锦、易遵发、姜先福、姜启松、姜高松、姜周繁、姜启成、姜达琪等人以及以各种形式为我们的调查工作提供便利的文斗的其他朋友们。感谢锦屏县史志办的王宗勋主任，在我们首次赴锦屏调查时，正是他详细地向我们介绍了文斗林业契约的相关情况，并激发了我们对这一领域的浓厚兴趣，他此后又先后三次亲自陪同我们到文斗从事调查工作。还要感谢贵州省原省长、原国家民委主任王朝文先生，这位苗族老同志对我们的工作一向给予极大的鼓励和支持，欣然出任本套丛书的顾问并为之作序。此外，著名法史专家、台湾"中研院"史语所研究员张伟仁先生等学者对我们这种注重实地调查、注重第一手资料及关注边缘群体的研究方法和学术态度始终给予充分的肯定。中国社科院研究生院原法律系主任、中国法律史学会原会长韩延龙教授对我们的工作也给予了莫大的关心、帮助和鼓舞，这使我们常在孤独劳顿的踽踽独行中得到莫大的安慰，在"单调乏味而又需要耐心地挖掘事实的工作"❶中受到鼓舞，使我们有足够的勇气来坚持这一工作。也要感谢人民出版社法律与国际编辑部的李春林先生、李媛媛女士和装帧设计周涛勇先生及其同事们，正是他们的辛勤劳动，这本书才得以顺利出版。

编者在较短时间内完成此巨帙，由于量广面大，疏误自然难免，希望能有更多的学者对文斗苗族契约产生兴趣，并不断深入研究，琢璞成玉，取得新的研究成果。

陈金全

2014 年 10 月

---

❶ ［美］E. 霍贝尔：《原始人的法》，严存生译，贵州人民出版社 1992 年版，第 3 页。

契约

【朱本公卖菜园契】

　　立断菜园约人朱本公经修景山，为因得买姜老连菜园一块，自愿断与陆元辉为业，价银捌钱。自卖之后，不得异言。恐后无凭，立此断约存照。

　　　　　　　　　　凭中　姜弘文

　　　　　　　　乾隆一十二年十二月初九　本公　笔　立

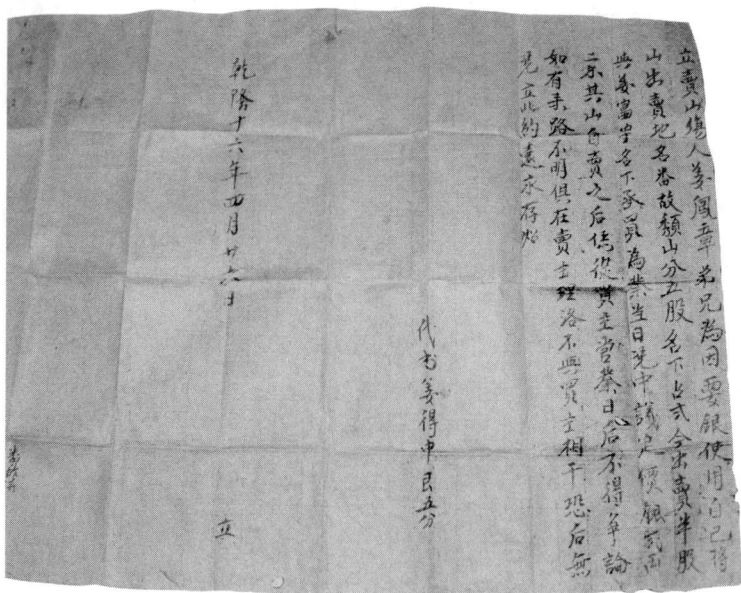

【姜凤章弟兄卖山契】

　　立卖山场〔约〕人姜凤章弟兄，为因要银使用，自己将山出卖，地名番故颓（得），〔此〕山分五股，名下占贰〔股〕，今出卖半股与姜富宇名下承买为业。当日凭中议定价银贰两二钱。其山自卖之后，任从买主管业，日后不得争论。如有来路不明，俱在卖主理洛（落），不与买主相干。恐后无凭，立此约远永存炤（照）。

　　代书　姜得中　银五分

　　　　　　　　　　　乾隆十六年四月廿六日　立
　　　　　　　　　　　番故得

【姜保藐卖山契】

立卖山场约人中房姜保藐，为因家〔中当〕下要银使用，亲身问到将祖遗山场一处，地名坐落番固（故）德（得），作为五大股均分，今名下一股出卖与姜富宇名下承买为业。当日凭中面议价银四两三钱正（整），亲手领回〔应〕用，其银交明，不得短欠。自卖之后，凭从买主子孙管业，卖主兄弟以并外人不得异言番（反）悔。〔如有〕不清，俱在卖主尚（上）前理落，不与买主何干。今欲有凭，立卖山场约存照。

度中　绞苟
凭中　姜文科
代书人　文炯
乾隆二十九年十二月廿五日　立

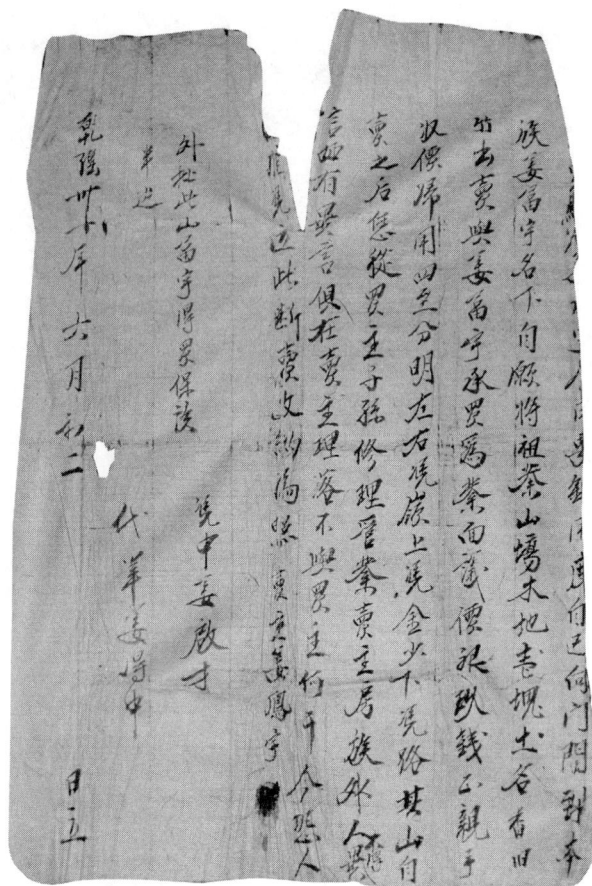

【姜凤宇卖山契】

立卖约人姜凤宇，为因要银用度，自己向门问到本族姜富宇名下，自愿将祖业山场木地壹块，地名番旧竹，出卖与姜富宇承买为业。面议价银玖钱正（整），亲手收价归用。四至分明，左右凭岭，上凭金少，下凭路。其山自卖之后，任从买主子孙修理管业，卖主房族、外人不得异言。如有异言，俱在卖主理落，不与买主何干。今恐人□难凭，立此断卖文约为照。卖主姜凤宇。

外批：此山富宇得买，保后半边。

凭中　姜启才
代笔　姜得中
乾隆卅一年六月初二日　立

【姜文进再卖木契】

立断卖杉木约人姜文进，今因家〔中当〕下要银，分争木头一十六根，地名坐落番故怼山，房族入中理清，自将名下之木山断与本房姜富宇名下承买蓄禁修理管业。当日凭中面议价银一两三钱正（整），亲手领回授（受）用。其银交完，不得短欠。自卖之后，任从买〔主〕管业，卖主兄弟以并外人不得异言番（反）悔。一卖一了，父断子丢。今恐日后人信难凭，立此断约永远存照为据。

　　　　　　凭中理明　姜德宇、姜宗保
　　　　　　卖主　姜文进
　　　　　　代书　姜文炯
　　　　　　番故得契
　　　　　　乾隆三十二年七月初九日　立

【姜文佐卖山契】

　　立卖山场契人姜文佐，为因家〔中当〕下要银使用，无从得处（出），自愿将到分下山场一股，地名翻（番）故得，请中问到本房内姜富宇兄名下承买为业。凭中面议价银叁钱正（整），亲领入手应用。其山自卖之后，任从买主子孙管业，卖主房族弟兄不得异言。如有来历不清，俱在卖主向前理落，不与买主何干。今欲有凭，立此卖契存照。

凭中人　姜银乔礼

卖主　姜文佐

代书　姜文玉□

乾隆三十四年二月初五日　立

番故得山契

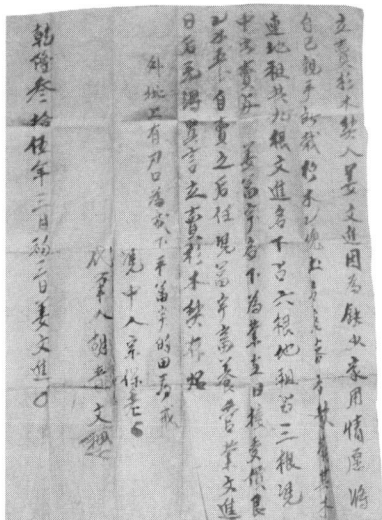

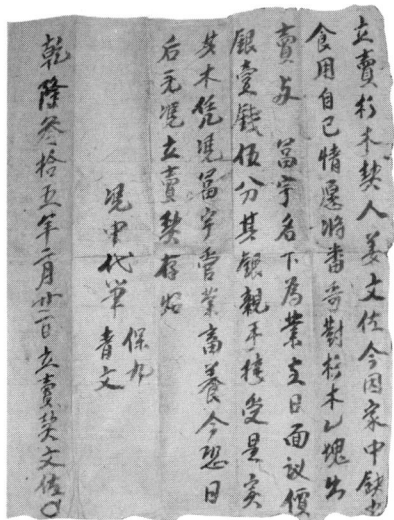

【姜文进卖木契】

立卖杉木契人姜文进，因为缺少家用，情愿将自己亲手所栽杉木一块，地名坐落□□，其木连地租（主）共九根，文进名下占六根，地租（主）占三根，凭中出卖与姜富宇名下为业。当日接受价银一钱五分。自卖之后，任凭富宇蓄养管业，文进日后无得异言。立卖杉木契存炤（照）。

外批：上有刀口为戒（界），下平（凭）富宇的田为戒（界）。

凭中人　宗保老
代笔人　胡青文□
乾隆叁拾伍年三月初三日　姜文进

【姜文佐卖木契】

立卖杉木契人姜文佐，今因家中缺少食用，自己情愿将番奇对杉木一块，出卖与富宇名下为业。当日面议价银壹钱伍分，其银亲手接受是实。其木任凭富宇管业蓄养。今恐日后无凭，立卖契存炤（照）。

凭中、代笔　保九、青文
乾隆叁拾五年二月廿二日立卖契　文佐

【姜连保卖木契】

　　立断卖杉木约人姜连保，为因缺少粮食，无从得出，情愿将到分下所栽之木，地名坐落番固推，其木原作三股平分，地租（主）一股，福三一股，连保一股，其木长大发卖，照股均分，今山断卖一股以（与）堂弟姜映龙、映魁二人名下承买修理蓄禁为业。当日凭中面议价银一钱七分整，亲手领用，其银不得在欠。自卖之后，不得番（反）悔异言。今欲有凭，立约存照。

　　　　　　　　　　代书　姜文炯

　　　　　　乾隆三十五年闰二月廿日　立　卖主姜连保

【姜文伍卖山契】

　　立卖山场契人姜文伍，为因要银使用，自将山场一块，地名穷老夏水沟上，作四股均分，自将已分一股今出卖与姜富卓兄名下，作价银贰钱。其山界至：上凭顶，下凭沟，左凭文凤，右凭老合，四至分明。文凤名下存叁股。今欲有凭，立此卖契存照。卖主姜文伍。

　　　　　　　　　　　　凭中　姜宇文
　　　　　　　　　　　　文玉　笔
　　　　　　　　　　　　乾隆三十陆年十一月廿六日　立
　　　　　　　　　　　　姜登熙呈〔文〕

【姜氏领等卖山场杉木契】

　　立卖山□杉木契人本房姜氏领丰□辇老隆母子三人，今因家〔中当〕下要银使用，自己将到地名穷强山场杉木一块，出卖与姜□郎名下承买为业，上抵领（岭），左抵国政，右抵大凤，下抵水沟，直横至冲，四至分明。凭中议定价银一两八分正（整），入手应用。自卖之后，其山场杉木凭从买主管业，房族弟兄不得异言争论。如有异言争论，领丰母子三人向前理落，不干买主之事。今欲有凭，立此卖为据。

　　　　　　　　　　凭中、代笔　姜起渭
　　　　　　　　　　卖主　姜□丰子老辇、老历
　　　　　　　　　　乾隆四十四年十二月十四日　立

【姜保岩弟兄卖木契】

立卖杉木山场约人姜保岩弟兄，为因〔要银〕无从得出，自愿将到杉木二处，地名坐落〔一处〕岩校坡，一处堂宜，出卖与本房姜映祥名下承买为业。当日凭中议定价银三钱八分……应用。其木自卖之后，任从买主管业，卖主弟兄不得异言。今欲有凭，立卖约存照。

代笔　周文

外批：堂宜分为三股，周文占一股，老元占一股，保岩弟兄占一股出卖。〔其界〕上凭田，下凭□，左凭□□，右凭九堂。

乾隆四十九年八月初七日　立

〔外批〕：坎（砍）尽佃与合连又栽，十九年栽手又卖与名下。

【姜登保卖山契】

　　立卖山场杉木字人姜登保，今因家中缺少银用，无处循（寻）出，自愿请中将到祖遗之山，地名乌号，其山界限：上登顶，下凭鸟或溪，左凭□，右凭冲。此山分为十股，登保占一股，出卖与姜包所、宗羲二人名下承买为业。当日凭中仪（议）价银十三两一钱正（整），亲手取回任用。其杉山自卖之后，任凭买主管业，卖主不得异言，如有不清，俱在卖主上前理落，不关买主之事。今欲有凭，立此卖字发达为据。

　　　　　　　　　　　　凭中　姜永绞
　　　　　　　　　　　　代笔　姜周隆
　　　　　　　　　　　　乾隆五十一年十二月初四日

【姜老岩卖木契】

　　立卖山场杉木字人姜老岩，为因家中缺少银用，自己亲身问到本族姜佐周承买为业。当日议定价银五钱。其山场杉木四股均分，老岩占一股，今将一股出卖，坐落地□皮的善。自卖之后，不得异言，任从买主管业。恐后无凭，立此卖字为据。

卖主　姜老岩

笔　姜□□

乾隆五十二年四月初九日　立

【姜兴才等分山合同】

立清白分山合同约人下寨姜国珍、启才、应飞、周杰、□党、兴才等，上寨姜廷伟、姜明光、周龙文、奇龙、香保等，为因白号山场早已分清栽木无异，今有姜兴才所栽杉木在白号山头，二比混争，意欲兴讼。族人亲友不忍坐视，于中释纷解劝，将兴才所栽之山并地公处拾贰股，将拾一股断与姜启才、国珍等五十两之山，纸上有名六人收租管业；所有一股断与姜明相、文龙、文奇十两之山，有名人等收租管业，日后不得异言。恐后无凭，立此合同各执一纸存照。

立分合同为据【半书】。

映飞手承一纸。

凭中　姜廷式　姜士朝　姜廷盛　姜岩生、姜官科
代笔　姜文□
乾隆五十五年八月初九日　立

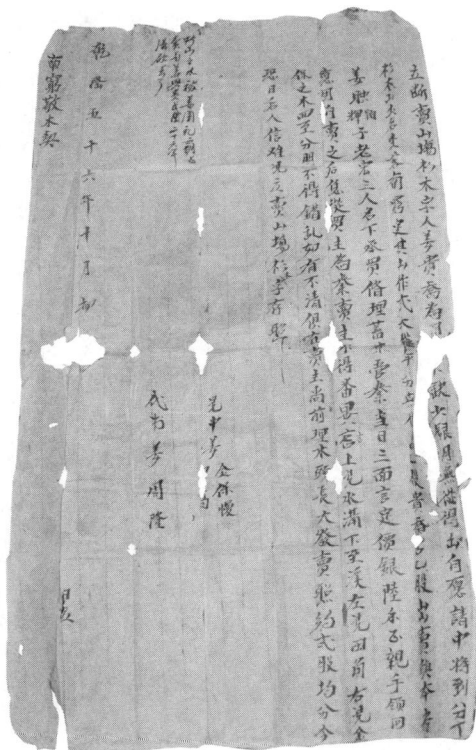

【姜贵乔卖山契】

　　立断卖山场杉木约人姜贵乔，为因家下缺少银用，无从得出，自愿请中将到分下杉木山〔场〕，地名坐落南穷定，其山作贰大股，平分与□□一股，贵乔占一股，出卖与本房姜肿翔、肿辉、子老宏三人名下承买修理蓄禁管业。当日三面言定价银陆钱正，亲手领回应用。自卖之后，任从买主为业，卖主不得番（反）〔悔〕异言。上凭水满，下至溪，左凭田角，右凭金保之木，四至分明，不得错乱。如有不清，俱在卖主尚（上）前理〔落〕，木头长大发卖，照约贰股均分。今恐日后人信难，凭立卖山场杉木字存照。

　　杉山之木被姜周礼霸占，卖与姜兴贵，戊周二十六年强砍去了。

　　　　　　　　　　凭中　姜金保慢、□□
　　　　　　　　　　代书　姜周隆
　　　　　　　　　　乾隆五十六年十月初□日　立
　　　　　　　　　　南穷敬木契

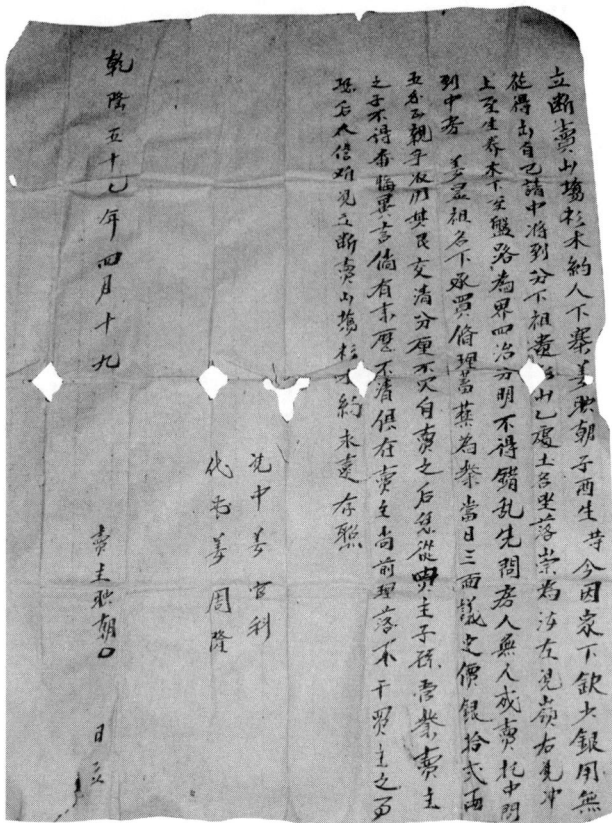

【姜映朝卖山场杉木契】

　　立断卖山场杉木约人下寨姜映朝，子酉生等，今因家下缺少银用，无从得出，自己请中将到分下祖遗杉山一处，地名坐落崇为汝，左凭岭，右凭冲，上至生养木，下至盘路为界，四治（至）分明，不得错乱，先问房人，无人成卖，托中问到中房姜显祖名下，承买修理蓄□为业。当日三面议定价银拾贰两五钱正，亲手收用，其艮（银）交清，分厘不欠，自卖之后凭从买主子孙管业，卖主之子不得番（反）悔异言，倘有来历不清，俱在卖主尚（上）前理落，不干买主之事。恐后人信难，现立断卖山场杉木约永远存照。

　　　　　　凭中　姜官科
　　　　　　代书　姜周隆
　　　　　　卖主映朝乾隆五十七年四月十九日　　立

【姜金乔卖油山契】

　　立卖业油山约人姜金乔，为因要银使用，无从得出，自愿将到业油山一块，坐落地名皆东皮，出卖与姜佐周名下承买为业。当日凭中三面议定价银五钱八分整，入手领回应用。其油山自卖之后，任从买主官（管）业，兄弟不得异言。如有异言，俱在卖主向前理落，不干买主之事。今欲有凭，立此卖约存照。

　　　　　　　　　　　凭中　姜柱周二分
　　　　　　　　　　　代笔　姜弼周三分
　　　　　　　　　　　乾隆伍拾八年五月三十日　金乔　立

立卖荣油山约人姜弼周父子老乔，为因要銀
使用無從得出山自願得到油山乙塊坐落土名皆
東皮出賣與　姜佐周爲業三面議定價銀
伍錢二分整親手領回應用其油山自賣後弟兄
不得異言如有異言俱在賣主理不干買主之事今
欲有憑立此賣約存照

乾隆伍拾八年　五月二十日

親筆

立

【姜弼周父子卖油山契】

　　立卖荣油山约人姜弼周父（及）子老乔，为因要银使用，无从得出，自愿将到油山一块，坐落地名皆东皮，出卖与姜佐周为业。三面议定价银伍钱二分整，亲手领回应用。其油山自卖后，弟兄不得异言。如有异言，俱在卖主理〔落〕，不干买主之事。今欲有凭，立此卖约存照。

亲笔

乾隆伍拾八年五月二十日　立

【姜金乔卖山场契】

立卖山场约人姜金乔，为因家中缺少银用，无从得出，自愿将到山场一块，坐落地名从□皆，出卖与姜佐周名下承买为业。凭中三面议定价银二两整，亲手领回应用。其山场杉木自卖之后，任从买主管业，兄弟不得异言。如有异言，俱在卖主理落，不干买主之事。右平（凭）冲，左平（凭）领，上平（凭）领，下平（凭）路。今欲有凭，立此卖约存照。

凭中　姜老五、姜老所
代笔　姜弼周
乾隆五拾八年十月初二日　立

【姜启章卖嫩杉木契】

　　立卖嫩杉木字人姜启章，今因要银用度，情愿将己分〔名〕下嫩杉木贰块，坐落地名一处白号山、一处乌号山，共贰处作拾股，分启章弟兄占一股半，此一股半启章名下占一半，包五名下占一半。今启章一半出卖以（给）本族姜启才、映辉二家蓄养管业。依中处定断价银叁两捌钱正（整），入手应用。其木长大，砍伐照股均派，木〔砍〕尽，地归原主。倘有来历不清，不干买主之事。今欲有凭，立卖字存照。

　　外批：此山作拾两分，启章、包五共占一两五钱，启章占柒钱伍分。

凭中　姜周杰
代笔　姜文启
乾隆五十八年十一月二十六日　立

【姜荣周卖杉木山场契】

　　立断卖杉木山场约人文堵（斗）下寨下房姜荣周，为因家下缺少银用，无处出得，自己凭中将到名下杉木山场，地名坐落穷金栽，其山界至：上凭油山，下凭路，右凭坟墓，左凭冲，四至分明，凭中出卖与上房姜映祥名下承买为业。当日三面议定价银十两正（整），其银亲手领回应用。日后其山杉任凭买主修理管业，卖主弟兄房族外人不得异言争论。如有异言争论，俱在卖主向前理落，不与买主何干。今恐无凭，立此断卖〔字〕存照。

　　　　　　　　凭中　姜映有、宗义
　　　　　　　　代笔　姜士昌
　　　　　　　　乾隆五十九年正月十二日　姜荣周　立卖
　　　　　　　　道光十九年砍尽，佃与下房姜光清、光壁佃栽。

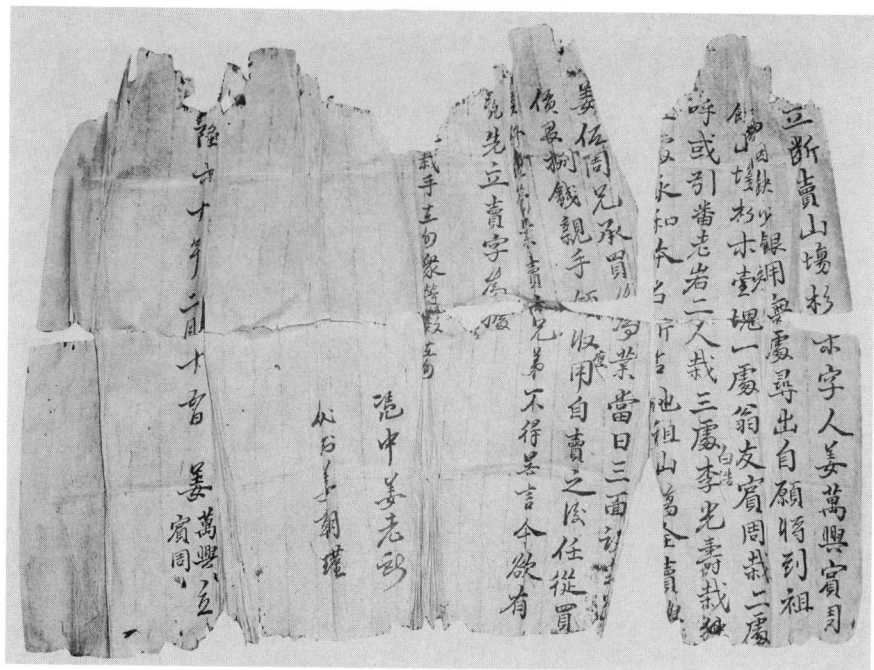

【姜万兴等卖山场杉木契】

　　立断卖山场杉木字人姜万兴、宾周，为因缺少银用，无处寻出，自愿将到祖遗山场杉木叁块，一处翁友，宾周栽；二处呼或，引番、老岩二人栽；三处白浩，李光寿栽；四处永和，本名所占地租〔主〕山场全卖与姜伍周兄承买为业。当日三面议定□价银捌钱，亲手领收（回）应用。自卖之后，任从买主修理管业，卖主兄弟不得异言。今欲有凭，先立卖字为据。

　　外批：栽手在外，众等股数在外。

　　　　　　　凭中　姜老新
　　　　　　　代书　姜朝瑾
　　　　　　　乾隆六十年二月十六日　姜万兴、姜宾周　立

【姜老所叔侄、老岩卖山契】

立断卖山场字人姜老所叔侄、老岩，为家无粮食，自愿将到祖山
三处，坐落地名一处翁有，二处白告，三处乌或，三处共十大股，老
所叔侄、老岩占一股，共卖与本房姜佐周名下承买为业。凭中议定价
银捌钱五分整，亲手领回应用。自卖之后，卖主弟兄不得异言。恐后
无凭，立此断契约存照。

外批：道光十年正月廿三日，朝榜、朝理兄弟卖五井二木五卜之
股，承卖与姜光照为业。老照笔。

道光九年十二月廿一日，朝伟之父□□地股，七月载渭得买朝伟
名下一股，地名翁担，分为四股。

外批：此约官妹得买。

凭中　姜玉周
代笔　姜弼周
乾隆六十年四月初七日　卖主老所、侄老岩　立

【姜长岩番卖木契】

　　立杜卖杉木契〔人〕姜长岩番、□子二人，〔为〕因家〔中当〕下欠缺食用，无从所出，只得将自植杉木山贰块，共计十七根左右，上下俱是买主杉木为界，以上四止（至）明白，坐落地名顾德山，未卖之先尽问亲支人等，无人成交，自请中出卖与映祥弟兄三人名下承买为业。当日三面言定时值银一钱四分，其银卖主亲领入手，所买所卖俱系二比情愿，并无逼勒准折等情，又无重契来历不明。如不明，卖主向前理落，不干用价者之事。今恐无凭，立此卖约永远存照。

　　　　　　　　　　　　　凭中　姜运有
　　　　　　　　　　　　　依口代笔　涂定和
　　　　　　　　　　　　　乾隆六十年六月□日　立
　　　　　　　　　　　　　卖杉木山人姜长岩番

【姜荣周卖山场杉木契】

　　立断卖杉木山场字人姜荣周，今欠到本房姜宗华本银贰拾两，无处填还，今凭中自愿将己山杉二团，一处皆□与姜朝元，共二股分，上凭田沟，下凭岩洞，左凭冲，右凭领；又一处长冲独占，上凭姜华党木，下凭河，左凭冲，右凭红路二处，四至分明，木地并卖。日后长大砍伐照股均分，不得异言。倘有来历不清，不干买主之事。今欲有凭，立断字存照。

卖主　姜荣周
买主　姜国珍
代笔　姜文启
嘉庆元年二月二十六日　立

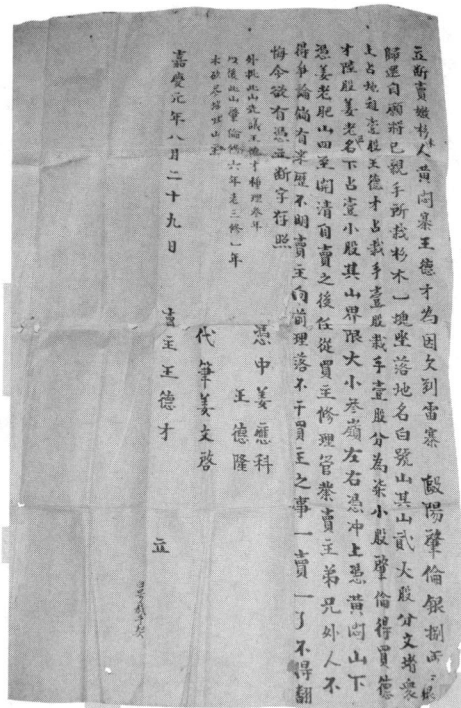

【王德才卖嫩杉木契】

立断卖嫩杉木人黄□寨王德才，为因欠到雷寨欧阳肇伦银捌两……归还，自愿将己亲手所栽杉木一块，坐落地名白号山，其山贰大股分，文堵（斗）众上占地租壹股，王德才占栽手壹股，栽手壹股分为柒小股，肇伦得买德才陆股，姜老三名下占壹小股，其山界限：大小叁岭左右凭冲，上凭黄闷山，下凭姜老肥山，四至开清。自卖之后，任从买主修理管业，卖主弟兄外人不得争论。倘有来历不明，卖主向前理落，不干买主之事，一卖一了，不得翻（反）悔。今欲有凭，立断字存照。

外批：此山先议王德才种理叁年以后，此山肇伦修六年，老三修一年，木砍尽地归山主。

凭中　姜应科、王德隆
代笔　姜文启
嘉庆元年八月二十九日 卖主王德才　立
白号栽手契

【姜映友卖杉木山场契】

　　立卖杉木山场约人姜映友，今因家〔中当〕下要银用度无出，自愿将到白号山顶五十五两之山，未分杉木地租，本名占落叔爷老干名下一两，今将出卖与族内姜映翔、映飞、绍吕父子三人承买为业。当日三面议定价银七钱五分整，亲手领回应用。自卖之后，任从买主管业，卖主不得异言之。恐〔后〕无凭，立此卖约是实。

代（亲）笔　姜映友

　　外批：映友名下，父亲堂乔一股卖与姜廷柱，老干叔名下一股卖与姜映翔、映飞、绍吕三人。

嘉庆二年八月廿六〔日〕　立

【姜老有卖山契】

　　立断卖山场约人文斗寨姜老有，为因缺少银用无出，自愿将到祖山一块，地名坐落皆仲其有，界至：左凭冲，右凭咸宗，上凭任明，下凭河，出卖与岩湾寨范镇西名下承买为业。凭中议定价银四两正（整），亲手取回应用。其山自卖之后，任从买主官（管）业，卖主不得异言。今恐无凭，立此卖字是实。

凭中　范咸秀

代笔　兄姜国华

嘉庆二年十月廿一日　立

此契系范正（镇）西之老契，不必存。

【加池寨姜弟乔、明仁佃契】

　　立佃栽杉种粟字人加池寨姜弟乔、明仁二人，今佃到文斗寨姜钟英、世俊二人名下之山一块，地名稿也道，界趾（至）：上凭岭，下凭河，左凭冲，右凭岭，四至分清。限至五年杉木成〔林〕，如有不成，栽主无分。其有股均分，栽手占贰股，地主占三股。恐口无凭，立此佃字为据。

　　　　　　　　　咸丰元年十月二十八日　亲笔　立
　　　　　　　　　光绪二年卖与加池〔寨〕凤凰砍伐，此地
　　　　　　　　　系加池〔寨〕吉星弟兄偷葬阴地之块。

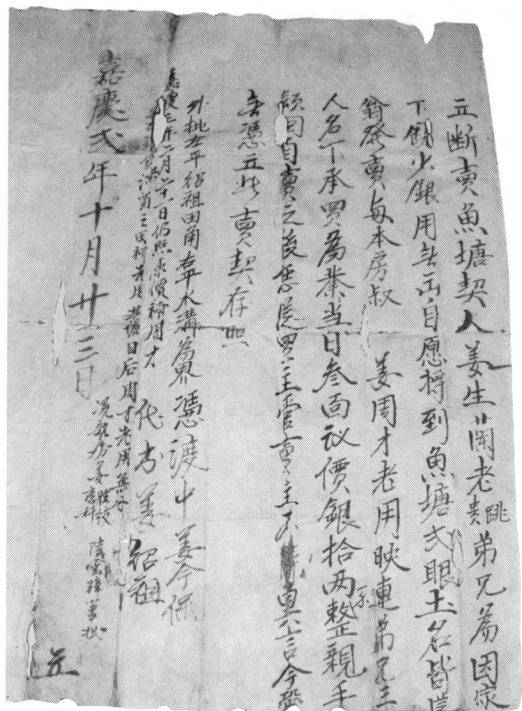

【姜生兰弟兄卖鱼塘契】

　　立断卖鱼塘契人姜生兰、老贵、老跳弟兄，为因家下缺少银用无出，自愿将到鱼塘贰眼，地名皆□翁发卖与本房叔姜周才、老用、映连弟兄三人名下承买为业。当日三面议价银拾两一分整，亲手领回。自卖之后，任从买主管〔业〕，卖主不得异言。今恐无凭，立此卖契存照。

凭渡中　姜今保

代书　姜绍祖

　　外批：左平（凭）绍祖田角，右平（凭）水沟为界。嘉庆三年二月二十日仍照原价补周才，□□□□共满买之田口先用□□日后周才老用无分。

　　凭亲房姜□绞、应科、陆云粹笔批。

嘉庆贰年十月廿三日　立

【姜绍牙卖山地契】

立卖杉木山场约人姜绍牙，今因要银使用无从出，自愿将到地名乌宜杉木并地出卖与本房姜映祥名下承买为业。其山左凭邓大朝，右凭田，上凭田，下凭田，四至分明。当日凭中议定价银七两五钱正（整），亲手领回应用。其山地自卖之后，任从买主蓄禁管业，卖主房族弟兄不得异言。倘有来路不清，俱在卖主理落，不与买主何干。恐后无凭，立此卖字是实。

绍牙　亲笔
凭中　姜甫周、绍望、绍□
嘉庆三年二月十八日　立
坎尽老合连又佃栽

【姜光文卖山场杉木契】

　　立卖地土山场杉木约人文堵（斗）寨姜光文，为因缺少口粮无出，自愿将山场杉木一块，坐落地名白号山，其山界至：上凭顶，下凭黎嘴，左凭冲破以水沟为界，右边之上截凭冲破至半冲以地硬（埂）横过拗头以冲破（坡）下为界，四至分明。此山地主之股分为九两之山，本名得占三钱三分，自愿请中上门问到本寨朱卓廷大爷名下，以凭中证承买为业。当日三面议定价艮（银）陆两零八分，其艮（银）凭中亲手领足度日。自卖之后，任从买主照约管业，恐卖主股分不清，卖主上前理落，不与买主相关。恐后无凭，立此卖约永远存照为据。

　　内添二字。

凭中　龙引保、姜廷贵

嘉庆三年五月十一日　立

姜光文　亲笔

【姜贵凤卖杉山契】

　　立断卖杉山约人瑶光寨岳父姜贵凤，为因缺少银用无出，所有杉山壹领，地名冉嫁山，左右评（凭）冲，下评（凭）河，上凭盘交长之嫩木，四至分明，凭中出断卖与文斗寨女婿姜绍韬名下承买为业。当面凭中议定断价银贰拾贰两整，亲手收回应用。其杉山自卖之后，任从买主管业，卖主弟兄不得异言。倘有外人议论，俱在卖主向前理落。恐后无凭，立断卖约存照。

凭中　堂侄友长

代笔　姜有德

嘉庆六年二月十八日　立

【龙香矮卖山场杉木契】

　　立卖杉木山场上寨龙香矮，为因家中缺少银用无出，自愿将到地……号山翁纽杉木一块，其木分为五股，本名占一股，其分至上凭……凭沟，左凭冲，右凭冲，四至为介（界），自愿出卖与姜廷□、姜应祥二家承买为业。当日凭中议定价银三两五钱正（整），亲手领回应用。其山场杉木自卖之后，应凭买主修理管业，卖主不得异言。如有来路不明，俱在卖主理落。恐后无凭立此卖山场杉木存照。

　　　　　　　　　　　　代笔　龙绍成
　　　　　　　　　　　　凭中　潘香必
　　　　　　　　　　　　嘉庆六年三月二拾八日　立

【姜廷望卖山并木契】

　　立断卖山场杉木约人六房姜廷望，今因家〔中当〕下缺少用度无出，情愿将父亲先年得买姜银花白号、污号山一钱五分出卖，请中问到姜映祥、映辉、绍礼叔侄三人名下承买为业。当日凭中面议定价银叁两零五分整，亲手收回应用。其山木任从买主修理管业，日后卖主不得番（反）悔异言。如有来历不明，各（俱）在卖主向前理落，不与买主何干。此山木买清卖楚，恐口无凭，立此卖约存照。

凭中　龙香保

亲笔

嘉庆六年八月初九日　立

【姜光周父子卖山契】

　　立卖山场杉木字人姜光周〔及〕子老胡，为因家中缺少银用，因先年得买姜柱周之山，地名汗大求杉山一团（块），界至在众上至，今请中度卖与堂弟姜滨周名下。当日凭中议定价银叁两整，其银卖主亲领。其山场任滠（凭）买主栽木修理管业，〔卖主〕不得异言。恐有不清，卖主理落。其山界至：上凭顶，下凭国珍木，左凭领（岭），右凭大冲。其山贰大股，朝奇占一股，滨周占一股。恐后无凭，立此卖字永远存照。

代笔　姜锡禄

凭中　侄姜朝良

卖主姜光周

嘉庆六年十一月初四　立

【姜老宠卖山契】

立断卖山场杉木约人堂弟姜老宠，为因要银使用，自己情（请）中间到，自愿将到地名加渚出卖与堂兄姜寿元兄弟二人存买为业。当面义（议）定价银三两八钱正（整），亲手入回任用。其山自卖之后，任从买主子孙管业，卖主不得异言。如有不清，不干买主事，卖主上前理落。其山界至：上凭孟岩，左凭冲，右凭顶，下凭今绞，四至分明。立断卖山场杉木是实。

外批：〔添〕二个字。

凭中　堂弟姜光前

代书　姜绍牙

嘉庆七年十一月初十日　立

【姜国用卖山契】

立断卖山场字人文堵（斗）寨中房姜国用、同男姜老辰，为因家中要银使用，无处〔得出〕，自己〔将到〕祖山场一块，地名坐落乌榜路边，上凭保首之木，下凭路，右凭路，左凭冲，四至分明，自愿请中度（出卖）到岩湾寨范承尧、范绍郎二人名下承买为业。当日凭中议定价银一两四钱整，亲手领回应用。其山自卖之后，任凭买主栽杉管业，卖主不得异言。今欲有凭，立此断卖山场存照。

凭中　曹辰周
亲笔　姜国用
嘉庆八年三月二十日　立
砍尽中房姜□明父了栽。

【姜世生、龙生兄弟卖田、杉木、油山并荒坪契】

立断卖田、山杉野木、荒萍、油山约人上文斗〔寨〕六房姜世生、龙生兄弟二人，为因家〔中当〕下缺少银用无出，自己将到祖田一丘，山杉一所，油山、野木在内，地名鸠了，又将大田榜上荒萍一丘在内，左凭□□田角为界，右凭冲，上下凭田，出卖与下文斗寨姜朝瑾父子名下承买为业。当日凭中议定价银拾叁两捌钱，亲手领回应用。其田、杉木、油山、荒萍任凭朝瑾开田栽油杉木修理管业，卖主、房族弟兄不得异言。此山上凭田，下凭大水沟，又凭同寿、应瑞之田榜为界，左右凭大冲为界，四至分明。恐有界至不清，俱在卖主理落，不干买主之事。今欲有凭，立此断约存照。

外批：右边井水上有大杉木一根。

在外又批：此田无粮。

凭中　姜光尧
代笔　叔姜弘仁
嘉庆八年八月十八日　姜世生、姜光龙　立

【姜生兰卖木契】

立断卖杉木场契人胞兄姜生兰，今因家下要银应用，自愿将到杉山贰块壹处，地名南晚，左平（凭）载谓木，右平（凭）小冲，上平（凭）顶，下至苗坪。又壹处地名南咬，左平（凭）永蒲，右平（凭）映祥木，上至田，下至污堵溪，四至分明。共贰块，面议价银壹两叁钱五分，卖与胞弟姜述贤名下承买为业，亲手收用。此贰处之山，原系贰股均分，述贤现占壹股，栽手本是述贤。栽自卖之后，绍寨子孙不得异言。今欲有凭，立此卖字存照。

凭中　姜宗田

代书　姜禅武

嘉庆九年二月卅日　立

【姜楼包卖屋场地基契】

　　立卖屋场地基人姜楼包，为因家下要银用度，无处寻出，自愿将到祖父遗下屋基半间出卖与陆云辉名下承买。当日三面议作卖价银壹两捌钱，其银卖主亲领入手，其地恁(任)从买主永远管业，上下俱凭买主园屋，左凭路，右凭买主屋，四至分明。一卖二了，永不思归。恐后无凭，立此卖字存照。

　　约内添字二个。

凭中、代笔　阳肇伦

嘉庆九年七月初五日　立

【姜岩松、姜生松分山合同】

立分合约付字姜岩松、姜生松二人，因有祖遗之山地名□列，此山贰岭，上领上抵地主老木，下抵刘文开小冲至田为界，左凭冲下岭，上凭田，下凭田，右凭脊岭与包利之山为界，四至分明。内中有老木俱与在内，此木付与姜申数、包申、九党、生九四人所地种粟栽杉，今木长大俱作贰股均分，栽手占一股，地主占一股，候木卖完地归原主二比，不得异言。恐后无凭，立此合约二纸存照。

凭中　姜皎包
代笔　姜含珍
永远为据【半书】
嘉庆九年八月十二日　立
坎尽　瑶光姜贵凤牛毛山契

九党三股卖半股与老包、大种，九党余半股卖与吴老六；生九之股卖与吴老六。

【姜映科、映周、福生、老退弟兄卖山契】

立卖杉木山场字人姜映科、映周、福生、老退弟兄，为因生理缺少，无处所出，自愿将到杉木山场三处，一处地名冉强杉木，一处地名党假会杉木并地，一处污养杉木并地，此三处冉强仅卖栽手一股，地主占一股，承今将出卖与姜映翔名下承买为业。当面议定价银六拾两，亲手领回应用。其山自卖之后，任从买主管业。如有来路不清，俱在卖主理落，不干买主之事。恐后无凭，立此卖字是实。

外批：冉强杉木，左边一块，左凭峰周木，右凭岭，上凭顶，下凭路。此木地主占一股，存名下占栽手一股。出卖右边一块，左凭岭，右凭冲，至半冲横至岩洞以上，上凭朝瑾，下凭路，名下栽手占一股，出卖佐周，占地主一股存〔名下〕。鸟眷杉山分为四甲，一甲分为十股，映周弟兄占一股，上凭冉金牛，下凭溪，左凭冲，右凭启才□共山。党假会杉山场分为四甲，一甲分为十股，映周弟兄占一股出卖。

凭中　映友
代笔　姜朝英
嘉庆十年四月十一日　立
此污养山卖□□□引连之股，卖周礼为业。

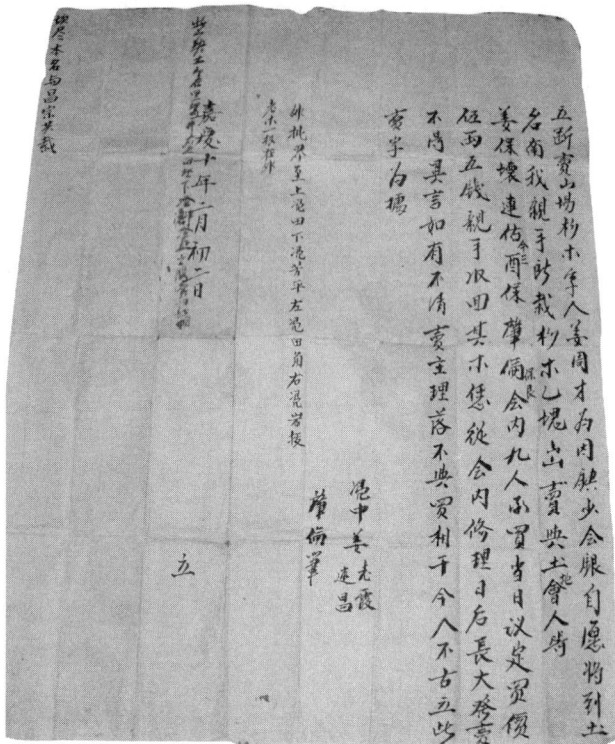

【姜周才卖木契】

　　立断卖山场杉木字人姜周才，为因缺少会银，自愿将到地名南我亲手所栽杉木一块，出卖与土地会人等，姜保□、连佑、今三、酉保、肇伦、保艮（银）、会内九人承买。当日议定买价伍两五钱，亲手收回。其木任从会内修理，日后长大发卖，不得异言。如有不清，卖主理落，不与买（主）相干。今人不古，立此卖字为据。

　　外批：界至上凭田，下凭芳平，左凭田角，右凭岩□。

　　老木一根在外。

　　　　　　　　　凭中　姜老霞、连昌
　　　　　　　　　肇伦　笔
　　　　　　　　　嘉庆十年二月初二日　立
　　　　　　　　　□契□即在里驾井，右至四坎，下登□□
　　　　　　　　　正，□□卖归证明。
　　　　　　　　　坎（砍）尽本名与昌宗共栽。

【姜连合、老乔卖杉木山场契】

立卖杉木山场约人姜连合、老乔，因生理无银使用，自愿将到亲手所栽与得买老永一股、杉木一块，地名坐落南敖，左边上盘路凭十羊，下盘路凭冲，右边凭冲，上凭田，下凭田，四至分明。其山作七股均分，自存一股，出卖六股与姜映祥名下承买为业。当日凭中面议定价银六十二两五钱，亲手领回应用。自卖之后任从买主管业，卖主房族弟兄不得异言。如有来路不清，俱在卖主理落，不干买主之事。恐后无凭，立此卖字为据。

内除一字、添二字。

凭中　姜应科

代笔　龙盛周

嘉庆十年七月十七日　立

道光十五年坎（砍）尽，今佃与林昌秀栽。

【姜三晚卖山场杉木契】

立断卖山场杉木字人姜三晚，因家中要银使用无出，自己将所栽之杉木一团，坐落地名眼楼卡，上抵色所养，以岭为界，下抵举周□坪，直横至岭，有刀口为界，左抵老更，右抵冲，四至分清，今卖与姜映祥名下承买为业。当日面议价银九两三钱，亲领收用。其山杉自卖后恁(任)从买主子孙管业，卖主房族弟兄不得异言。以后倘有来历不清，俱在卖主向前理落。今欲有凭，立卖字存照。

凭中　姜三九、姜福保

宗仁　书

嘉庆十年七月廿日　立

【姜显祖错卖荒坪并山契】

立错卖荒坪代（带）山场字人上寨姜显祖，情因文斗我四房公地坐落地名乌堵溪，与凄洞盘路为界，分落下寨二房所占，其山之内有一副（幅）荒坪并垦界之山，我父亲于嘉庆十年十月内错将下寨二房之荒坪并山发卖与中仰陆正礼。今请中理讲，自知礼（理）亏，此荒坪原系我下二房管业，我显祖并无系分。恐口无凭，立此错卖〔字〕是实。

凭中　姜朝英、廷辉、宗德

笔中　姜廷瑜

嘉庆十一年八月十九日　立

【姜老岩卖木契】

　　立卖山场杉木约人本房姜老岩，为因家〔中当〕下要银用度，自愿将到祖山杉木一块，坐落地名汗大求上场，老岩名下占二股，出卖与本房姜宾周名下承买为业。当日凭中三面议定价纹银三两六钱正，亲手受用。其木自卖知（之）后，任凭买主修理管业，卖主弟兄不得异言。一卖一了，恐后无凭，立此卖约为据。

　　外批：此山地主分为八小股，□子功勋占二股在外，老岩名下占二〔股〕，卖与宾周。

凭中、代笔　姜光裕

嘉庆十二年三月廿日　立

【姜治齐卖油山契】

　　立断卖油山约人姜治齐，为因家下缺少银用，无从得出，自愿将到先年所栽之油〔山〕，地名坐落岗都，其山界至：左凭大冲，右凭冲，上凭大路，下凭姜奇木为界，四至分明，出卖与本房姜光士、光荣二人名下承买为业。当日凭中议定价银拾四两，亲手领回应用。其油山自卖之后，任凭买主修理管业，卖主房弟兄不得异言。倘有此情，俱在卖主理落，不关买主之事。今恐无凭，立此断约为据。

　　外批：杉木在内。

凭中　姜廷礼、保养

代笔　姜国英

嘉庆拾二年十月十二日　立

【姜佐周、姜宗智等分山场杉木契】

　　立分山场杉木字人姜佐周、宗智、朝瑾等与陆云辉，情因先年得买姜举周地名冉楼卡山场杉木一所，原系二大股均分，云辉名下占一大股，佐周等占一大股，至今二比，自愿请凭中族，仍照分为二大股，□□为界，佐周等连木带地占上边，云辉连木代地占下边。自分之后，各管各业，今人不古，立此分山场杉木清白字据，各存一纸，远永为照。

　　　　　　　　　　凭中　族姜映林、姜光周
　　　　　　　　　　代笔　姜朝佐
　　　　　　　　　　陆云辉存第一纸，姜佐周存第贰纸。
　　　　　　　　　　嘉庆十二年十月二十四日　立

【汤士贵、太贵转卖杉木地契】

　　立转卖杉木地人汤士贵、太贵，今因先年父亲得买文堵（斗）姜周灿兄弟白号山杉木并地三处，转卖与文堵（斗）姜宝周，面议价银肆两五钱，兄弟领清。其杉木并地任从姜姓耕管，倘有不清，俱在姓杨理落一处。白号山顶一处，乌或一处，翁有俱亦，四致（至）分明。今欲有凭，连老卖契俱结存绍（照）。

　　道光九年十二月，朝伟将此翁祖山卖七股〔与〕姜载渭为业。

　　外批八字。

凭中、代笔　杨绍鼎

此山四股，汤太卖清。

外批：朝榜、朝理兄弟卖与光照为业。

嘉庆十二年十月廿五日　立

【姜保坏、金伍、老什卖木契】

　　立断卖山场杉木字人姜保坏、金伍、老什三人，为因家中要银用度，无处寻出，自愿将到地名污养山场杉木一块，上凭顶，下凭□，左凭冲，右至岩京，四至分明，其山四甲均分，每甲十股。今凭中出卖三人……卖与姜绍礼、绍滔二人名下承买。当日议定买价壹两八钱正（整），亲手〔领回，分毫〕不欠。其木自卖之后，任从买主修理管业，日后长发卖……如有不清，卖主理落，不与买主相干。今欲有凭，立此卖字为据。

　　　　　　　　　　　　　　　凭中　姜子贵
　　　　　　　　　　　　　　　代笔　阳肇伦
　　　　　　　　　　　　　　　嘉庆十二年十二月二十四日　立

【姜廷映卖山场杉木契】

立卖山场杉木约人姜廷映，自己方便将到祖移（遗）山场，地名皆也大加，上凭田，下凭水沟，左凭岭缺口放水为界，右凭路与冲下为界，四至分明，当面出卖与姜宾周兄承买为业，议定价银叁两五钱正（整），亲手取回任用。自卖之后，任凭买主栽杉修理管业，我等不得异言。今恐无凭，立此卖字为据。内添五字。

嘉庆十三年三月初八日
廷映亲　笔　立

【李正绅卖山并木契】

　　立断卖山场杉木人李正绅，为因本年得买岩湾寨范宗尧山场杉木一块，地名坐落这康刀，上凭田，下凭河，左凭冲老木，右凭冲田为界，四至分明。今为因生理缺少本银，自愿请中出卖与姜廷式出手承买为业。凭中议定价银贰拾九两正（整），亲手领回应用。自卖之后，任凭买主永远修理管业，卖主不得异言，一卖一买，二比于心。今口（欲）有凭，立断卖山场杉木为据是实。

　　　　　　　　　　　　　　凭中　姜大受
　　　　　　　　　　　　　　嘉庆拾叁年十一月廿日　立
　　　　　　　　　　　　　　卖山场杉木人李正绅　亲笔

【姜宏章叔侄卖杉木山场契】

立卖杉木山场约人姜宏章、宏达、侄老乔，为因要银用度，无从得出，自愿将到祖遗杉山一块，地名番故德，左凭冲，右凭岭，上凭凹，下凭水勾（沟）为界，此山分为五大股，中房占二大股作为十二小股半，宏章弟兄三人占一小股半，小股分为二股，廷柱弟兄占一股，宏章弟兄占〔一〕股，自将名下小股出卖与姜映祥、映飞、绍吕三人名下承买为业。当日凭中议定价银一两八钱正（整），亲手领回任用。自卖之后，任从买主修理管业，日后卖主子孙不得异言。如有股数不清，俱在卖主理落，不干买主之〔事〕。今欲有凭，立此卖约是实。

内涂一字，又天（添）一字。

姜宏达　笔
嘉庆拾四年四月初八日　立

【姜光士卖油山并木契】

立断卖油山杉木约人六房姜光士，为因缺少银用，情愿将到先年得买姜治齐油山壹块，坐落地名江都，其山上凭大路，下凭姜奇之山，左凭光荣油山，右凭冲，请中出卖与中房姜廷式叔名下承买为业。当日凭中三面议定价银拾贰两捌钱，亲手领回应用。其山场油木任凭买主修理为业，卖主不得异言。今欲有凭，立〔此〕断约存照。

外批：油山之内所有杉木与姜光荣油山之内杉木未分。分为两股，光荣名下占壹股自存，光士名下占壹股出卖与姜廷式叔为业，所批是实。

凭中　姜光明

嘉庆十四年六月十五日　亲笔　立

【姜光荣、光士分油山合同】

　　立分油山合同字人姜光荣、光士二人所共油山壹块，地名江都，二家人工不齐修理。今凭族人均分，光荣占左边岭，光士占右边岭。其有左右山内杉木，日后长大发卖，二股平分，二比自愿，不得异言。今恐无凭，立此字样，各执一纸存照。

　　其有老约在光荣〔处〕存。

　　　　　　　　　凭中　范绍廉、姜廷理、光明
　　　　　　　　　立分合同为据，发达年□□□【半书】
　　　　　　　　　嘉庆拾肆年柒月十八日　光士　亲笔　立

【姜绍牙、绍怀兄弟卖山契】

　　立卖山场杉木约人姜绍牙、绍怀兄弟二人，为因家中缺少银用，自愿将到地名南鳖，在今羊田角上，上凭田，下凭水沟，左凭六房八生之木，右凭本人之木，四至分明。自愿凭中出卖与本房姜映祥兄名下承买为业。当日凭中议定价银贰两一钱正（整），亲手收回任用。其山自卖之后，任从买主子孙管业。其山分为四股，栽手占二股，地主占二股。今将地租（主）二股出卖。如有不清，居（俱）在卖主上前理落，不干买主之事。立卖山场杉木是实。

　　　　　　　　　　凭中　姜映科
　　　　　　　　　　绍牙　亲笔
　　　　　　　　　　嘉庆十四年十二月廿日　立
　　　　　　　　　　道光六年坎（砍）尽佃与林昌秀栽。

【姜记三卖山场杉木契】

立卖山场杉木约人姜记三，为因家中缺少银用度，无处得出，愿将到杉木山场一块，地名干什，其山界至：上凭凹岭，下凭河，左凭冲，番领至河有栽岩为界，右凭冲，四至分明，凭中出卖与本房姜映祥兄名下承买为业。当日凭中议定价银三拾贰两正（整），亲手收回任用。自卖之后，任从买主子孙管业，卖主房族不得异言。如有异言，居（俱）在卖主上前理落，不干买主之事。恐口无凭，立卖山场杉木是实。

外批：内添四字。

凭中、代笔　姜绍牙
嘉庆十四年十二月二十四日　卖主记三　立
此山登□□之二股卖与加什姜凤凰为业。
坎（砍）尽佃与岩湾范绍乡栽。

【姜有生、老克弟兄卖山并木契】

立卖山场杉木约人姜有生、老克弟兄二人，为因家中缺少银，无处得出，自愿将到地名污皆怀山场杉木一块，上凭六生音之木，下凭冲，左凭岭，右凭冲，四至分明；又一处地名污知为杉木山场一块，上凭岩良祇彭路，下凭溪，右凭岭，以廷任之木

〔为界〕，左凭冲，四至分明；又一处地名污丢，姜明开新彭路以上，上凭六生之木，左凭岭，右凭冲，下凭路，四至分明。此山场杉木共三处，今将出卖与本房姜映祥叔名下承买为业。当日凭中议定价〔银〕三拾两正（整），亲手收回任用。其山自卖之后，任从买主子孙管业，卖主、房族不得异言。如有不清，居（俱）在卖主上前理落，不干买主之事。立卖山场杉木〔字〕是实。

内添七字，内除一字。

凭中　叔姜记三、弟〔姜〕老同

外批：此山三处，污皆怀分为四股，有生弟兄占一股出卖；又一处污知为之山〔分〕为二大股，地租（主）占一股，栽手占一股，地租（主）之股分为四股，有生弟兄占一股出卖；又一处地名污丢〔之〕山分为四股，有生弟兄占一股，居（俱）以出卖映祥名下为业是实。

代笔　姜绍牙
卖主　有生弟兄
嘉庆十四年十二月廿五日　立

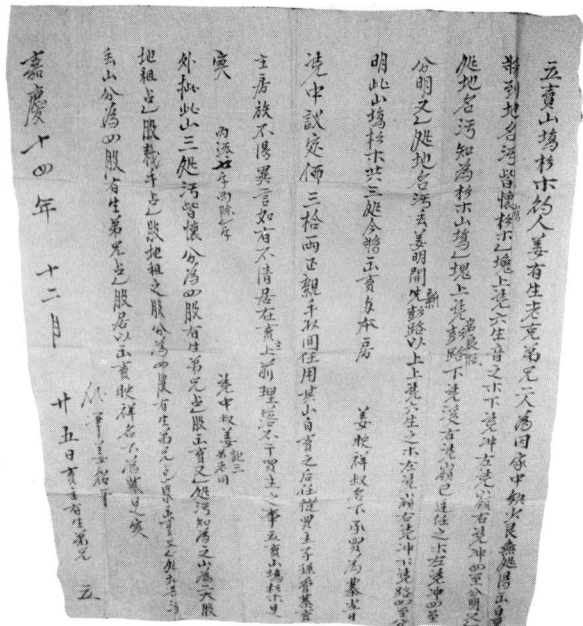

【姜庚养卖山场杉木契】

立卖山场杉木约人姜庚养，为因家中缺少银用，无处得出，自愿将到地名冉陋卡假杉木山场一块，上凭顶，下凭彭路，左凭岭，右凭映祥本人木，四至分明。今将山场杉木出卖与本房姜映祥兄名下承买为业。当日凭中议定价银拾一两一钱正（整），亲手收回任用。其山自卖之后，任从买主子孙管业。如有不清，居（俱）在卖主上前理落，不干买主之事。立卖山场杉木是实。

外批：内添四字，除一字。

凭中　堂弟老兰
代笔　姜绍牙
嘉庆十四年十二月廿八日　卖主庚养三　立
道光十九年坎（砍）尽龙光星佃栽。

【姜绍祖卖山场杉木契】

立断卖杉木地场契人上房姜绍祖，今因生理歇本无归，自愿将到先年得买逆九弹之杉木壹块，地名聋……出卖与姜朝瑾、朝贵二人名下承买为业。当日凭中三面议定价银拾贰两，亲手收回应用。其山界：左破插岭至冲割刀口为界，右平（凭）岭抵绍□山为□，上至买主二人与朝柱共木为界，下至冲凭三根老木为界，四至分明。自卖之后，任买主管业，卖主不得异言。今欲有凭，立此卖契存照。

凭中　姜逆九□、李维□
亲笔
嘉庆十五年三月初一日　立

【姜宗礼卖荒坪杉木契】

　　立断卖荒坪杉木约人姜宗礼，为因要银使用，无处得出，自愿将到分下荒坪杉木，地名坐落党加，出卖与上房姜老玉名下承买为业。当日凭中议定价银壹两九钱整，亲手领回应用。其荒坪杉木任从买主开荒修理管业，卖主不得异言。如有外人异言，拘（俱）在卖主向前理落，不干买主之事。今欲有凭，立此断卖〔字〕为据。

　　外批：杉木界限：沟上一路，沟下右平（凭）田角，左平（凭）冲，荒坪在田大之上，上凭偶愿之小田。

凭中　姜有伍

代笔　姜宗义

嘉庆十五年四月十二日　立

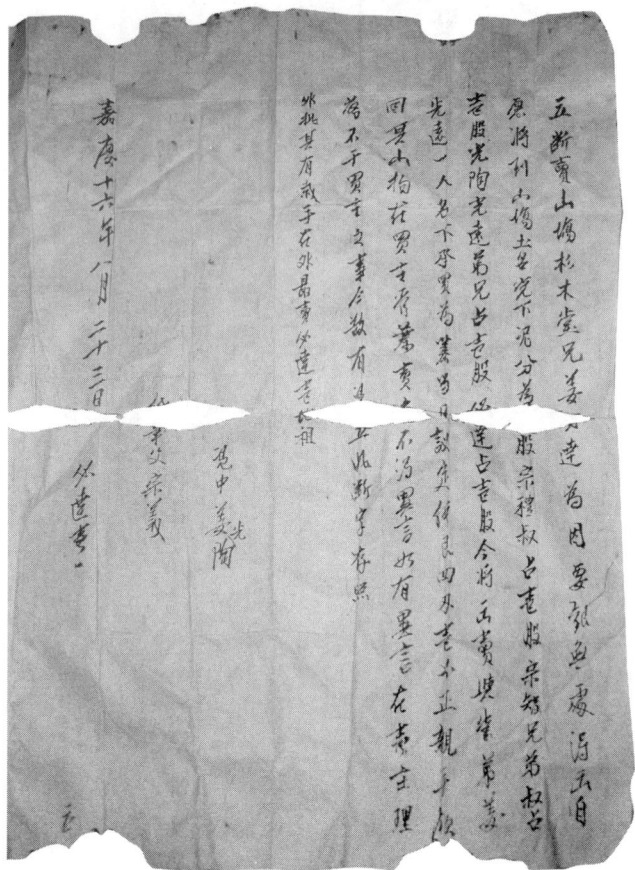

【姜□达卖山场杉木契】

立断卖山场杉木堂兄姜□达，为因要银无处得出，自愿将到山场，地名党下，分为四股，宗礼叔占壹股，宗智兄弟叔占壹股，光陶、光远弟兄占壹股，□达占壹股，今将出卖与□弟姜光远一人名下承买为业。当日议定价银四两一钱正（整），亲手领回。其山场在买主管业，卖主不得异言。如有异言，在卖主理落，不干买主之事。今欲有凭，立此断字存照。

外批：其有栽手在外最卖必还一地租。

凭中　姜光陶
代笔　父宗义
嘉庆十六年八月二十三日　必达春　立

【姜老同卖木契】

立卖山场杉木约人姜老同，为因家中缺少银用，无处得出，自愿将到地名污皆怀山场杉木一块，上凭六生音之木，下凭岩梁为界，左凭岭，以四爷之木，右凭冲，四至分明。此山杉木分为四股，老同先年得买老坊之一股。老同今将之一股，自愿请中出卖与本房姜映祥大爷名下承买为业。当日凭中三面议定价银八两，亲手收回任用。其山自卖之后，任从买主子孙管业。如有不清，居（俱）在卖主并房族理落，不干买主之事。立卖山场杉木是实。

内添五字。

代笔、凭中　姜绍牙

嘉庆十六年十二月十九日　卖主老同　立

【姜宗礼卖田并山木契】

立卖田并杉木山场契人姜宗礼，为因家中要银使用，自愿将到祖田地名皆僚大小叁坎，又将乌大求杉山上下贰块，上块下凭溪，上凭朝奇，左凭岭，□岭在内，右凭冲；下块上凭宗义、宗智老木，下凭犁嘴，左凭冲，右凭辇党山脚盘至冲；又一处皆也风山一块，上下凭田，左凭冲，右凭……坡；又一处风黎杉山一块，上登顶，下抵田，左凭冲，右凭岭以至桥头；又一处皆敢拜山，上凭路以至田，下抵盘路，左凭路，右凭冲；又一处培松杉山一块，上凭光陶、光远荒坪以下，下至溪，右凭冲，左下截凭冲，上截凭田坎，以岭路为界，此数内田大小三坵山杉共陆块，凭中出卖与姜映祥兄名下承买为业。当日三面议定田价、山木价共银一百六十两〔整〕，亲手领回应用。其田并山木自卖之后，任凭买主永远管业，卖主并房族、外人不得异言争论。如有异言，俱在卖主向前理落，不干买主之事。恐口难凭，立此卖字为据。

外批：乌大求山木二块分作伍股半，宗礼占一股出卖。内添"杉山"二字，又添"伍"字。一概俱系祖业，惟有皆敢拜系得买的，老约未退。

〔凭〕中……
〔代〕笔……
嘉庆十七年八月二十日　立

批：大地名党兄，小名皆也风之块山场卖与格翁范之伟四爷为业；皆敢拜即也美景卖右边山与姜志明为业，界卖与他，系左凭岭，以卖主山〔为界〕，右凭冲，上凭发德田，下抵路；余左边山登熙、永达之坎得存；松离之块登奎、引连之股卖与周礼为业。

【姜廷理卖山场契】

　　立断卖山场约人六房姜廷理，为因缺少银用无出，自愿将到先年得买之山，地名坐落皆取，凭中出〔断〕其山，界限：上下〔凭〕田，左凭姜朝奇山，右凭田角，四至分明，凭中出卖与下寨上房姜老寿、老林弟兄二人名下承买为业。当日凭中三面议价银陆两五钱正（整），亲手领回应用。其山任凭银主管业，而卖主房族弟兄不得异言。今欲有凭，立断约存照。

凭中、代笔　姜光士

嘉庆拾七年十二月廿日　立

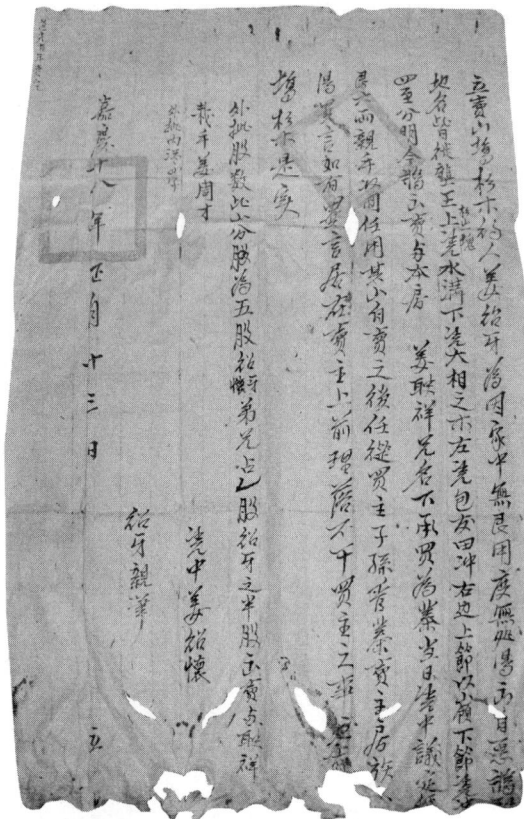

【姜绍牙卖山场杉木契】

　　立卖山场杉木约人姜绍牙，为因家中无银用度，无处得出，自愿将……地名皆从墊王杉山一块，上凭水沟，下凭大相之木，左凭包交田冲，右边上节以山岭，下节凭冲……四至分明，今将出卖与本房姜耿祥兄名下承买为业。当日凭中议定价银六两，亲手收回任用。其山自卖之后，任从买主子孙管业，卖主房族不得异言，如有异言，居（俱）在卖主上前理落，不干买主之事……场杉木是实。

　　外批：股数，此山分股为五股，绍怀、绍牙弟兄占一股，绍牙之半股出卖与□祥……栽手姜周才。

　　外批：内添两字。

凭中　姜绍怀

绍牙　亲笔

嘉庆十八年正月十三日　立

【范承尧卖山场杉木契】

立卖山场杉木约人岩湾寨范承尧，为因要银用度，自愿将到地名卧天山杉一块，上凭山领，下凭路，左凭冲，右凭山领，四至分明，凭中出卖与文斗寨姜绍滔名下承买为业。当面议定价银一两二钱正（整），亲领应用。其山自卖之后，任从买主管业，卖主房族不得异言。如有不清，俱在卖主向前理落。今恐无凭，立此卖字为据。

外批：地主分为九小股，承尧名下占一股，出卖此木分为五股，地主占三股，栽手占二股。

亲笔
凭中　姜朝杰
嘉庆十八年二月初五日　立
此山分为九小股，本名得买锡畴一股半。

【姜宏章、宏达、侄老乔卖山契】

　　立卖山场杉木约人姜宏章、宏达、侄老乔三人名下，为因要银用度，无从得出，自愿将到杉木山场一块，地名皆怀，请中出卖与下寨姜维新名下承买为业。三〔人〕面议定价银一十四两，亲手领回应用。其山木界〔至〕：上凭路，下凭田，左凭冲，右凭领（岭），四至分明。自卖之后，任从买主修理管业，卖主不得异言。如有不清，俱在卖主向前理落，不干买主之事。今恐无凭，立此卖约存照。

　　外批：此木分为三股，栽手占一股，地主占二股，出卖姜维新名下承买为业。

凭中　潘绍祥

宏达　亲笔

嘉庆拾八年二月廿九日　立

道光十三年砍尽佃□□□栽。

宏章、宏达乌皆怀卖契。民国九年批此山
分十二股登熙、登奎、引建占二股出卖与
姜周礼为业。

【姜胜武、姜胜祖卖山场杉木契】

立卖山场杉木约人姜胜武、姜胜祖弟兄，为因缺少银用，自愿将到地名鸠榜杉山一块，上凭路顶，下凭水沟，左凭岭，右凭冲；又一块地名冉财□杉木一块，左凭冲，右凭冲，上凭凹，下凭大路；又一块地名皆凤，上凭田，下凭田，左凭领，右凭冲，四至分明，凭中出卖与姜映祥叔名下承买为业，议定价银伍拾六两正（整），亲手收回应用。其山杉木自卖之后，任凭买主修理管业，卖主弟兄不得异言。如有异言，俱在卖主向前理洛（落），不干买主之事。今恐无凭，立卖杉山存照。

外批：鸠榜杉木分为贰股，栽手占一股，地主占一股出卖。

又外批：冉财内分为贰大股，栽手占一股，地主占一股，分为十股，胜祖名下占一股出卖。

凭中　姜映科、姜显祖
胜祖　亲笔
鸠榜一块坎，加地人佃栽。
嘉庆十八年四月十七日　立

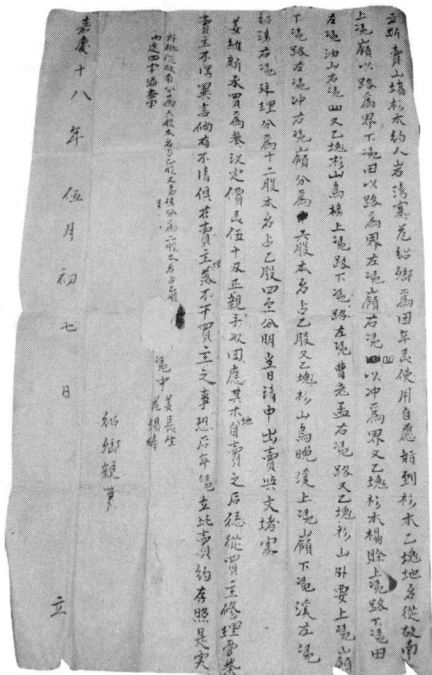

【范钻乡卖山契】

　　立断卖山场杉木约人岩湾寨范钻乡，为因无银使用，自愿将到杉木一块，地名从故南，上凭岭，以路为界，下凭田，以路为界，左凭岭，右凭凹，以冲为界；又一块杉木杨（场）赊，上凭路，下凭田，左凭油山，右凭凹；又一块杉山乌榜，上凭路，下凭路，左凭曹老孟，右凭路；又一块杉山卧要，上凭岭，下凭路，左凭冲，右凭岭，分为六股，本名占一股；又一块杉山乌晚溪，上凭岭，下凭溪，左凭钻滂，右凭廷理，分为十二股，本名占一股，四至分明。当日请中出卖与文堵（斗）寨姜维新承买为业，议定价银伍十两整，亲手收回应〔用〕。其木地自卖之后，任从买主修理管业，卖主不得异言。倘有不清，俱在卖主理落，不干买主之事。恐后无凭，立此卖约存照是实。

　　外批：从故南分为六股，本名占一股；又乌榜分为二股，本名占一股。

　　内途（涂）四字，添三字。

凭中　姜长生、范锡畴

钻乡　亲笔

嘉庆十八年伍月初七日　立

【范绍正卖山场杉木契】

立卖山场杉木约〔人〕范绍正，为因无银使用，自愿将到杉木壹块，地名卧要，此山分为四大股，本名占壹大〔股〕，请中出卖侄女范弘姑妹、姑姊妹二人名下承买为业。凭中言定价银壹两一钱正（整），亲手领回应用。今欲有凭，立此卖字是实。

凭中　姜长生、范绍尧
继尧　笔
嘉庆十八年五月二十一日　立

【岩湾寨范宗尧卖山契】

　　立卖杉木山场约人岩湾寨范宗尧，为因要银无出，自愿将到本名杉山壹块，地名卧要，此山木分为六股，本名占壹股，其山杉界至：上凭岭，下凭路，左凭冲，右凭岭，四至分明，请中出卖与姜绍韬名下承买为业。当日凭中议定价银壹两一钱整，亲手收用。其杉山自卖之后，任凭买主管业，而卖主不得异言。恐后无凭，立约存照。

```
                        宗尧　亲笔
                        凭中　姜长生
                    嘉庆十八年六月初九日　立
```

嘉慶十八年六月初九日　立

五賣杉木山塲約人岩灣里范紹政為因無眼使用自願將到本名杉山壹塊地名卧要上凭頒下凭路右凭冲右凭頒此山木分為六股本名占壹股半其山木界限股数分明請中出賣與姜紹韜名下承買為業當日凭中議定價銀壹两乙錢親手收用其杉山自賣之後恁從買主營業卽賣主不得異言恐后無凭立約存照

凭中姜長生

代單兄宗尭

【岩湾寨范绍政卖木契】

　　立卖杉木山场约人岩湾范绍政，为因无银使用，自愿将到本名杉木壹块，地名卧要，上凭岭，下凭路，左凭冲，右凭岭，此山木分为六股，本名占壹股半，其山木界限股数分明，请中出卖与姜绍韬名下承买为业。当日凭中议定价银壹两一钱，亲手收用。其杉木自卖之后，任从买主管业，而卖主不得异言。恐后无凭，立约存照。

凭中　姜长生

代笔　兄宗尧

嘉庆十八年六月初九日　立

【姜通圣卖山场杉木契】

立断卖山场杉木约人姜通圣，为因家下欠缺银使用无出，自愿将到山场杉木一块，地名污晚溪，分为四股，地租（主）占二股，栽手占二股，其山上登岭，下抵溪，左凭范继尧为界，右凭范绍滂为界，四字（至）分明，今将本名地租（主）二股出卖与钓渭贤弟名下承买为业。当日凭中三面议定价银四十五两，入手收回应用。其山场杉木自卖之后，任从买主管业，卖主不得异言。如有来历不清，俱在卖主理落，不涉买主之事。欲后有凭，立此卖山场杉木约存照。

外批：栽手二股，通圣占一股，老所占一股，俱在外不卖。

凭中　姜廷映、姜绍略、姜廷模

通圣　亲笔

嘉庆十八年七月初四日　立

【姜通圣卖山并木契】

立断卖杉木山场约人姜通圣，为因生理欠缺无银使用，自愿将到山场杉木一块，地名坐落乌晚溪，下凭溪，上凭岭，左凭范绍尧，右凭姜寿庚为界，四至分明，凭中出卖与姜廷玉二爷名下承买为业。当日三面议定价银三十三两〔整〕，亲手领回。其山场杉木自卖之后，任从买主修理管业，卖主不得异言。口说无凭，立此卖山场杉木〔字〕为据。

外批：此山栽手与地租（主）分为四股，地租（主）占二股，栽手系通圣与所羊二人所栽，通圣占一股，所羊占一股，所羊自存，通圣三股出卖。

凭中　姜绍略、姜绍映、姜廷模、姜显祖
通圣　亲笔
嘉庆十八年七月廿八日　立

【姜宗揆卖木契】

　　立断卖杉木山场字人堂叔姜宗揆，为因要银用度，自己将到祖遗分落名下山杉壹块，坐落地名冉学诗，上凭路，下凭凹，与朝□分界，左凭冲，右凭映祥，出卖与堂侄姜光远名下承买为业。当日凭中议定价银九两五钱，入手领回应用。其山木自卖之后，卖主不得异言。如有来历不清，卖主理落。恐口难凭，立卖山杉字契为据。

　　　　　　　　中　宗义、宗德
　　　　　　　　宗智　笔
　　　　　　　　嘉庆十八年九月二十八日　立
　　　　　　　　冉学诗即是冉沙宜。　世模批

【姜光宇卖木契】

立断卖山场杉木约人文斗上寨姜光宇,为因家中缺少银用无出,自愿将到祖遗山场地名八略美,先佃与蒋姓栽杉,分为贰股,栽手占壹股,地租(主)占壹股,自愿将本名山场地租(主)杉木壹块,上凭岩□,下凭田,左凭光烈、朱老番,以刀额为凭,右凭范绍仁,以岭为凭,出卖与姜绍韬先生名下承买为业。当日凭中面议价银十五两,亲手领回应用。其山木任凭买主修理管业,卖主房族弟兄不得异言。来路不明,拘(俱)在卖主上前理落,不干买主之事。今欲有凭,立此断卖山场杉木约永远为据。

内涂三字,添一字。

　　　　　　　　　凭中　姜廷伟、光□、映科、光明、光烈
略美木契
　　　　　　　　　代笔　姜通义
　　　　　　　　　嘉庆十八年十一月初四日　立

道光十五年坎(砍)尽岩湾范包若佃栽,即本房族生老贵亡妹夫。

外批:此山之出股,缘〔原〕归加什姜炳干兄弟,只存登高之一股,四家共占于民国年间,□塘所姜□弟砍伐。

【姜功勋卖木契】

立卖山场杉木约人本房姜功勋，为因家中缺少银用，无处承（得）出，自将到本（房地）名一股出卖与本房姜万年名下承买为业。当日三面议定价银七两壹钱正（整），亲手领回受用。其杉木自卖知（之）后，应凭买主修理管业，卖主不得异言，一卖日了。恐后无凭，立此卖约远永（永远）存照。

外批界至：上凭田水□□才，下至田，左至冲，右凭冲，凭文斗周与半颂为界，四至分明。地名皆腰，分为四股，万和占一股，颂生占二股，功勋占一股出卖。

凭中　抱侄姜万和
代笔　姜光裕
卖主　姜功勋
嘉庆十八年十二月初八日　立

【姜仕周卖木契】

立断卖山场杉木字人姜仕周，为因无粮食，所共之山地主、栽手分为五股，地主占三股，栽手占二股，地名从堆，上平（凭）宗智，下平（凭）冲，左平（凭）宗智，右平（凭）年党之木为界，四至分名（明），今将我地主一股半出卖与姜光陶名下承买为业。当日平（凭）中议定价银五两一钱正（整），入手收回〔应〕用。买主修理管业，卖主不得异言。如有异言，俱在卖〔主〕相（向）前理落，不干买主之事。今恐吾（无）平（凭），立此断卖字为据。

平（凭）中　姜保富、姜光如

代笔　姜壬子

嘉庆十八年十二月十九日　卖主仕周　立

【姜胜祖弟兄卖杉木山场契】

立卖杉木山场约人中房姜胜祖、胜武弟兄，为因家下缺少银用，自愿将到祖山一所，地名番故德，此山分为五大股，映辉、通义占叁股，中房占二股，此二股分作十二股半，胜祖弟兄占半股，今将出卖与姜映祥、映辉、绍吕名下承买为业。议定价银六钱五分正（整），亲〔手〕收回应用。自卖之后，任从买主修理管业，卖主弟兄不得异言。如有不清，俱在卖主理洛（落），不与（干）买主之事。今恐无凭，立卖字是实。

凭中　姜映祥

嘉庆十九年正月卅日　亲笔　立

【姜连宗母子卖山场杉木契】

立断卖山场杉木约人姜连宗母子二人，为因□亲无银度用，自愿将祖遗山场杉木，地名龙王山，因先年招到周才佃栽之山，上凭水沟，下凭大相之木为界，左凭田冲，右凭上节以岭，下以冲为界，四至分明，其山分为五股。地连宗名下占一股，今将自愿出卖与本房姜维新名下承买为业。当日凭中三面议定价银四两六钱，亲手收回任用。其山木自卖后，任从买主子孙永□管业，卖主并房族日后不得异言。如有异言，居（俱）在卖主上前理落，不干买主之事。立卖山场杉木是实。

外批：此木分为贰股，栽手占一股，地主占一股，照合同分。

内外添六字。

        凭中　堂公姜启彰

        代笔　叔绍牙

        嘉庆十九年润（闰）二月初七日　卖主连宗　立

【姜玉才卖木契】

立卖山场杉木字人姜玉才，为因家中缺少银用，自愿将到党加山场杉木一块，左凭本名山，右凭载渭木，以岭为界，上凭水沟，下凭冲，四至分明。当日凭中议近（定）价银一两九钱正（整），出卖与姜绍滔名下承买为业，亲手岭（领）回应用。自卖之后，任从买主管业，卖主不得异言。今恐无凭，立卖字存照。

代笔　姜映科
嘉庆十九年四月廿八日　立
玉才卖党加木契

【岩湾寨范宗尧卖山契】

立卖杉木山场约人岩湾寨范宗尧，为因缺少用度无出，自愿将到杉山壹块，地名乌晚，上凭岭，下凭溪，右凭廷瑾山，左凭绍傍山为界，此木山分为拾贰股，本名占壹股，请中出卖与姜维新名下承买为业。当日议定价银一两一钱正（整），亲手收用。其杉山自卖后，任听买主修理管业，卖主父子不得异言。恐后无凭，立约存照。

外批：上截栽手在外。

凭中　范绍卿
宗尧　亲笔
嘉庆拾九年五月十一日　立

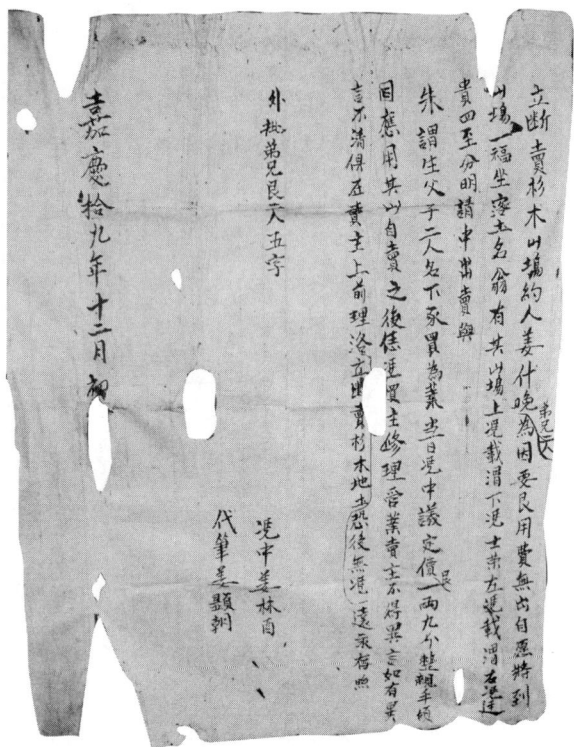

【姜什晚弟兄卖山契】

　　立断卖杉木山场约人姜什晚弟兄二人，为因要银用费无出，自愿将到山场一福（幅），坐落地名翁有，其山场上凭载渭，下凭士荣，左凭载渭，右凭廷贵，四至分明，请中出卖与朱谓生父子二人名下承买为业。当日凭中议定价银一两九钱整，亲手领回应用。其山自卖之后，任凭买主修理管业，卖主不得异言。如有异言不清，俱在卖主上前理洛（落）。恐后无凭，立断卖杉木地远永（永远）存照。

　　外批：〔内添〕弟兄、银、二人五字。

凭中　姜林酉

代笔　姜显朝

嘉庆拾九年十二月初八日　立

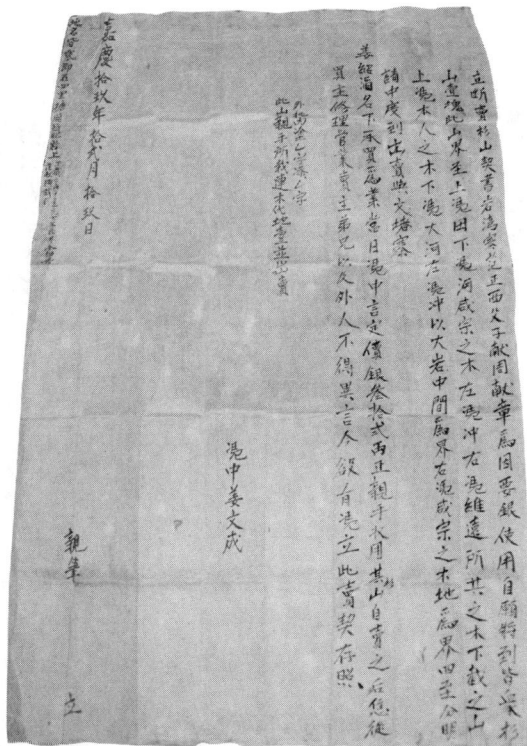

【岩湾寨范正西父子、范献周兄弟卖山并木契】

立断卖杉山契书岩湾寨范正西父子、献周、献章，为因要银使用，自愿将到皆众杉山壹块，此山界至：上凭田，下凭河，〔与〕咸宗之木〔为界〕，左凭冲，右凭维远所共之木；下截之山，上凭本人之木，下凭大河，左凭冲，以大岩中间为界，右凭咸宗之木地为界，四至分明，请中度到出卖与文堵（斗）寨姜绍韬名下承买为业。当日凭中言定价银叁拾贰两正（整），亲手收用。其杉山自卖之后，任从买主修理管业，卖主弟兄以及外人不得异言。今欲有凭，立此卖契存照。

外批：内涂一字，添一字。此山亲手所栽，连木代（带）地一并出卖。

凭中　姜文成
嘉庆拾玖年拾贰月拾玖日　亲笔　立
地名皆众即在四里塘厢笼岩上。下截之山
于道光十二年坎（砍）尽，今佃与范献璜
栽杉。

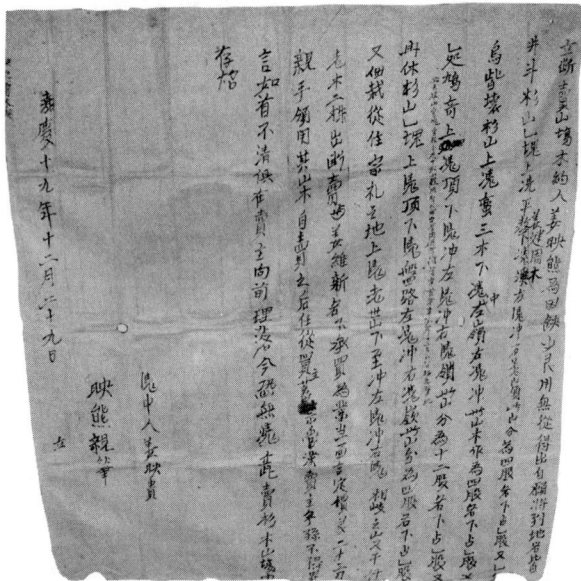

【姜映熊卖山场杉木契】

　　立断卖山场〔杉〕木约人姜映熊，为因缺少银用，无从得出，自愿将到地名皆井斗杉山一块，上凭平敖，下凭溪，左凭冲，右凭岭，此山分为四股，名下占一股；又一处乌皆坏杉山，上凭蛮三木，下凭冲，左〔凭〕岭，右凭冲，此山木作为四股，名下占一股；又一处鸠奇，上凭顶，下凭冲，左凭冲，右凭岭，此山分为十二股，名下占一股；又〔一处〕冉休杉山一块，上凭顶，下凭盘路，左凭冲，右凭岭，此山分为四股，名下占一股；又佃栽从住、宗礼之地，上凭老世山，下至冲，左凭冲，右凭相岐之山；又干什老木二株，出断卖与姜维新名下承买为业。当面言定价银二十三两，亲手领用。其山木自卖之后，任从买主蓄禁管业，卖主子孙不得异言。如有不清，俱在卖主向前理落。今恐无凭，立此卖杉木山场字存炤（照）。

　　〔内〕批：丢祺〔杉〕山壹块，壹股分为十贰小股，用智兄弟完全用价买□管业蓄禁。□年十二月初八日，梅斋笔批。

凭中人　姜映贵

映熊　亲笔

嘉庆十九年十二月二十九日　　立

映熊卖木契

【姜宗礼卖山场杉木契】

　　立断卖山场杉木约人姜宗礼，为因家中缺少银用，无处得出，自己请中度到上房姜绍滔名下承买为业，坐落地名定做，四至分明，上凭老世，上以凭路为界，左凭冲，右凭绍望，下凭冲。当日凭中议定价银一两九钱正（整），入手收回应用。自卖之后，任从买主修里（理）管业，卖主不得异言。如有异言，俱在卖主壹面承当。今欲有凭，立此卖山木〔字〕是实。

　　　　　　　　　亲笔　宗礼
　　　　　　　　　凭中　姜印雄
　　　　　　　　　嘉庆廿年六月廿二日　立
　　　　　　　　　禁业已尚未查快，数日后查得确实，方可管
　　　　　　　　　业坎（砍）尽，今佃与报羊安龙绍租栽。

【姜相周、领寿父子卖山并木契】

立断卖杉木山场约人下房姜相周、领寿父子，为因家中缺少银用，无从得出，自愿将到皆也井奔之山木，上凭油山，下凭水沟，左凭田角冲，右凭宗义之木地，四至分明，连木代（带）地出卖与上房姜维新名下承买为业。当日凭中议定价银三两六钱正（整），亲手领回应用。其山木自卖之后，任从买主修理管业，卖主不得异言。立此断卖字存照。

内解二字，添一字，涂一字。

　　　　　　凭中　姜保魁
　　　　　　代笔　姜光林
嘉庆廿十年七月廿八日　立
坎（砍）尽，下房姜光必佃栽。皆也井奔，此山登熙、登奎、引连之股出卖与姜宗卿、志清为业，只存登高之股四□□□。

【姜先儒卖山场杉木契】

立断卖山场杉木约人下房姜宗义子先儒，为因先年所借银生理无处得出，自愿将到山场杉木共三处，出卖与上房姜维新先生名下承买为业。当面议定价银八十两正（整），亲手领回应用。其山杉木百号山一处，上凭宗礼，下凭田，左凭岭，右凭岭，下截以第三坵田角为界；又地名达周与朝瑾共一处，上凭田角，下凭林生、谓木为界，左凭路，右凭朝瑾木；〔又〕地名井奔一处，上凭盘路油山为界，下凭本人木，左凭本人木，右凭冲，四至分明。其山场杉木自卖之后，任从买主子孙永远管业，卖主父子不得异言。如有异言，俱在卖主向前理落，不干买主之事。今欲有凭，立此断卖契存照。

外批：内添七字。其有地名达周与朝瑾所共二股均分，朝瑾占一股，宗义分下占一股出卖，共三处，并无栽手亲手栽。

凭中　姜光舜、映荣、映辉、映科
嘉庆二拾年八月十四日　卖主姜宗义　亲笔　立
……

【姜通纯、老魁卖山木契】

立断卖杉木山场约人六房侄姜通纯、老魁二人，为因家下缺少银用，无从得出，自己将到父遗下弟兄分落名下山场杉木一块，地名坐落乌宜路坎下，上凭大路，下凭溪，左凭岭，以岩洞下寨为界，右凭冲，四至分明，凭中出卖与族叔姜士权名下承买为业。当日凭中三面议定价银二两八钱，亲手领回应用。其山场杉木自卖之后，任凭买主修理管业，卖主弟兄叔侄不得异言，如有此情，俱在卖主理落。恐口无凭，立此断卖杉木约存照。

凭中　姜大受

代笔　兄通圣

嘉庆二十年十月卅日　立

【姜永□卖山场杉木并田契】

　　立断卖杉木山场并田契人本房姜永□，为因缺少银用无出，自愿将到地名党加杉木山场一块，上凭田，下凭冲，左凭领，右凭冲，此木地分为二股，本名占一股；又地名冉强，杉山上边一块，上凭路，下凭溪，左凭大领，右凭冲。此木栽手占八股，盛周连合本名共占二股，分为三小股，本名占一小股；又下边一块，上凭路，下凭溪，左凭污奇冲，右凭大领，此木栽手作为十股，本名占一股，上下二块地主分为十三股，连合本名共占一股，分为二小股，本名占一少股，又将寨脚皆汝田一坵，分为二股，本名占一股。今将本名所占出卖与姜维新名下承买为业，凭中议定价银四十六两正（整），亲手领回应用。其杉木山场并田自卖之后，任从买主管业，卖主房族叔侄不得异言。如有不清，俱在卖主理落，不干买主之事。今恐无凭，立此断卖木山田字存照。

凭中　姜映科

代笔　龙盛周

嘉庆二十年十二月十二日　立

永□买木山田契

　　民国十八年二〔月〕十四日批：党加之山分为十二股于民国七年将登熙、登泮、登奎所占之二股卖与姜周礼为业，冉法之块世法早卖与元卿。

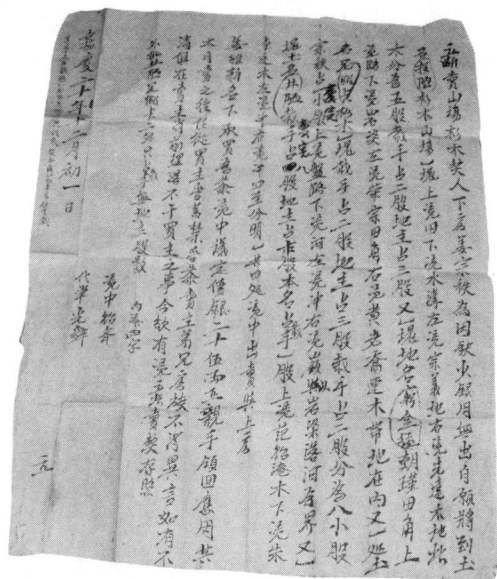

【姜宗秩卖杉木山场契】

立断卖山场杉木契人下房姜宗秩，为因缺少银用无出，自愿将到地名报陋杉木山场一块，上凭田，下凭水沟，左凭宗义地，右凭光远木地，此山分为五股，栽手占二股，地主占三股；又一块地名穷金猛，朝瑾田角上凭路，下凭岩梁，左凭荣宗田角，右凭黄老乔，连木带地在内；又一处地名兄假卡杉木一块，栽手占二股，地主占三股，栽手占二股分为八小股，宗秩占一小股，上凭盘路，下凭河，左凭冲，右凭岭，以岩梁、落河为界；又一块地名井陋，栽手占八股，地主占十股，本名占栽手一股，上凭范绍淹木，下凭朱卓廷木，左凭冲，右凭冲，四至分明。一共四处，凭中出卖与上房姜维新名下承买为业。凭中议定价银二十伍两正（整），亲手领回应用。其木自卖之后，任从买主蓄禁管业，卖主弟兄、房族不得异言。如有不清，俱在卖主尚（上）前理落，不干买主之事。今欲有凭，立此卖契存照。

外批：报陋、兄假卡二处只占栽手，无地主股数。内添四字。

凭中　绍齐
代笔　光舜
嘉庆二十年十二月初一日　立
道光十五年报陋一处砍尽，佃与黄姓栽，从今雍一处本房领生栽。

【姜万年卖木契】

立卖山场杉木姜万年先年得买姜功勋皆要山场杉木一块，上凭田，下凭田，左凭冲，右凭冲，以水沟搬过，岭以下至田为界，今请中出卖与姜维新先生承买为业。当面凭中议定价银六两伍钱，亲手领用。其山杉木自卖之后，任平（凭）买主修理管业。四至界倘有不明，俱在卖主向前理落，不干买主之事。今欲有凭，立断卖字为据。

外批：万年得功勋老约俱绞（缴）与姜维新先生收。

凭中　姜德明、姜万和
万年　亲笔
嘉庆二十一年正月二十五日　约　立

【姜老孟、龙保、老润叔侄卖木契】

　　立卖山场杉木约人六房姜老孟、侄龙保、老润叔侄三人，为因家中要银使用，无从得出，自愿将到祖遗之山，上凭岭，下凭田冲，左凭吴绍礼之木，右凭本名之木，地名冉愁娘，凭中出卖与下寨姜映祥、映飞、侄绍吕三人名下承买为业。凭中议定价银叁拾贰两五钱正（整），亲手领回应用。其山杉木自卖之后，任凭买主修理管业，而卖主、房族弟兄不得异言。今恐无凭，立此卖字永远存炤（照）。

　　　　　　　　　　凭中　叔姜昌连、姜绍华
　　　　　　　　　　代笔　姜国华
　　　　　　　　　　嘉庆二十一年七月廿二日　立

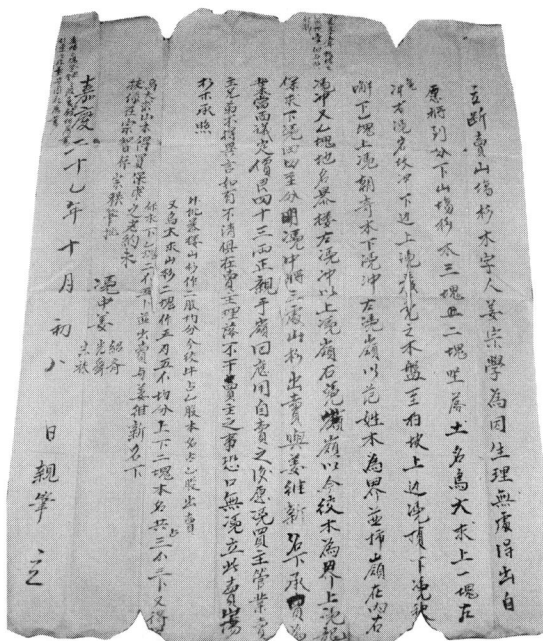

【姜宗学卖油山杉木契】

　　立断卖山场杉木字人姜宗学，为因生理无处得出，自愿将到分下山场杉木三块，二块坐落地名乌大求，上一块左凭冲，右凭岩□冲下边，上凭□党之木，盘至柏坡，上边凭顶，下凭黎□；下一块上凭朝奇木，下凭冲，左凭岭，以范姓木为界，并插岭在内，右凭冲；又一块地名暴楼，左凭冲，以上凭岭，右凭岭，以今绞木为界，上凭龙保求，下凭田，四至分明。凭中将三处山杉木出卖与姜维新名下承买为业。当面议定价银四十三两正（整），亲手领回应用。自卖之后，愿凭买主管业，卖主兄弟不得异言。如有不清，俱在卖主理落，不干买主之事。恐口无凭，立此卖山场杉木承（存）照。

　　外批：暴楼山杉作二股均分，今绞牛占一股，本名占一股，出卖。

　　又乌太求山杉二块作五两五，不均分，上下二块，本名共占三小二下。又得买保求下一块，二钱五钱，并出卖与姜维新名下。

　　乌大求山木得买保求之老约，未拨系在宗智存。宗轶笔批

　　凭中　姜绍齐、光舜、宗轶
　　嘉庆二十一年十月初八日　亲笔　立
　　暴楼之块登熙、登奎之股卖与铸相为业，引连之股卖与周礼为业。

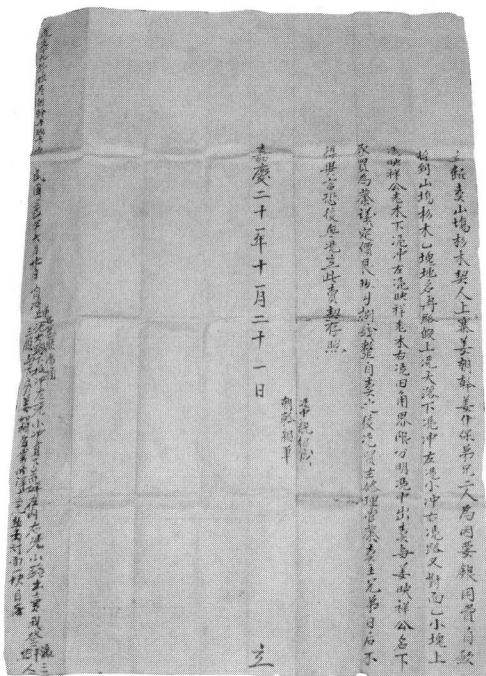

【姜朝干、姜什保兄弟卖山场杉木契】

立断卖山场杉木契人上寨姜朝干、姜什保弟兄二人，为因要银用费，自愿将到山场杉木一块，地名冉路假，上凭大落，下凭冲，左凭小冲，右凭路；又对面一小块，上凭映祥公老木，下凭冲，左凭映祥老木，右凭田角，界限分明。凭中出卖与姜映祥公名下承买为业，议定价银玖两捌钱整。自卖之后，凭买主修理管业，卖主兄弟日后不得异言。恐后无凭，立此卖契存照。

        凭中　□绍成
        朝干　亲笔
        嘉庆二十一年十一月二十一日　立
        道光十九年坎（砍）尽朝干冉陌卡山
        民国三十一年六月廿一日，自将地名乌从为西，上凭
        大路，下抵冲，左凭小冲直下荒坪在内，右凭小路，
        出卖我登瀛、登洋、登熙三人。三股与下房姜如相为
        业，价洋十二元。
        □内对面一块自存。

【姜老六卖山场杉木契】

立断卖山场杉木约人姜老六，为因缺少粮食，无处得出，自愿将到祖遗山场，地名□□一处，上凭顶，下凭风聋凹，左凭岭，以下凭冲，右凭冲，以下凭田。污或一处，上凭顶，下凭污或溪，左右凭冲，四至分明，老六名下各占七钱五分，自愿请中问到出卖与本房姜映祥、映辉、侄绍吕三人名下承买为业。当日凭中议定价银贰两三钱，亲手收回任用。其山自卖之后，应从买主子孙永远管业。如有不清，居（俱）在卖主上前理落，不干买主之事。立卖山场杉木是实。

内添三字。

外批：此山卧孚名下占山七钱五分，□存是实。此山二处共拾两之山，卧孚、老六二人共占山一两五钱，老六名下七钱五分出卖与三人为业，卧孚名下七钱五分自存。

凭中　姜映科、包兄启章
代笔　绍牙
嘉庆二十一年十二月初四日　卖主老六　立

【姜映科三兄弟卖山场杉木契】

立断卖山场杉木人约人姜映科、福生、老霞兄弟三人，为因家中缺少银用，无处得出，自愿将到祖遗山场杉木，地名皆粟山杉一块，上凭田，下凭玉周地，左凭冲，右凭岭；又下一块，上凭本人木，下凭溪，左凭冲，右凭光远木；又一块，上凭方平，下凭光远木，左凭本人木，右凭映林之木；又污皆怀一块，上凭卖主之地，下凭岩洞，左凭

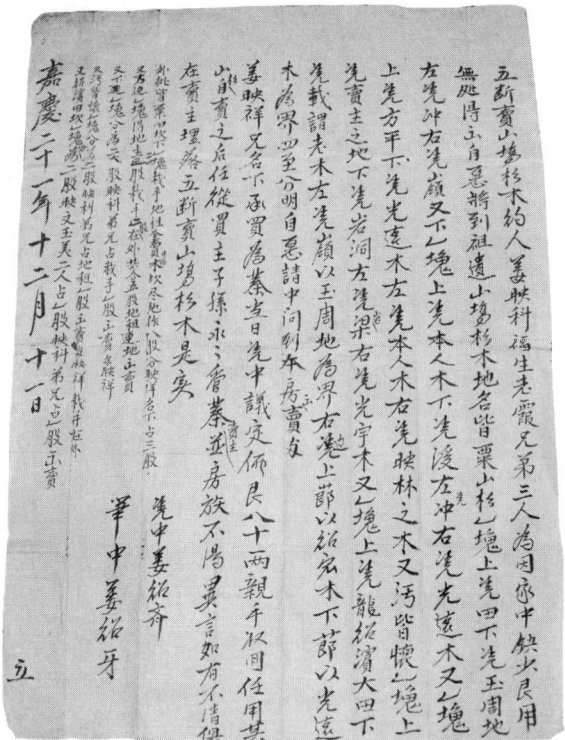

岩梁，右凭光宇木；又一块，上凭龙绍滨大田，下凭载谓老木，左凭岭以玉周地为界，右凭边，上节以绍宏木，下节以光远木为界，四至分明。自愿请中问到本房出卖与姜映祥兄名下承买为业，当日凭中议定价银八十两，亲手收回任用。其山杉自卖之后，任从买主子孙永永管业，卖主并房族不得异言。如有不清，俱在卖主理落，立断卖山场杉木是实。

凭中　姜绍齐

笔中　姜绍牙

外批：皆粟田坎下一块，栽手地租全卖，日后木坎（砍）尽地作八股，分映祥名下占三股，又右边一块，得地主三股，栽手二股，在外共合五股，地租连地出卖。又下边一块分为二大股，映科弟兄占栽手，一股出卖与映祥。又污皆怀一块分为二股，映科弟兄占地租一股出卖与映祥，栽手在外。又绍滨田坎一块分为二股，映文、玉美二人占一股，映科弟兄占一股出卖。

嘉庆二十一年十二月十一日　　立

【姜映科三兄弟卖山场杉木契】

立断卖山场杉木约人姜映科、福生、老霞兄弟三人，为因家中无银用度，自愿将祖遗山场杉木地名南荣溪口一块，上凭岭路，下凭溪，左边凭岭，以至旧桥等，右凭路；又内边盘路下一块，上凭路，下凭溪，右凭岩梁，左凭岩梁；又上盘路一块，上凭保富之木，下凭路，左凭玉口之木，右凭小冲，四至分明。自请中问到本房姜映祥名下承买为业，当日凭中议定价银七拾两，亲手取回任用。其山杉自卖之后，应从买主子孙永远管业。如有不清，居(俱)在卖主上前理落，不干买主之事，卖主并房族日后不得异言。立断卖山场杉木是实。

凭中　姜绍齐
凭中　姜绍牙
嘉庆二十一年十二月十一日　立
道光十四年坎(砍)尽，今佃与本地姜玉才
父子佃栽。

【姜绞坛卖山并木契】

　　立断卖山场杉木约人上寨姜绞坛，为因家〔中当〕下缺少银用无出，自愿将到先年得买之山，地名冉虐朗山杉一块，上凭绍略之木，下凭路，左凭冲，右凭岭，四至分明，出卖与下寨姜映祥、映辉、姜绍吕三人名下承买为业。凭中三面议定价银四两六钱，亲手领回应用。其山木自卖之后，任凭买主修理管业，卖主弟兄不得异言。今欲有凭，立此卖约存照。

凭中　姜昌连

代笔　姜光儒

嘉庆二拾二年二月廿四日　立

【姜保富卖杉木山场契】

立卖杉木山场字人姜保富，为因家下缺少银用，自愿将到下岩坂坡杉木山场一块，上凭田，下凭田沟，左凭岭，右凭冲，四至分明。凭中议价银一两零五分，亲手收回应用。其木任凭买主修理管业，卖主不得异言。恐有来路不清，俱在卖主里（理）落，不干买主之事。今恐无凭，立卖字存照。

　　　　　　　　　　凭中、代笔　映科
　　　　　　　　　　嘉庆廿二年四月卅日　立

【平鳌寨龙友风卖山场杉木契】

立断卖山场杉木约人平鳌寨龙氏友风，为因要银使用，无处得出，自愿将到先年母亲与叔母得买中房姜文柱之山壹小股，地名冉强，此一股分为三股，绍韬占一股，名下占二股，今将出卖二股与文堵姜绍韬名下承买为业。当面凭中议定价银六钱五分，亲手领回应用。其山场杉木自卖之后，任从买主修理管业，卖主不得异言。如有异言，恐有不清，俱在卖主尚（上）前理落，不关买主之事。一卖一清，二卖二了，口说无凭，立此断卖山场杉木〔字〕存照。

　　　　　　　　　　　代笔　龙朝显
　　　　　　　　　　　嘉庆贰十二年五月十三日　立

【姜宗元卖山场契】

　　立断卖山场契人本房姜宗元，为因要银使用，无处得出，自愿将到分下祖遗之山，地名干榜，今将出卖与本房堂侄姜光宗名下承买为业。当面议定价银八钱伍分，任用其山场。自卖之后，任从买主管业，卖主房族弟兄不得异言。如有异言，俱在卖主尚（上）前理落，不干买主之事。今欲有凭，立此断契存照。

　　　　　　　　　　　　　　　　姜光舜　笔
　　　　　　　　　　　　　　　嘉庆二十二年五月十四日　立

【姜贵凤卖山场契】

立断卖山场约人姜贵凤，为因缺少银用无出，自己将到地名牛毛山一块，上凭彩周，下凭和河，左凭冲，右凭冲，四至分明。为界山场分作二大股，刘文开分占一大股，映祥贵凤占一大股，映祥占一股，贵凤占一小股，出卖与文斗寨姜映祥名下承买为业。当日议定价银九两正（整），亲手领回应用。其山场自卖之后，任从买主管业，卖主不得异言。今恐无凭，立此断卖山场是实。

内添七字。

凭中　姜友长、姜友孟
代笔　姜大略
嘉庆二十二年七月廿日　立
断卖山场

【姜映祥、姜映辉等分山合同】

立分合同人姜映祥、映辉、绍吕、述圣、元章等，为因得买杉木，地名抱华，因堆贰处，原系贰家价买蓄禁，将本杉木长大售卖，作贰股均分，地主占壹股，我等占栽手一股，又将栽手一股作为贰股，映祥、映辉、绍吕占壹股，述圣、元章占一股。今二家同心出立（力），合约日后贰家子孙□卖照此合约股数均分，不得净□论少。立此发达合约以为久远兴旺之计存照。

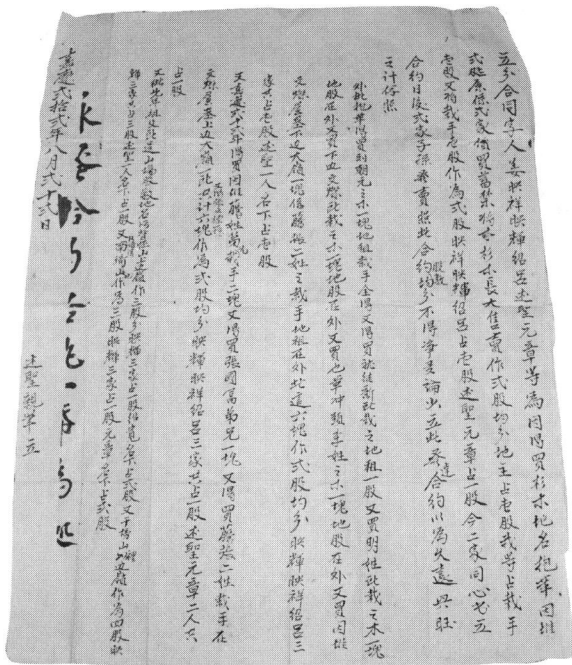

外批：抱华得买刘朝元之木一块，地租栽手全得；又得买龙继新所栽之地租一股；又买明姓所栽之木一块，地股在外；又买下边文灿所载之木一块，地股在外；又买也革冲头李姓之木一块，地股在外；又买因堆文灿屋基下边大岭一块，系藤、张二姓之栽手，地租在外；此这六块，作贰股均分，映祥、映辉、绍吕三家共占一股，述圣一人名下占一股。又嘉庆贰十贰年得买因堆藤姓弟兄栽手二块；又得买张国富弟兄一块；又得买藤、张二姓栽手在文灿屋基上边大岭一所；又得张文标一块；共计六块，作为贰股均分，映祥、映辉、绍吕三家占一股，述圣、元章二人共占一股。

又批：先年祖父所遗山场股数，地名污皆怀，山上边岭作三股分，映辉三家占一股，绍宽名下占贰股；又干榜山里边岭作为四股，映辉三家共占三股，述圣一人名下占一股；又污堵溪南琦山地作为三股，映辉三家占一股，元章名下占贰股。

永□合约，各执合同一纸为据【半书】

嘉庆贰十贰年八月贰十贰日 述圣 亲笔 立

【岩湾寨范绍尧卖山契】

立卖杉木山场约人岩湾〔寨〕范绍尧，为因要银无出，自愿将到杉木山场壹块，地名乌晚，上凭岭，下凭溪，左凭绍傍，右凭载渭，此山木分为八股，本名占壹股半，上截五股均分，地主占叁股，栽手占贰股，下截自栽，请中出卖与姜维新名下承买为业。当日凭中言定价银贰两七钱，亲手收用。其杉山自卖之后，任从买主蓄禁管业，卖主兄弟不得异言。今恐无凭，立约存照。

          代笔　范宗尧
          凭中　范绍粹
          嘉庆二十二年十月初三日　立
          十四年坎（砍）尽，佃与范继尧之子栽。

【龙香保理卖山木契】

立卖山场杉木约人六房龙香保理，为因先年得买姜廷干杉木山场，地名坐落银翁，界限：上凭路，下凭路，右凭油山，左凭冲，四至分明，自愿出卖与下寨姜绍滔名下承买为业。当面凭中议定价银伍两伍钱，亲手领回应用。其山木自卖之后，任凭买主修理管业。恐后无凭，立此断卖山场〔字〕是实。

外批：老契交以（与）绍滔收承，内添三字。

代笔　姜绍魁
凭〔中〕　姜绍开
嘉庆廿二年十二月廿日　立
道光廿年坎（砍）来起屋。

契
约

二一

【龙光华卖栽手木契】

立卖杉木字人龙光华，为因缺银用，无处寻出，自愿将到地名白号山杉木一块，又番故得一块，共二处，五股均分，栽手二股，地主占三股，自将栽手二股出卖与地主姜映翔、姜映秘、绍礼名下承买。价银拾两零三钱，亲手收回。其木任从买主修理管业，长大发卖，不得异言。如有不清，卖主理落，不与买主相干。恐后无凭，立此卖字为据。

凭中　姜映科、宗义

杨肇伦　笔

嘉庆二十三年三月初八日　立

【姜光尧佃契】

　　立佃栽杉字人姜光尧，为因佃到上房姜绍滔名下之山，地名白堵，魁元田坎下一块，光陶田坎下一块，种栗栽杉，言定三股均分，地主占贰股，栽手占一股，逐年挖修，不得荒废。如荒废，自愿将到本名之老木一块，地名白堵作当。今欲有凭，立此佃字是实。

光林　笔

嘉庆二十三年三月十二日　立

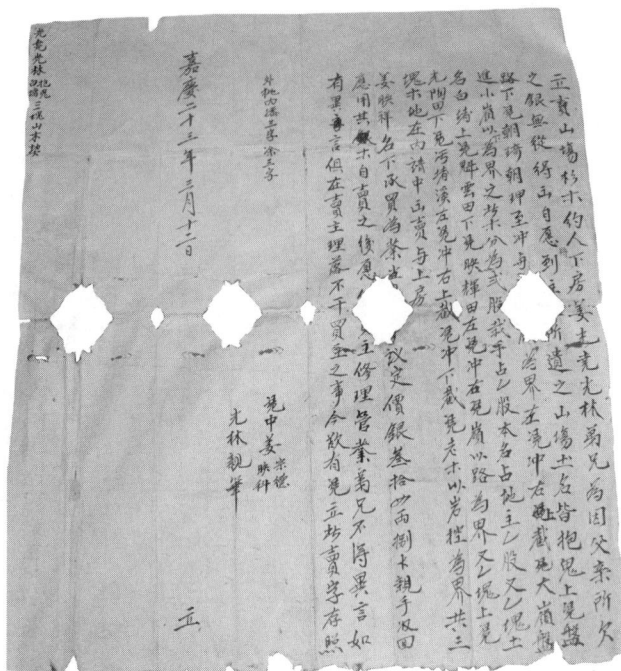

【姜光尧、光林弟兄卖木契】

　　立卖山场杉木约人下房姜光尧、姜光林弟兄，为因父亲所欠之银无从得出，自愿将到□□所遗之山场，地名皆抱鬼，上凭盘路，下凭朝琦、朝珅，至冲与□□为界，左凭冲，右上截凭大岭盘进，小岭以下为界之禁，分为贰股，栽手占一股，本名占地主一股。又一块地名白堵，上凭魁云田，下凭印辉田，左凭冲，右凭岭，以路为界。又一块，上凭光陶田，下凭污堵溪，左凭冲，右上截凭冲，下截凭老木，以岩控为界。共三块，木地在内，请中出卖与上房姜映祥名下承买为业。当日凭中议定价银叁拾四两捌钱，亲手收回应用。其木自卖之后，愿任从买主修理管业，弟兄不得异言。如有异言，俱在卖主理落，不干买主之事；今欲有凭，立此卖字存照。

　　外批：内添三字，涂三字。

凭中　姜宗德、映科

光林　亲笔

嘉庆二十三年三月十二日　立

光尧、光林抱鬼、白堵三块山木契

【姜光模卖山木契】

立卖杉木并地字人姜光模，为因要银用度，自己同叔兄商议，愿将祖父所遗山木地名金榜山杨武庙皆后，上凭继新，右凭继新，左凭买主，下凭路，出卖与本房姜光宗、光兆兄弟等承买为业。当面议合价银三两伍钱，入手领回应用。其山木自卖之后，任凭买主管业，卖主并外人不得异言。如有不清，俱在卖主理落。恐口无凭，立此卖字为据。

凭中　石达
宗智　笔
嘉庆二十三年四月廿四日　立

【范氏卧孚卖山契】

立断卖山场杉木约人范氏卧孚，为因缺少粮食，无处得出，自愿将到山场坐落地名风聋、污或贰处分为拾两之山，卧孚名下占七钱五分，今将出卖与本房姜映祥、映辉、绍吕名下承买为业。当日凭中议定价银三两八钱，亲手收回任用。其山自卖之后，任凭买主永久管业，卖主并房族日后不得异言。恐口无凭，立卖山场是实。

风聋、污或买契

凭中　范献林

代笔　侄姜绍牙

嘉庆廿三年七月廿四日　立

【姜宗礼分山合同】

立分合同字人文斗寨姜宗礼，祖遗山场一块，地名白浩山，上凭顶，左右凭岭，下凭宗义山。因嘉庆十六年合同□园圆寨舒正高佃种栽杉，今成林，二比以前言定伍股均分，地主宗礼占叁股，舒正高栽手占贰股，凭今分后不得多言，恐舒姓栽手出卖，先问地主。今分以后，各照股数均分。今欲有凭，立此合同为据。

凭中　栗作秀

笔　宗义

立此合同为据【半书】

嘉庆二十三年七月二十八日　立

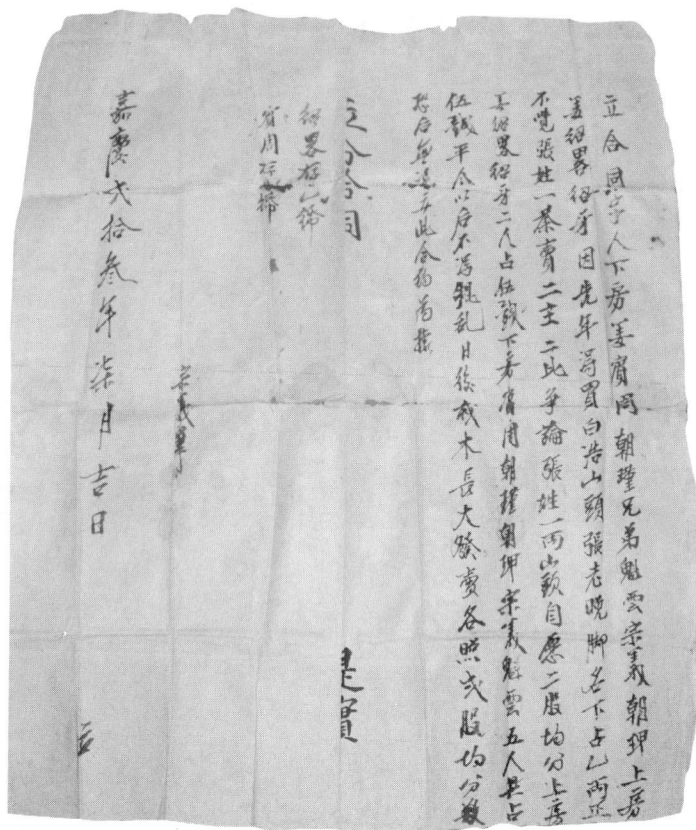

【姜宾周等分山合同】

立合同字人下房姜宾周、朝瑾兄弟、魁云、宗义、朝珥，上房姜绍略、绍牙，因先年得买白浩山头张老晚脚名下占一两正（整），不觉张姓一业卖二主，二比争论。张姓一两山头自愿均分，上房姜绍略、绍牙二人占伍钱，下房宾周、朝瑾、朝珥、宗义、魁云五人共占伍钱。平分以后，不得混乱，日后栽木长大发卖，各照贰股均分。恐后无凭，立此合约为据。

立分合同是实【半书】

绍略存一纸，宾周存一纸。

宗义　笔

嘉庆贰拾叁年柒月吉日　立

【姜绍华、姜连合卖山场杉木契】

  立断卖山场杉木契人姜绍华、连合，为因要银用度，自愿将到杉山一块，地名南敖，上凭田，下凭田，左凭边，上截凭绍韬、绍本木，下截凭冲，右凭冲，以田为界。此山本分为七股，姜绍韬名下占六股，本名占一股，今将出卖与本房姜绍韬名下承买为业。凭中议定价银四十六两正（整），亲手领回应用。自卖之后，任从买主修理管业，卖主不得异言。如有不清，俱在卖主理落，不干买主之事。今恐无凭，立此卖山场杉木字存照。

凭中 玉宠、保年

代笔 龙绍滨

嘉庆二十四年二月二十三日 立

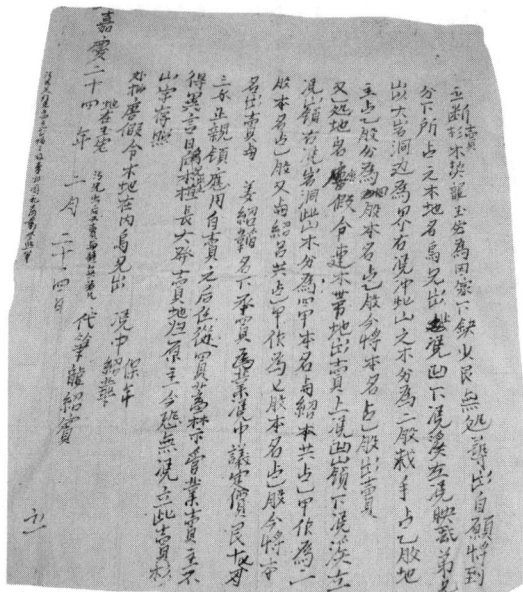

【龙玉岩卖山并木苇地契】

　　立断卖杉木契龙玉岩，为因家〔中当〕下缺少银，无处寻出，自愿将到分下所占之木，地名乌兄出，上凭凹，下凭溪，左凭映飞弟兄山，以大岩洞边为界，右凭冲。此山之木分为二股，栽手占一股，地主占一股分为四股，本名占一股，今将本名占一股出卖；又一处地名唐假令，连木苇地出卖，上凭凹岭，下凭溪，左凭岭，右凭岩洞，此山木分为四甲，本名与绍本共占一甲作为二股，本名占一股，又与绍吕共占一甲作为七股，本名占一股，今将本名出卖与姜绍韬名下承买为业。凭中议定价银十七两三钱正（整），亲领应用。自卖之后，任从买〔主〕蓄禁管业，卖主不得异言。日后乌兄出之木植长大发卖，地归原主。今恐无凭，立此卖杉山字存照。

　　外批：唐假令木地在内，乌兄出地在玉岩。污（乌）兄出后又卖与钟英弟兄。

凭中　保年、绍华

代笔　龙绍宝

嘉庆二十四年二月二十四日　立

污兄足门连占四方山一幅之股卖归周礼为业。登熙　笔

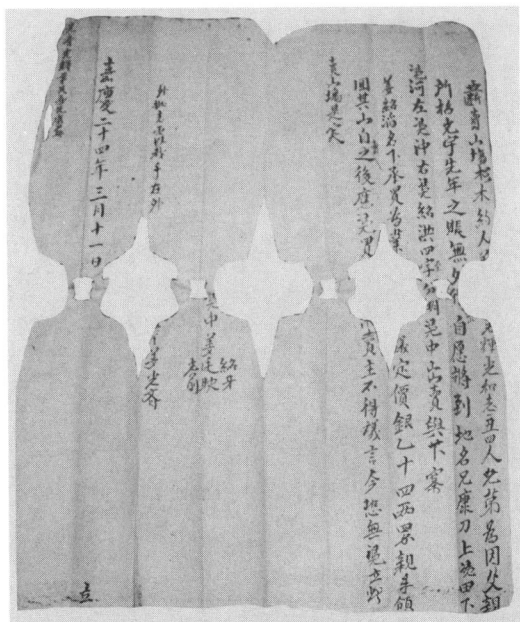

【姜光齐、光辉等卖山契】

立断卖山场杉木约人姜光齐、光辉、光和、老丑四人兄弟，为因父亲所□光宇先年之账无处得出，自愿将到地名兄康刀，上凭田，下凭河，左凭冲，右凭绍洪，四至分明，凭中出卖与下寨姜绍滔名下承买为业。当日凭中议定价银一十四两四钱，亲手领回。其山自卖之后，应凭买主修理管业，卖主不得议（异）言。今恐无凭，立此卖山场是实。

外批：志霞栽手在外。

凭中　姜绍牙、姜廷映、姜光前
亲笔　姜光齐
嘉庆二十四年三月十一日　立
光齐、光辉弟兄卖兄康刀契

【姜通义弟兄卖杉木山场契】

立卖杉木山场约人姜通义、通元、通敬，为因家〔中当〕下缺少银用无出，自愿将到祖遗山场，地名番故德，上登顶，下抵水沟两个□岭，左凭大冲，右凭岭下至冲，此山分为五两，本名占柒钱五分，今将出卖与姜绍韬、绍略、绍吕承买为业。面议价银贰拾叁两五钱，亲手领用。其山任凭买主修理管业。今欲有凭，立此卖杉木山场约永远为据。

外批：三白田坎下一块嫩木，栽手文永，沟下□岭一块嫩木，二块栽手自存，地租买主收。

凭中　姜开甲

通义　笔

嘉庆二十四年三月廿六日　立

通义弟兄番故德山场卖契

【姜宗保卖山场杉木契】

立断卖山场杉木字人姜宗保，未（为）因家中缺少粮食，自愿将到祖遗之山场杉木一股，地名坐落冉强，此山分为八股均分，宗田、宗玉、宗保三人占一股，这股又以作三小股，宗田占一小股，宗玉占一小股，宗保占一小股。今将宗保一小股出卖与本家胞兄姜宗玉名下承买为业。当日议定价银贰两叁钱整，亲手收足应用。其山场杉木自卖之后，任凭买主管业，卖主不得生〔事〕端，立断卖字存照。

凭笔　姜绍和
嘉庆二十四年四月十五日　立

【姜映科等卖山契】

立断卖山场杉木约人姜映科、老霞、侄老壹、玉兴、述昌等，今因无处得出，自愿将到地名党加令，上凭田，下凭溪，左凭上寨之山，以岭为界，右凭岩梁为界，四至分明，今将出卖与本房姜绍滔名下承买为业。当日凭中议定价银贰两贰钱伍分，亲手收回应用。其山分为四甲，每甲分为十股，今将本名占五股出卖与绍滔为业。其山自卖〔之后〕，任从买主管业，卖主并房族不得异言。如有异言，居（俱）在卖主上前理落，不干买主之事。立断卖山场杉木〔字〕是实。

凭中　姜宗廷
代笔　姜绍牙
嘉庆二十四年润（闰）四月初一日　立
映科、玉兴、述昌党假令卖契

【姜保富卖山场杉木契】

　　立断卖山场杉木约人本房姜保富，为因家中要银使用，无处得出，自愿将到祖遗山场，地名皆粟，上凭岭，下凭岩洞，左凭冲，右凭下房朝栋之地以老木一根为界，四至分明。此山杉分为二股，栽手占壹股，地租（主）占壹股，地租（主）分为贰股，姜孟乔占壹股，姜保富占壹股，请中出卖与本房姜维新先生名下承买为业。三面议定价银四两伍钱整，亲手领回应用。其山场杉木自卖之后，任从买主子孙永远管业，卖主房族弟兄并别人不得异论。如有异言，拘（俱）在卖主向前理落，不干买主之事。今欲有凭，立此断卖契存照。

　　外批：内添二字。

凭中　堂兄姜映科

代笔　姜宗义

嘉庆二拾肆年六月二十四日卖主姜保富　立

【姜应文父子卖杉木山场契】

立断卖杉木山场字人姜应文父子，为因缺少银用，自愿将到地名皆粟山场杉木壹块，分为二股，地主占一股，栽手占一股，地主一股分为二股，应文一股出卖与姜绍韬名下承买。当日议定价银伍两一钱整，亲手收回。其〔杉〕木山场任从管业，如有不清，卖主理落。恐后无凭，立此卖字为据。

外批：界至左凭冲，以大伦为界，右凭朝栋老木为界，上平（凭）岭，下凭岩洞。

凭中　姜德明、姜福保

阳肇伦　笔

嘉庆二十四年六月廿五日　立

应文皆粟山契

【姜氏奢议、光模母子卖山场杉木契】

立断卖山场杉木契人下房姜氏奢议、光模母子，为因要银用度，今缺少粮食，自愿将到分下山场杉木坐落地名伯号山，上凭顶，左凭岭，右凭岭，下凭买主，四至分明，今出卖与上房姜绍滔名下承买为业。当面议定价银三两七钱正（整），任用其杉木山场。自卖之后，卖主房族弟兄不得异言。如有异言，俱在卖主向前理落，不干买主之事。今欲有凭，立此断契存照。

外批：内添四字。

凭中　姜光舜　笔
嘉庆二十四年七月初四日　立
光模卖白号山契
民国十八年批：佃与姜如信栽杉，已今成林，此山登熙、登奎、引连之后卖与姜志明为业，余存登高之股国家共占。

【姜洪章借契】

立借字〔人〕姜洪章，为因生理生缺少银用，无从得出，自己借到姜绍滔生先（先生）名下，实借本银伍拾二两整，亲手取回应用。其言照月加三行息，不得有惧（拒）。今欲有凭，立此借字是实。

代笔　开池

嘉庆廿四年七月初八日　立

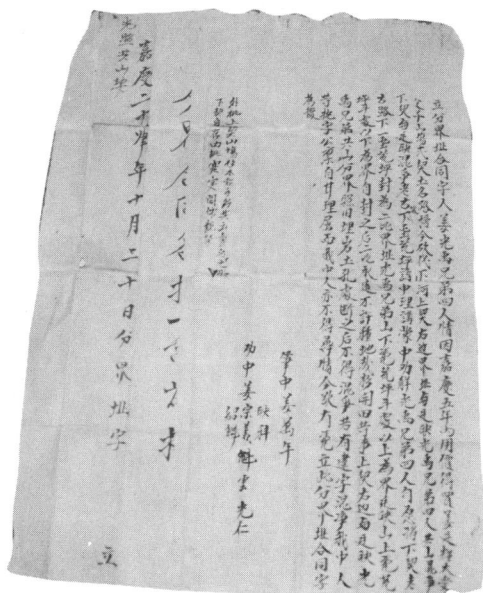

【姜光禹兄弟与姜廷辉、廷映等分界址合同】

　　立分界址合同字人姜光禹兄弟四人，情因嘉庆五年内用价得买姜廷辉、大受父子山场贰契，地名路榜，今砍伐下河，上契右边界址与廷映、光禹兄弟四人共山混争，下契与廷映混争老右路下□荒坪，请中理讲，蒙中劝解，光禹兄弟四人自愿将下契老右路下一□荒坪封为二比。界址：光禹兄弟山下凭荒坪平处以上为界，廷映山上凭荒坪平处以下为界。自封之后，二比永远不许种地、栽杉、开田等事。上契右边与廷映、光禹兄弟共山分界照旧。埋岩地孔处断之后，不得混争。若有违字混争，我中人等执字公稟，自甘理屈而我中人亦不得寻（徇）情。今欲有凭，立此分界址合同字为据。

　　　　　　笔中　姜万年
　　　　　　劝中　姜映科、姜宗义、姜魁云、姜光仁、姜绍魁

　　外批：上契山场杉木栽手所共出卖名下之股，下契自存。内批是实，开儒亲笔。
　　分界合同各执一纸为据【半书】
　　分界址字

　　　　　　　　　　　　嘉庆二十肆年十月二十日　立
　　　　　　　　　　　　光照共山契

【姜映文父子卖杉木山场契】

立卖杉木山场字人姜映文父子，为因家〔中当〕下缺少银用，无所得出，自愿将到杉木山场地名皆粟杉木山场壹块，上凭田，下凭载渭、光远之木，左凭绍洪，右凭绍宽木，四至分明，凭中出卖与姜绍韬先生名下承买为业。凭〔中〕仪（议）〔定〕价银壹两壹钱整，亲手领回应用。自卖之后，任从买主修理管业，卖主不得异言。今欲有凭，立此卖字是实。

此山木分六股，映文占一股出卖。

凭中　姜映科
代笔　陆大忠
嘉庆贰拾肆年十一月初二日　立卖

【姜玉兴、述昌卖山并木契】

立断卖山场杉木字人姜玉兴、述昌，为因家〔中当〕下缺少银用，无处寻出，自愿将到祖遗〔之〕山一块，地名乌养，上凭冉金牛，下凭溪，左凭冲，右凭本人山为界，此山分为四甲，本名所占一甲作为七股，玉兴、述昌二人占一股半，今将出卖与姜绍韬名下承买为业。凭中议定价银四两，亲手领用。山木自卖之后，任从买主管业，卖主不得异言。如有不清，俱在卖主向前理落，不干买主之事。今恐无凭，立此卖字存炤（照）。

凭中　姜映科
亲笔　姜昌华
嘉庆二十四年十一月十三日　立

【姜廷召卖木契】

　　立卖杉木〔山〕场约人姜廷召，为因缺少银用无出，自愿将到地名翁乌杉木山场一块，请中出卖与黄老求名下承买为业。上凭姜廷贵，下凭□，左凭姜士荣，右凭任祥，四至分明。凭中议定价银一两五钱正（整），亲手领回应用。其杉木自卖之后，任〔从〕买〔主〕修理管业，不得异言。恐有异言，俱在卖主相(向)前里（理）落，不与买主相干。今欲有凭，立此卖字存照。

　　　　　　　　　　　　　凭中、代笔　潘绍祥

　　　　　　　　嘉庆廿四年十二月十日　立

【姜举周等卖木契】

　　立卖山场杉木字人姜举周、保年、述昌、通显、通举，为因要银使用，无从得出，自愿将到地名南鳌杉木一块，上坪（凭）□党天田，下坪（凭）荒坪，左凭冲，右凭岭，凭冲（中）出卖与本房姜维新名下承买为业。当面议定价银十五两整，亲手领回应用。自卖之后，任凭买主蓄禁管业，卖主子孙不得异言。如有不清，俱在卖主向前理落，不干买主之事。今恐无凭，立此卖山场杉木字存照。

　　内添山场四字。

亲笔　阳通显

嘉庆二十五年二月初十日　立卖

【姜本伸卖山场杉木契】

立断卖山场杉木字人姜本伸，为因要银使用，自愿将杉山一块地名冉强出卖与姜维新先生名下承买为业。当面议定价银拾陆两正（整），亲手领回应用。其木地界：上凭岭，下凭大路，左凭岭，右凭冲，此木分为三股，朝波占栽手一股，本名占地租二股。自卖之后，任凭买主修理管业，不得议（异）言，立断卖字为据。

凭中　姜绍周
代笔　姜荣
嘉庆贰拾伍年二月十五日　立断卖
本伸卖出木契

【姜显祖卖山场杉木契】

立断卖山场杉木约人
姜显祖，为因家中缺少银
用无出，自愿将到鸠榜山
木壹块（批：此山十二
股，合黎□卖与加什姜凤
凰为业），上凭顶，下凭
大沟，左凭冲，右边上截
抵开林之木，以岭为界，
下截凭冲，分为贰大股，
徐姓占栽手壹股，显祖占
地租（主）壹股，连木地
俱卖；又一处地名鸠榜
（批：此块山木卖与加什
姜宗□所□起屋，无人佃

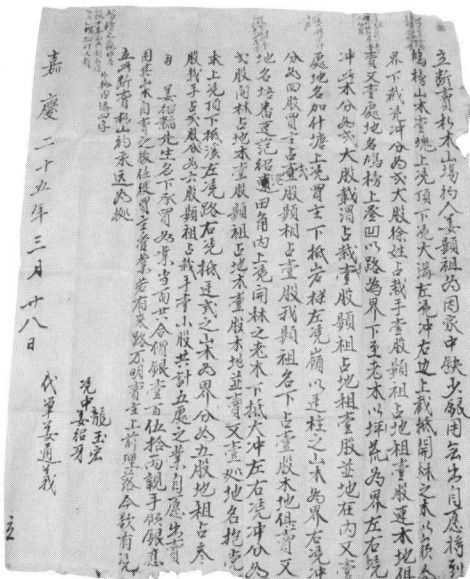

栽），上登凹，以路为界，下至老木，以坪荒为界，左右凭冲，此木
分为贰大股，载渭占栽手壹股，显祖占地租（主）壹股，并地在内；
又壹处地名加什塘（批：此块只余登泮之股），上凭买主，下抵岩
□，左凭岭，以廷柱之山木为界，右凭冲，分为四股，买主占贰股，
显相占壹股，我显祖名下占壹股，木地俱卖；又〔壹处〕地名培番
（批：此块登泮、登熙、登奎之股卖与凤凰），连范绍淹田角内，上
凭开林之老木，下抵大冲，左右凭冲，分为贰股，开林占地木壹股，
显祖占地木壹股，木地并卖；又壹处地名抱党求，上凭顶，下抵溪，
左凭路，右凭抵廷式之山木为界，分为五股。地租（主）占叁股，栽
手占贰股又分为六股，显祖占栽手壹小股。共计五处之业，自愿出卖
与姜绍韬先生名下承买为业。当面共合价银壹百伍拾两〔整〕，亲手
领银应用。其山木自卖之后，任从买主管业。若有来路不明，卖主上
前理落。今欲有凭，立此断卖杉山约永远为据。

外批：内添四字。
鸠榜之二块坎（砍）尽，一块木姜玉兴栽，亦得卖一块，加什
人栽。

凭中　龙玉宏、姜绍牙
代笔　姜通义
嘉庆二十五年三月廿八日　立

【姜本兴卖山并木契】

　　立断卖山场杉木字人本房姜本兴，为因要银使用，自己祖父先年得买本寨姜老安兄弟二人污格溪地各笼飞虎杉山一股，上平(凭)顶，下平(凭)盘路，左平(凭)岭，右平(凭)小溪，四至分明，自愿请中出卖与本房姜宾周公父子。当面凭中议定价银五两整，亲手领回应用。其山自卖之后，任从买主修理管业，卖主房族弟兄不得异言。倘有异言，卖主上前理落，不与买主相干。今欲有凭，立此断卖山场杉木字为据是实。

　　　　　　　　　　凭中　堂叔姜光周、姜万年
　　　　　　　嘉庆二十五年三月二十九日约　亲笔　立

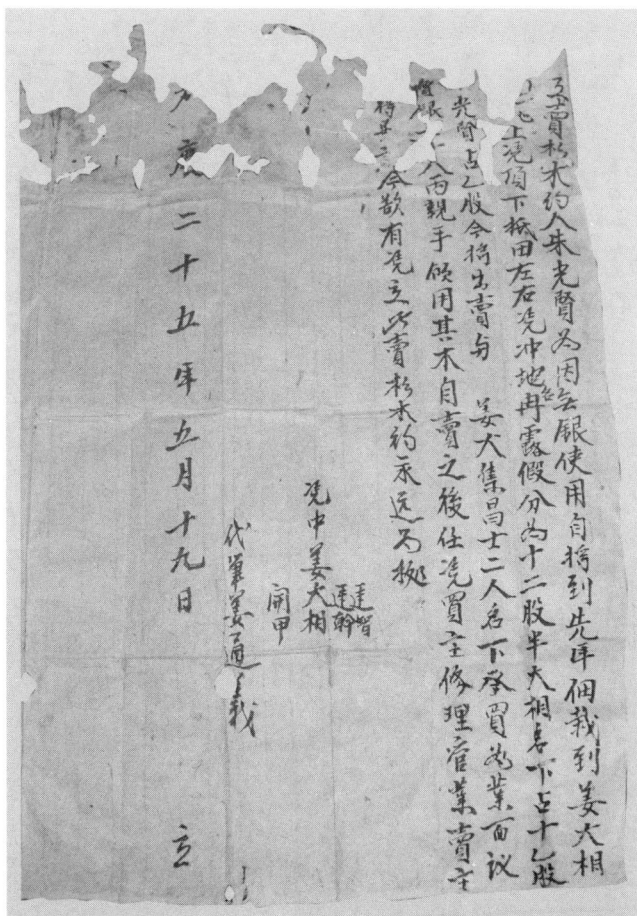

【朱光贤卖杉木契】

　　立卖杉木约人朱光贤，为因无银使用，自将到先年佃栽到姜大相……上凭顶，下抵田，左右凭冲，地名冉露假，分为十二股半，大相名下占十一股半，光贤占一股，今将出卖与姜大集、昌士二人名下承买为业。面议□银□十八两，亲手领用。其木自卖之后，任凭买主修理管业，卖主不得异言。今欲有凭，立此卖杉木约永远为据。

　　　　　　　　　　　凭中　姜达智、达翰、大相、开甲
　　　　　　　　　　　代笔　姜通义
　　　　　　　　　　　嘉庆二十五年五月十九日　立

【姜映科、老霞侄、老壹叔侄卖山场杉木契】

立断卖山场杉木约人姜映科、老霞侄、老壹叔侄三人，为因家中缺少粮食，无处得出，自愿将到地名南鳌，界限：上凭严党田角，左凭冲，右凭本人，下祇（抵）本人木为界，四至分明，自愿请中出卖与本房姜绍滔名下承买为业。当日凭中议定价银陆钱正（整），亲手收回应用。其山自卖之后，任从买主修理管业。卖主并房族不得异言。立断卖山场杉木是实。

> 凭中、代笔　姜绍牙
> 道光十年坎（砍）尽，今佃与龙显怀栽。
> 嘉庆二十五年五月廿日

【姜本伸卖山场杉木契】

立断卖山场杉木字人姜本伸，为因要银使用，自愿将到祖遗一场一块，地名后龙胞加皮卖与朝瑚名下承买为业。当日请中议定价银五两五钱，亲手领回应用。自卖之后，任从叔爷修里（理）管业，我不得异言。此一界至：上凭山岭，下凭路，左凭岭联连，右凭少冲，四至□。今欲有凭，立此卖字为据。

本伸　亲笔

凭中　姜光林

嘉庆贰拾五年六月初一　立

后龙胞

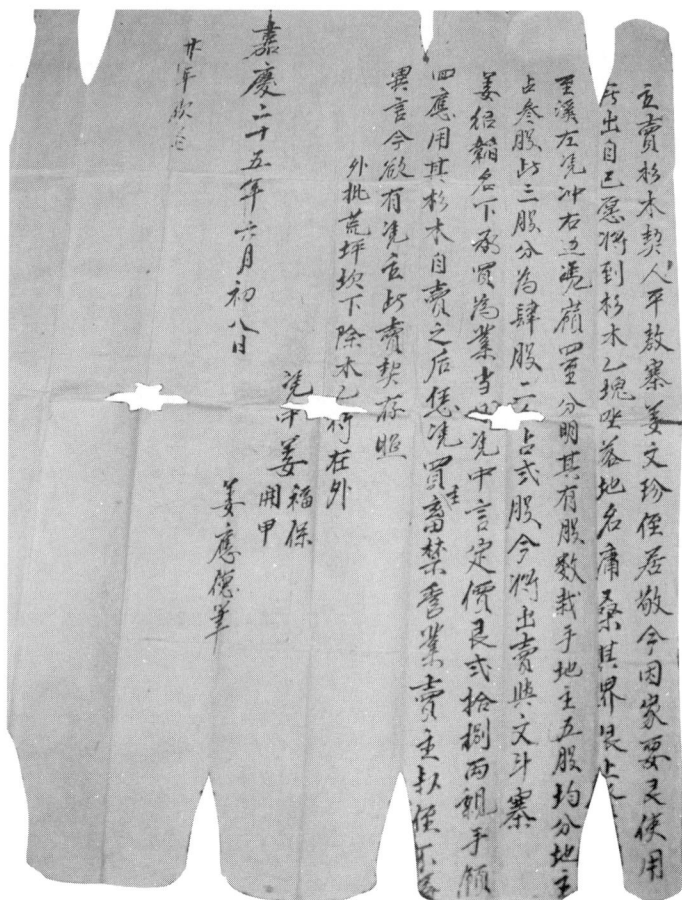

【姜居敬卖杉木契】

　　立卖杉木契人平敖寨姜文珍侄居敬，今因家要银使用无出，自己愿将到杉木一块，坐落地名庸桑，其界限：上……至溪，左凭冲，右边凭岭，四至分明，其有股数栽手地主五股均分，地主占叁股，此三股分为肆股，二人占贰股，今将出卖与文斗寨姜绍韬（滔）名下承买为业。当日凭中言定价银贰拾捌两，亲手领回应用。其杉木自卖之后，任凭买主蓄禁管业，卖主叔侄不得异言。今欲有凭，立此卖契存照。

　　外批：荒坪坎下除木一□在外。

　　　　　　　　　　　　　凭中　姜福保、姜开甲
　　　　　　　　　　　　　嘉庆二十五年六月初八日　姜应德　笔
　　　　　　　　　　　　　……

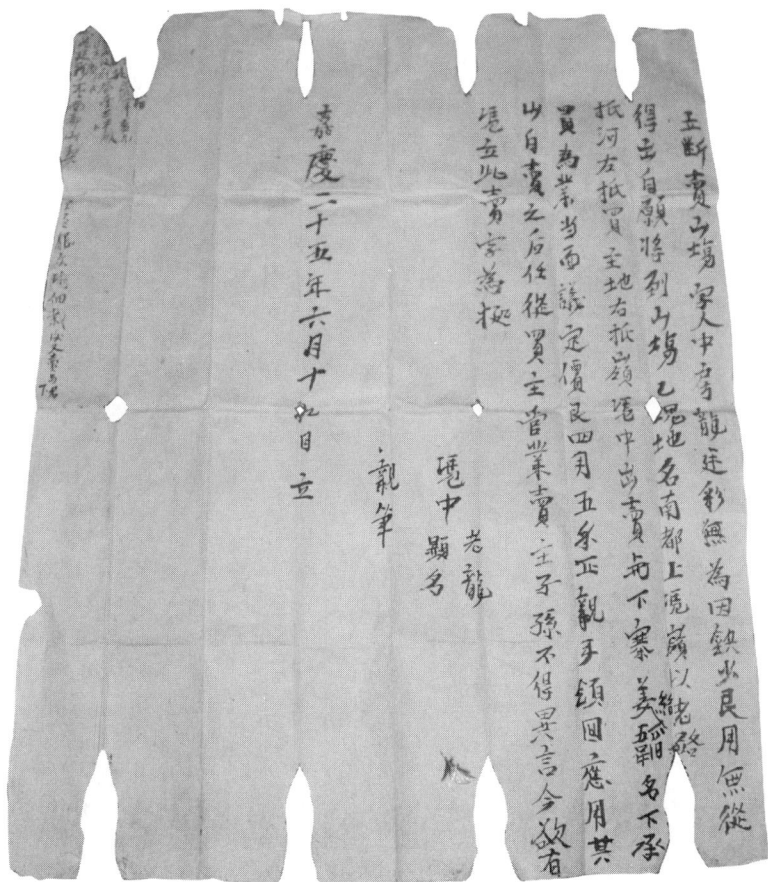

【龙延彩卖山契】

立断卖山场字人中房龙廷彩，为因缺少银用，无从得出，自愿将到山场一块，地名南都，上凭岭，以老路……抵河，左抵买主地，右抵岭，凭中出卖与下寨姜绍韬名下承买为业。当面议定价银四两五钱正（整），亲手领回应用。其山自卖之后，任从买主管业，卖主子孙不得异言。今欲有凭，立此卖字为据。

凭中　老龙、显名
亲笔
嘉庆二十五年六月十九日　立
……龙廷彩卖南都山契……龙文瑜佃栽后又卖与名下。

【姜朝瑚卖杉木山场契】

　　立断卖杉木山场约人姜朝瑚，为因要银用度，自愿将到本家并得买本伸（身）所共之山杉，地名风九替，上抵抱假我，下抵大路，左抵培堆善岭，右抵少冲，四抵分明，出卖与姜维新名下承买为业。当面凭中议定价银十二两一钱，亲手领用。其山木自卖之后，任从买主管业，卖主房族不得异言。如有异言，买主向前理落，不干买主事。今恐无凭，立此卖杉木山场字为据。

凭中　姜朝良

朝胡（瑚）　亲笔

嘉庆二十五年七月二十四日　立

【姜大集父子卖山契】

　　立断卖山场杉木字人文斗上寨姜大集父子，祖上遗下山场壹股，地名刚培道，此山分着三股，张儿寨范学周、学奇占贰股，大集本名占壹股，上平（凭）学奇之山，左右平（凭）冲，下平（凭）小田角，四至分明，请中出卖与下寨姜维新先生名下承买为业。当面凭中议定价银壹拾壹两，亲手收回应用。其山自卖之后，任从买主修理管业，日后卖主房族、兄弟不得异言争论。倘有异言，俱在卖主上前理落，不以（与）买主相干。今欲有凭，立此断卖山场杉木字为据。

　　　　　　　　　　凭中　姜万年
　　　　　　　嘉庆二十五年九月二十二日　亲笔　立

　　民国三十一年六月廿一日，登熙将三股卖与姜如相为业，价洋十二元，元章、树森卖三股全（同）日，二契共一块，熙批。

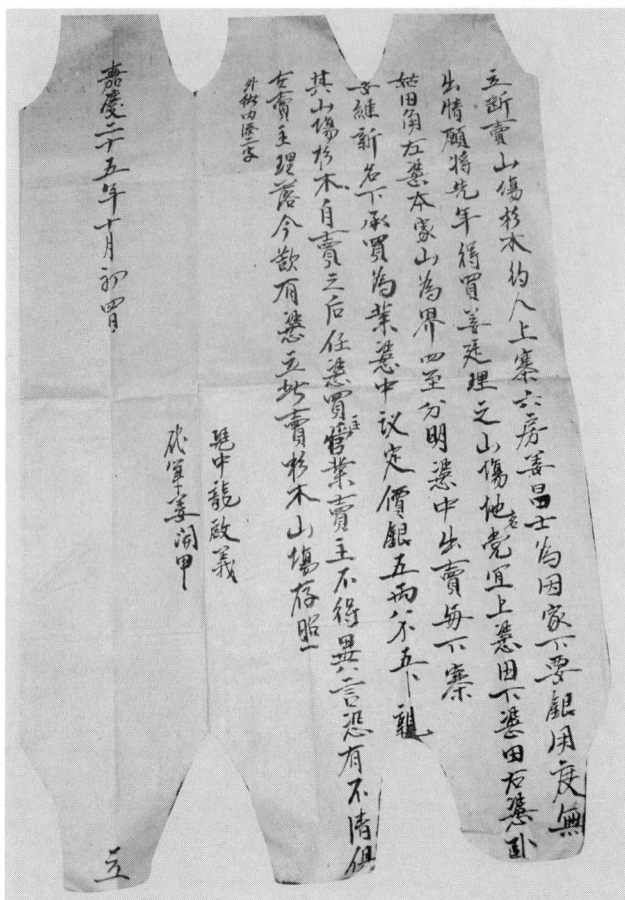

【姜昌士卖山场杉木契】

立断卖山场杉木约人上寨六房姜昌士，为因家〔中当〕下要银用度无出，情愿将先年得买姜廷理之山场，地名党宜，上凭田，下凭田，右凭卧姑田角，左凭本家山为界，四至分明，凭中出卖与下寨姜维新名下承买为业。凭中议定价银五两八钱五分，亲手……其山场杉木自卖之后，任凭买主管业，卖主不得异言。恐有不清，俱在卖主理落。今欲有凭，立此卖杉木山场〔字〕存照。

外批：内添二字。

凭中　龙启义

代笔　姜开甲

嘉庆二十五年十月初四日　立

【姜氏香谬、甥姜保长卖地基契】

　　立断卖地基字人姜氏香谬、甥姜保长二人，为因缺少银用，自愿将到先年得买映科、老霞、老一之地一块，地名羊报，东抵王与屋坟，西抵坎，左抵映科屋，右抵绍兴屋，请中出卖与姜维新名下为业。当面言定价银四两八钱，亲手领回应用。其地自卖之后，任从买主管业，卖主房族不得异言。今欲有凭，立此卖屋地坪字为据。

　　　　　　　　　　　　　凭中　老霞
　　　　　　　　　　　　　代笔　映科
　　　　　　　　　　　　　嘉庆廿五年十一月廿八日　立

【姜廷贵卖杉木山场契】

　　立卖杉木山场字人中房姜廷贵，名下要银使用，自愿将到杉木山场一块，地名赛离，上凭路，下凭河，左凭朝瑾，右凭洪章，四至分名（明），出卖与姜维新名下承买为业。凭中议定价银六两五钱正（整），亲手领回应用。其山木自卖之后，任从买主管业，卖主不得异言。今欲有凭，立卖杉木山字为据。

　　外批：连杂木在内。

凭中　姜宏章

代笔　姜昌臣

嘉庆廿五年十二月廿三日　立

廷贵卖赛离山木契

【姜廷贵兄弟、姜显宗兄弟卖山并木契】

立卖杉木山场字人中房姜廷贵、廷富、显宗、显名、显臣、显铭弟兄等，为因要银使用，自愿将到杉山一块，地名四里塘，上凭宗义山，下抵河，左抵朱卓廷，右抵老合、留宗老木，四至分明，其木分为七股，地主四股，姜廷贵、廷富占二股，显名、显宗弟兄占二股，廷贵又得买张子美，栽手占三股，今连木苇地出卖与姜维新名下承买为业。凭中议定价银八两正（整），亲手领回家中应用。其山木自卖之后，任从买主管业，卖主弟兄不得异言。如有不清，卖主向前理落。今欲有凭，立卖杉山字为据。

凭中　宏章
代笔　显臣
嘉庆廿五年十二月廿三日　立
廷贵、显名卖四里塘契，道光十九年坎
（砍）尽，范炳直、炳文二人佃栽。

【姜朝胡兄弟卖山场杉木契】

立卖山场杉木约人姜朝胡、朝连（琏）、朝玕、朝琅兄弟……为因要银，自愿将到先年得买文华之山，地名乌勿（忽），此山分为拾两，我弟兄四人占贰两贰钱五分，凭中卖与堂叔宾周管业。当面议定价银六两，亲手领回应用。日后粟姓栽长成林，我等并无其分，任凭买主管业。今欲有凭，立此卖字存照。

外批：得买文华之山有三处，止（只）卖乌忽一处。邦秀所栽之一块，宾周栽一块，此二块在外，长大发卖，召（照）股数分。

        凭中　姜朝秀
        朝琏　笔
        嘉庆拾六年十月廿七日　立
        嘉庆廿二年七月初八日，姜宾周名下□□乌或，小名白号山四两，又得朝……贰两二钱五分，共得六两贰钱五分，并卖与龙健为业，所批是实。

【姜朝奇三兄弟卖山场杉木契】

　　立卖山场杉木字人下寨姜朝奇、朝□、姜连弟兄三人，为因生理要银，自愿将山场杉木二块度卖与上寨姜廷试老兄名下承买为业。当日凭中议定价银四拾五两，亲手领回应用，一□寨脚小地，地名皆风一处，地名胞有，此二处□卖。自卖之后，任从买主管业，卖主弟兄不得异言。今欲有凭，立此断卖字存照。

　　外批：胞有山佃与舒姓，载于三股均分，地主占贰股，栽手占一股。界至：上凭五爷，下凭五爷，左凭五爷，右凭包谨，四至分明。

凭中　姜廷阳

代笔　姜朝琏

道光元年二月十一日　立

【姜孟九父子卖山场杉木契】

立断卖杉木山场字人姜孟九父子，为因家下缺少银用，无处得出，自愿将到杉木山场一块，地名皆粟，右凭岭，左凭冲，与保富为界，上凭地垦，下凭载渭老木，四至分明。今将出卖与姜绍滔名下承买为业，凭中议定价银贰两七钱正（整），亲手收回应用。其木山场任凭买主管业，卖主父子不得异言。恐有来路不千（明），俱在卖主理落，不干买主之事。今欲有凭，立此卖字是实。

代笔　姜映科
道光元年三月初八日　立

【姜占荣、姜占鳌弟兄卖油山契】

立卖油山字人上房姜占荣、姜占鳌弟兄二人，为因家下缺少银用，自愿将到祖遗油山一块，地名驾□，界至：上凭地垦，下凭路，左凭□□，右凭买主山，四至分明。今将凭中出卖与姜绍韬（滔）、姜绍吕、姜绍略兄名下承买为业，当日凭中议定价银二两四钱整，亲手领回。其油山自卖之后，任凭买主修理管业，卖〔主〕弟兄不得异言。倘有不清，俱在卖主上前理落，不以买主何干。今欲有凭，立此断卖油山存照。

凭中　曹连科
道光元年五月初七日　占鳌　亲笔　立
占敖油山

【姜大受卖菜园、油山、杉木契】

　　立卖菜园并油山、杉木山场约人上寨姜大受，为因家〔中当〕下缺少用度无出，情愿将到先年得买中房姜岩求、晚求菜园上下二块，地名从和上，界至：上凭路，下抵廷照，左右凭山；又一处油山、杉木山场，地名鸠了，上凭田，下凭老元田，与路至大相田，左凭本名田角以下，右凭小田角以上。此二处界至分明，今凭中出卖与下寨姜维新先生名下承买为业。当面议定价银十叁〔两〕正（整），亲手领用。其山场杉木、油山、菜园自卖之后，任凭买主管业，卖主不得异言。倘有不清，俱在卖主理落。今欲有凭，立此卖契存照。

　　外批：其有棕树俱卖在内。

凭中　姜任科

依口〔述〕代笔　姜开甲

道光元年六月初十日　立契

大受油木园契

【姜显臣卖山场杉木契】

立断卖山场杉木字人姜显臣，为因所欠□都田主谷二十担，无处寻出，自愿将到地名鸠休之山杉一块，上凭岭，下凭岩洞，左凭载渭之木，右凭买主木，四至分明，其山地主分为三大股，一股分为四小股，显臣一股出卖与姜维新名下管业。凭中言定价银十七两整，亲领回应用。其山木自卖之后，任从买主管业，卖主房族不得异言。今恐无凭，立此卖山木字为据。

凭中　姜显名、姜绍牙、姜通义、姜显宗

显臣　亲笔

道光元年八月二十九日　立

【张寨杨胜先卖木契】

立卖杉木字人张寨杨胜先，〔为〕因家中要银用度无出，自将亲手与龙姓共栽姜映辉、姜魁之地，地名番故德，左凭冲，右凭岭，上凭黄闷之地，下凭老木，此木作五股，姜映辉等占地主三股，龙绍远、杨胜先二人共占栽手二〔股〕，胜先又买得绍远之股，并本名之股共合二〔股〕，胜〔先〕今请中出卖与文斗寨姜映辉、绍滔、绍吕承买为业。三面议定价银三两五钱整，其银亲领应用。其木耕管为业，日后不得异议。今欲有凭，立〔此〕卖〔字〕是实。

凭中　姜绍牙
代笔　杨惟谋
道光元年十二月初六日　立
番故德（得）山契

【姜光模卖山场杉木契】

　　立断卖山场杉木契人下房姜光模，为因要银使用，自愿将到分下山场杉木一块，地名皆优，上凭路与田，下凭春元田，左凭买主老木，右凭路为界，四至分明，今出卖与上房姜绍滔名下承买为业。当面中议定价银十九两一钱八分正（整），亲手岭（领）回应用。其山场杉木自卖之后，任从买主子孙永远管业，卖主房族弟兄不得异言。如有异言，俱在卖主尚（上）前理落，不干买主之事。今欲有凭，立此断契存照。

　　内添三字，又涂二字。

凭中　姜绍吕
代笔　姜光舜
道光二年正月二十七日　立
光模木契

【姜柱周、朝良、本伸卖杉木山场契】

　　立卖杉木山场约人下房姜柱周、朝良、本伸三人，为因要银用度，自愿将到山杉一块，地名从见，上凭映飞等之山，以地垦为界，下抵绍吕田，以盘路过报宗保凹为界，左凭大岭，右凭大冲。此木分……□周占栽手二股，我等二甲占地主三股，地主三股又分为二大股，每一大股又分为十八小股，柱周占一小股，朝良占一小股，本伸占一小股，今将名下之股连木并地出卖与上房姜维新先生名下承买为业。当面言定价银一两正（整），亲领应用。其山木自卖之后，任从买主管业，卖主房族不得异言。如有不清，卖主向前理落。今恐无凭，立此卖契为据永远存照。

　　　　　　　　　　　　　　　　　　本伸　亲笔

　　　　　　　　　　　　　　道光二年六月十七日　立

立賣山塲杉木字人姜本興為因
要銀使用自願將到祖遺山塲乙塊土名
乌巳与姜光堯光禹所共之山分為六股
我本名占一股出賣与本房
姜賓周名下承買為業憑中議定價
銀五錢八分親手权足自賣之后任憑買
主子孫管業賣主房内不得異言今
欵有凭立此賣字是實

親筆

憑中姜光堯
朝望

道光弍年八月初五日 立

此係老契抄白

【姜本兴卖山场杉木契】

立卖山场杉木字人姜本兴，为因要银使用，自愿将到祖遗山场一块，地名乌巳，与姜光尧、光禹所共之山分为六股，我本名占一股，出卖与本房姜宾周名下承买为业。凭中议定价银五钱八分，亲手收足。自卖之后，任凭买主子孙管业，卖主房内不得异言。今欲有凭，立此卖字是实。

亲笔
凭中 姜光尧、朝望
道光贰年八月初五日 立
此系老契抄白。

【龙玉宏补契】

　　立补字人龙玉宏、绍兴、连合、今五、寿生、绍宾等所有采圆一块，地名冉皆笼，补与姜维新名下承补为业。当日凭中议价银二两五钱整，入手收银应用，日后弟兄房族不得异言。今欲有凭，立此补字为据。

　　　　　　　　　　　　　　　　　　代笔　龙绍本
　　　　　　　　　　　　　　　　　　凭中　姜昌林、老霞
　　　　　　　　　　　　　　　　　　道光二年八月初五日　立

【姜本望、本清卖山场杉木契】

立卖山场杉木契人姜本望、本清兄弟，为因家中要银度用，无处得出，自愿将祖遗之山一块，坐落地名乌宜，其山界限：上凭小盘路，下凭溪，右凭维新木，左凭小冲，四至分明，请中出卖与姜维新先生名下。三面议定价银一十九两一钱，其银亲手领回应用。倘有山内不清，在我卖主理落，不干买主之事。恐口无凭，立此卖字存照。

外批：此山分落我名下，还有老契未〔为〕据。

凭中　姜光舜
本望　亲笔
道光二年八月二十六日　立
此块山登泮、登熙之二股卖与朱家星。
本望山木契

【姜映科、老霞、侄老壹叔侄卖山契】

　　立断卖山场杉木约人姜映科、老霞、侄老壹叔侄三人，为因家中缺少银用，无处得出，自愿将到地名污养，上凭眼金牛大岭，左凭冲，右凭本人祖山，下凭溪，四至分明。其山分为四甲，此甲分为七股，映科弟兄名下占一股半，先年早卖一股，今将半股，又将污界、污收二处之山分为三大股，连魁占二股，我等共占一股，分为四甲，本名一甲，分为六股，映科名下占一股，今将出卖与本房姜绍滔名下承买为业。凭中议定价银四两五钱，亲手收回应用。其山自卖之后，任从买主永久管业，卖主并房族不得异言。今欲有凭，立断卖山场杉木是实。

凭中　姜绍本、宗德、绍略
凭中、代笔　绍牙
道光二年八月三十日　立
映科弟兄卖污养、污界、污收山木契

【姜寿元、老连兄弟卖山契】

立断卖山场杉木约人姜寿元、老连兄弟二人，为因家中缺少银用，无处得出，自愿请中出祖遗山场，地名报冉番，上凭顶，下凭田，兴才有十多余株在田坎上，左凭冲，买主木下以为界，右凭今绞油山为界，四至分明，自愿出卖与本房侄姜绍滔名下承买为业。当日凭中议定价银拾伍两伍钱，亲手收回应用。其山栽手地租（主）分为四大股，均分寿元兄弟二人名下，占栽手地租（主）壹股，出卖绍滔畜（蓄）禁修理管业，房族弟兄并不得异言。如有不清，俱在卖主理落，不干买主之事。立断卖山场杉木〔字〕是实。

外批：内添七字。

凭中　姜晚三
绍牙　代笔
道光二年九月十四日　卖主寿元兄弟　立
寿元卖契

【姜相磷卖山场杉木契】

　　立断卖山场杉木契人姜相磷，今因家下要银应用，自己将到杉木山场壹块，地名乌白溪翁，出卖与本房堂叔姜宗玉名下承买为业。当日三面议定价银贰两伍钱，亲领入手应用。此山界〔至〕：左凭绍吕油山，右凭□□山木，上登顶，下至般路，四至分明。此山分落相磷名下，述贤原占落皆屡之油山壹块。自卖之后，任凭买主管业，卖主不得异言。今欲有凭，立此卖字存照。

　　　　　　　　凭中　姜绍敬
　　　　　　　　代笔　姜绍祖
　　　　　　　　道光二年十二月二十五日　姜相磷押　立

【姜渭乔兄弟卖山场杉木契】

立卖山场杉木约人姜渭乔、述望弟兄二人，为因家中缺少要银用度，无处得出，自愿将到祖遗坐地名报故董山场杉木一块，出卖与本房姜绍滔先生名下承买为业。当日议定价银肆两伍钱整，亲手收回应用。其杉山自卖之后，任从买主修理管业，卖主房族弟兄不得异言。如有不清，俱在卖主理落，不干买主之事。恐后无凭，立此卖字是实为据。

外批：界至：上平（凭）玉华之山，下平（凭）典才之山，左平（凭）冲，右平（凭）岭为界。

代笔　姜绍典
道光三年二月二十一日　立
渭乔弟兄报故董木山契

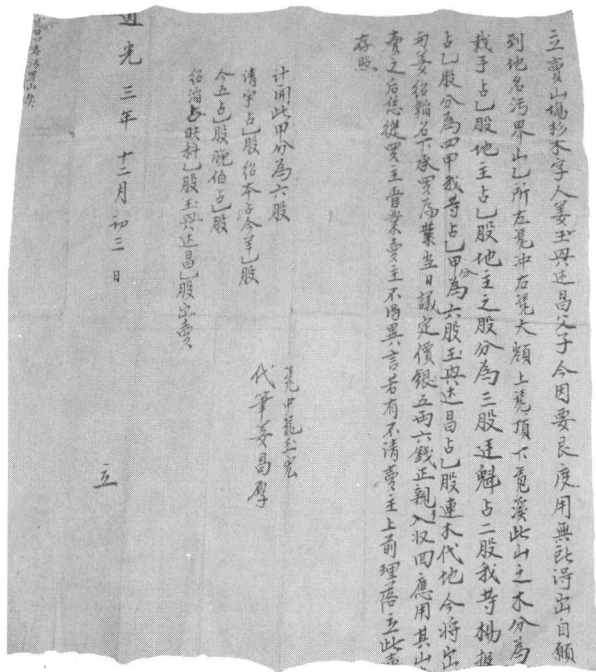

【姜玉兴、述昌父子卖山契】

　　立卖山场杉木字人姜玉兴、述昌父子，今因要银度用，无所得出，自愿将到地名污界山一所，左凭冲，右凭大岭，上凭顶，下凭溪，此山之木分为二股，栽手占一股，地主占一股，地主之股分为三股，廷魁占二股，我等杨报□占一股分为四甲，我等占一甲分为六股，玉兴、述昌占一股，连木代（带）地今将出卖与姜绍韬（滔）名下承买为业。当日议定价银五两六钱正（整），亲手收回应用。其山自卖之后，任从买主管业，卖主不得异言。若有不清，卖主上前理落。立此卖字存照。

凭中　龙玉宏
代笔　姜昌厚

　　计开此甲分为六股，清宇占一股；绍本占今羊一股；今五占一股；晚伯占一股；绍滔占映科一股；玉兴、述昌一股出卖。

道光三年十二月初三日　立
玉兴、述昌卖污界山契

【姜宗德卖山场杉木契】

立卖山场杉木字人姜宗德，为因家下缺少银用，无处得出，自愿将到山场杉木一块，地名井崩，出卖与姜维新先生承买为业。当面凭中议定价银一两陆钱整，亲手领回应用。其山界字（至）：上凭买主木，下凭连合所栽之木，右凭买主，左凭水沟，四至分明。自卖之后，任从买主修理管业，卖主不得异言。如有异言，俱在卖〔主〕理落，不干买主之事。今欲有凭，立此断字永远发达存照。

外批：内添一字。

                姜光儒　笔

                道光四年三月初八日　立

                坎（砍）尽光必佃栽。

                批：登熙、登奎、引连之股卖归永卿、志清为业，吕存登高之股四家共占。

【姜宗秩卖山场杉木契】

立卖山场杉木字人姜宗秩，为因要银使用无处得出，自己将到祖父所遗之山，坐落地名刚晚，上凭顶，下凭文斗周光照之木，右凭范姓之木，左上截抵冲，下截抵载渭之木为界，四至分明，自己请中度到上房姜维新先生名下承买为业。当面议定价银拾九两一钱整，亲手领回应用。自卖之后，愿凭买主管业修理，卖主房族弟兄不得异言。今欲有凭，立此卖承字远永（永远）承照。

内添七字。

凭中　姜宗元
代笔　姜宗孝
道光四年六月初一日　立
坎(砍)尽，今佃与岩湾范炳直栽。
宗秩契

【姜昌士、大集卖木契】

　　立卖杉木约人姜昌士、大集二人，为因先年得买朱光贤之栽手与大相共山一块，上凭廷良，下抵田，左右凭冲，地名冉露假，分为十二股半，大相名下占十一股半，大集、昌士二人占一股，今将出卖以（与）下房姜绍滔名下承买为业。凭中面议价银十一两五钱，亲手领用。其木自卖之后，任凭买主修理管业，卖主不得异言。今欲有凭，立此卖杉木约永远为据。

　　　　　　　　　　　　凭中　朱光贤
　　　　　　　　　　　　大集　笔
　　　　　　　　　　　　道光四年十月初一日　立
　　　　　　　　　　　　姜大集卖冉露卡（假）杉木契

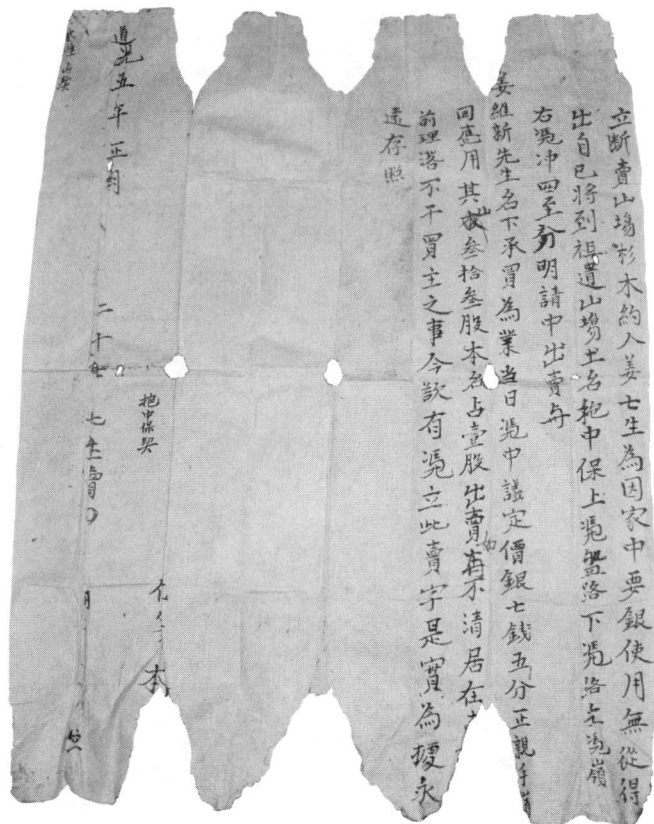

【姜七生卖山场杉木契】

立断卖山场杉木约人姜七生，为因家中要银使用，无从得出，自己将到祖遗山场，地名抱中保，上凭盘路，下凭路，左凭岭，右凭冲，四至分明，请中出卖与姜维新先生名下承买为业。当日凭中议定价银七钱五分正（整），亲手领回应用。其山叁拾叁股，本名占壹股出卖。如有不清，居（俱）在……前理落，不干买主之事。今欲有凭，立此卖字是实为据永远存照。

抱中保契

道光五年正月二十七〔日〕　立

七生山契

【姜绞香、开林卖山场杉木契】

　　立卖山场杉木契人中房姜氏绞香、子开林，为因家下缺少银用，自愿将到培番冉攸杉木壹块，上凭水沟，下凭冲，左凭买主之木，右凭冲。又壹块上凭田，下凭买主之木，左凭岭，右凭冲，此壹块连木并地出卖与下寨姜维新叔名下承买为业。叁面议定价银贰拾贰两正（整），亲手领回应用。其山木自买之后，买主修理管业，卖主不得异言。如有不清，卖主上前理落，不干买主之事。今欲有凭，立此卖杉木山场〔字〕为据。

　　外批：上边壹块后木砍尽，地归卖主。

凭中　姜显祖
代笔　姜时泰
道光五年四月初四日　立

【吴万成卖木契】

立断卖山场杉木约人中房吴万成，今因家〔中当〕下缺少银用无出，自愿将到山场杉木一块，地名冉翁，上凭白□，下凭香利木，左凭冲，右凭岭为界，四至分明，今将出卖与下寨姜绍韬（滔）名下承买为业。当日凭中议定价银三两正（整），亲手收回家中应用。其山杉木自卖之后，任凭买主修理管业，日后卖主不得异言。倘有来路不明，俱在卖主上前理落，不与买主何关。今欲有凭，立此卖字为据。

凭中　姜光裕、姜老霞

代笔　姜光国

道光五年五月初二日　立

万成卖冉翁木契

【姜宗玉卖山场杉木契】

　　立断卖山场杉木约人姜宗玉，为因家中无银度用，无处得出，自愿将到先年得买山场杉木一块，地名假堵，上凭田，下凭朝谨之水田恳以上，左凭卧宣之木，右凭岭，四至分明，自愿请中出卖与本房姜维新兄名下存买为业。当日凭中议定价银贰拾六两八钱，亲手领回应用。其山杉自卖之后，任从买主永远修理管业，卖主并房族弟兄不得异言。如有不清，俱在卖主上前理落，不干买主之事。立断卖山场杉木是实。

凭中　姜绍齐、姜宏章
凭中、代笔　姜绍才
道光五年五月初四日　立
宗玉卖假堵山木契
十三年砍尽佃与彦延栽。

【姜光林等卖木契】

立卖杉木字人下房姜光林、侄定国、定邦等，为因要银使用，无从得出，自愿将到报鬼地主杉木一块，分为五股，栽手占贰股，地主占三股，先年出卖贰股余一股，今将出卖与上房姜维新兄名下承买为业。当日凭中议定价银一两八钱，亲手领回应用。其木自卖之后，任从买主修理管业，卖主叔侄不得异言。如有异言不清，俱在卖主上前理落，不干买主之事。今欲有凭，立此卖字是实。

外批：先年所卖之契载有界至。

凭中　姜胜祖
道光五年五月三十日　亲笔　立
光林卖报鬼木契

【姜光儒卖山场杉木契】

　　立断卖山场杉木字人姜光儒，为因父亲所皆（借）之账，无处得出，自愿请中将到分落名下山场一块，地名岗晚，九股均分，本名占一股，界至照老契管业，出断卖与姜光照、姜光宗、姜光绪三人名下承买为业。当面凭中议定价银七两四分八钱。其山场自卖之后，任凭买主管业，卖主房族兄弟不得异言。如有来历不清，俱在卖主尚（上）前理落，不关买主之事，日后长大砍伐照九股均分。今欲有凭，立此断卖山场杉木字为据。

凭中　龙老包

道光五年七月二十日　亲笔　立

【姜富周等分山合同】

　　立分合同字人姜富周、姜举周、姜朝望、姜光禹等，情因乾隆二十七年内祖父所遗有共山一块，地名冉抵。先年祖父立有股数，奈世（时）代久远，买卖异名。今将木砍伐下河，同心相议，新立合约，姜后裔所承与得买之数，载明老户口名下以便一目了然。今欲有凭，立此合同为据。

　　计开此山分为贰拾贰股。

　　姜富周得买姜佐周一股，姜文启一股，姜文炳一股，姜文松一股，姜古三一股，共得买伍股。

　　姜举周收姜文成一股，姜领包一股共贰股。

　　姜朝望收姜文华一股，姜福寿一股共贰股。

　　姜光禹、光宗、光照、光绪、光本立收姜金岩一股，姜乔香一股，姜士典一股，姜祥子一股，姜党保西一股共伍股。分为贰股，光禹兄弟占贰股半，光林叔侄占贰股半。

　　姜举周、姜光禹得买姜老安一股，姜臣周一股，姜国政一股共叁股。分为二股，姜举周占一股半，姜光禹兄弟占一股半。

　　姜老掌收姜老富一股。

　　姜纹生收姜蔼道一股。

　　姜廷领寿收姜起周一股，姜相周一股共贰股。

　　合同姜举周存一张，富周存一张，朝望存一张，光禹存一张，光宗存老契。

　　　　　　　　　　　　　　　　　　　　姜光宗　笔

　　立分合同五纸，各执一纸，永远存照。【半书】

　　　　　　　　　　　　　　道光五年八月初一日　立

　　蒋景中佃到冉抵山栽杉议定五股均分，地主占三股，栽手占二股，现四年成林，凭中姜光裕，代笔刘成选，佃字举周存。

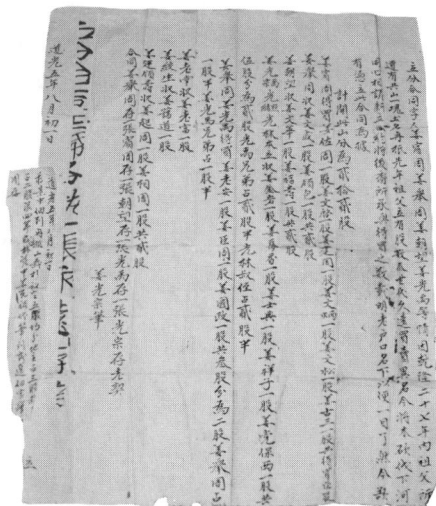

【姜老龙、姜老凤卖油山契】

　　立卖油山字人姜老龙、老凤兄弟，为因父亲亡故，无所得出，自愿将到油山一块，地名□□，此油山上凭路对田角为界，下凭田，左凭路，右凭冲，四至分明，出卖与姜绍韬（滔）名下承买为业。当日凭中议定价银贰两三钱正（整），亲手收回应用。其油山自卖之后，任买主营业，卖主不得异言。立此卖字存照。

凭中　姜玉兴、姜映发

代笔　姜昌厚

道光五年八月十日　立

老龙、老凤卖油山契

【姜朝贵弟兄卖山场杉木契】

　　立卖山场杉木约人下寨姜朝贵弟兄，地名乌榜溪岩洞脚杉木一块，出卖与上寨姜廷贵名下承买为业。当日凭中议定价银……亲手收回应用。买主栽杉管业，卖主不得异言。如有异言，俱在卖主理落，不于（与）买主相干。今恐无凭，立此断卖是实。

凭中　老礼
代笔　朝贵亲手
道光无（五）年十二月初六日　立
坎（砍）尽

【姜伟等公分家业契】

立遵先兄遗命公分家业字人姜伟、姜权同侄济歧，因先兄姜魁先年原娶江氏，仅生三女，苦乏子嗣，胞兄连娶三姜李氏、杨氏、罗氏，执意原配江氏见先兄娶妾，誓欲接子，不遵夫命，陡接瑶光寨外甥姜之渭之弟姜时泰为子。先兄先嫂争竞，当即遗命，所承家资祖业田地杉木并新买之田与杉木，分拨养膳胞兄与三姜受管祖田并祖遗杉木，以为生养死葬之资田，合计壹佰五十担，

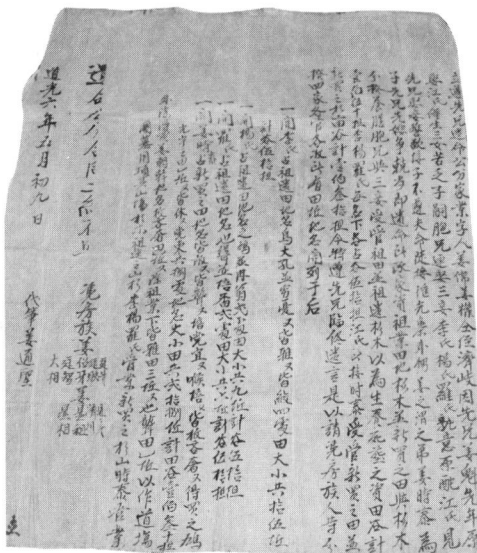

李杨罗氏每名下各占合五十担，江氏所接时泰受管新买之田并新买之水亩合计壹佰三十担。今特遵先兄临终遗言，是以请凭房族人等，分拨四家各管各收有田坵地名，开列与（于）后：

一开李氏，占祖遗田，地名乌大孔并穷忧，又皆雅，又皆纹四处田，大小共拾伍坵，计合伍拾担。

一开杨氏，占祖遗田，地名之鸠并冉翁贰处田，大小共九坵，计合伍拾担。

一开罗氏，占祖遗田，地名也缉并培番贰处田，大小共六坵，计合伍拾担。

一开姜时泰，占新买之田，地名皆敢又皆聋，又培党宜，又喉培，又皆板吝奢（啬），又得买之鸠，光宇之田一坵，又皆休，又党东，共八处地名，大小田共贰拾捌坵，计田合壹佰叁十担外，除得买姜朝干地名板吝奢（啬）田坵。又除祖业下皆雅田三坵，又也聋田一坵，以作道场、圈墓用项，其山场杉木、祖遗之山杉李杨罗氏管业，新买之杉山时泰管业。

遗命公分合同二纸存照【半书】

凭　房族姜延贵、廷印、绍牙、廷智、大相
姜通□、济川、显祖、显相
代笔　姜通
道光六年五月初九日　立

【朱光庆卖木契】

　　立断卖山场杉木字人朱光庆，为因生理要银使用，无从得出，自愿将到杉木二块，地名培拜坡，上块上凭田垦，下凭溪，左凭岩湾寨范绍□之山为界，右凭岩良为界，地在内；下块上凭路，下凭载渭之木，左凭冲，右凭明定国田角为界，四至分明，地在外，请中出卖与河边李正□大爷名下承买为业。当日凭中议定价银七两四钱正（整），亲手领回应用。其山杉木自卖之后，任从买主修理管业。如有不清，俱在卖主理落，不与买主相干。立此卖字是实。

　　　　　　　　　　凭中　杨光才、李先科
　　　　　　　　　　道光六年八月初一日　亲笔　立

【姜光□卖山场杉木契】

　　立断卖山场杉木约人姜光□，今因要银用度，自愿将到祖父所遗山场壹块，地名鸠了，上凭载渭油山，下凭下寨林合山，左凭载渭油山岭，右凭冲，四至分明。此山自己栽木成林，今将出卖与姜朝荣名下承买为业，议定价银捌钱四分。其山自卖之后，任买主管业，日后坎（砍）代（伐）下河，卖主不得争论。特立卖契以为日后凭据。

凭中　老由

代笔　朝干

道光六年八月廿日　立

【姜朝贵等卖山场杉木契】

立断卖山场杉木约人下房姜朝贵、万华课多记二人，为因先（生）理折本无生，无处得出，自愿将到先年得买本家保魁之山杉一处，地名皆枚丢中盘路上，其山界：左凭买主木，右凭绍宽山，上凭顶，下凭路，四至分明；又一处地名番罢□，东抵污晚溪，西抵大河，左凭绍略，右凭朝胡，四至分明，共山二处自愿请中出卖与上房姜维新名下存买为业。当日三面议定价银六两八钱，亲手领回应用。其山木自卖之后，任从买主修理管业。如有不清，俱在卖主向前理落，不干买主之事。其污晚罢□之山地主分为十八小股，朝贵二人得买保魁三股。立断卖山场杉木是实。

外批：内添七字。

凭中、代笔　姜绍牙
道光六年十二月初十日　立
十四年翁罢□之一块坎（砍）尽，
今佃与岩湾范献龙栽。
翁霸□之一块十五年坎（砍）尽，
佃与岩湾范献龙栽。

【姜宗德父子卖山场杉木契】

　　立断卖山场杉木约人姜宗德父子二人，为因要银用度，自愿将到山场杉木，坐落地名污大求，上凭朝琦，下至溪，左凭岭，右凭大冲，此山分为五两五钱，宗德名下占一钱二分；又一处地名穷射内，上凭盘路，下凭离嘴，左右凭冲，四至分明之山，此山地股分为三大股，宗德房族共占一大股，又分为十五股，本名占一股，出卖与上房姜绍滔先生名下承买为业。当日凭中议定价银十八两，亲手领回应用。其杉木山场自卖之后，凭从买主修理管业，卖主不得异言。如有异言，俱在卖主理落，不干买主之事。今欲有凭，立此卖契存照。

　　　　　　　　　　凭中　姜绍才
　　　　　　　　　　代笔　姜光舜
　　　　　　　　　　道光六年十二月十二日　立
　　　　　　　　　　宗射内地……二处俱坎（砍）尽。

【姜老霞、老一叔侄卖菜园契】

立卖菜园约人姜老霞、老一叔侄二人，为因家下缺少银用，无处得出，自愿将到祖屋坎下园一块，上凭本名屋坎，下凭买主之屋坪，左凭姜昌厚之屋，右凭买主之墙为界，请中出卖与本房姜绍滔名下承买为业。当日议定价银柒两四钱五分整，亲手收回应用。自卖之后，任从买主耕管业，卖主房族弟兄不得异言。如有异言，俱在卖主上前理落，不干买主知（之）事。恐后无凭，立此卖字远永（永远）存照为业。

凭中、代笔　姜绍□

道光七年润（闰）五月二十三日　立

【吴绍礼卖山并木契】

立断卖山场杉木字人龙里司属上文斗寨吴绍礼，为因要银使用，无从得出，自愿将到先年得买姜昌连之杉山一块，地名冉虐朗，上抵岭，下抵冲，左抵载渭山，右抵买主山，四址（至）分明，请中出卖与下文斗寨姜映辉、侄绍韬（滔）、绍昌名下承买为业。当面议定价银四两二钱，亲手领回应用。其山木自卖之后，任从买主修理管业，卖主弟兄并外人不得异言。如有不清，俱在卖主向前理落，不干买主之事。今欲有凭，立此断卖山场杉木字约永远存照。

外批：图（涂）二字，添一字。

龙绍成　凭中
吴绍礼　亲笔
道光七年八月初九日　立

【姜老霞叔侄卖老屋地基并菜园契】

　　立断卖老屋地基菜圆（园）约人姜老霞、侄姜昌荣叔侄二人，为〔因〕家中缺少银用，无处得出，自愿将到地名羊抱老屋地基，界至：上凭连合屋场，下凭先年得买菜圆（园），左凭玉兴菜园，右凭金五菜园，四至分明，今将自愿请中出卖与本房姜维新名下存买为业。当日凭中议定价银四两六钱，亲手领回应用。其园自卖之后，任从买主耕种菜园管业，卖主房族弟兄并不得异言。如有异言，俱在卖主理落，不干买主之事。今欲有凭，立断卖屋地基菜园〔字〕是实。

　　内添五字。

　　　　　　　凭中、代笔　姜绍才

　　　　　　　道光七年十一月廿日　卖主叔侄二人　立

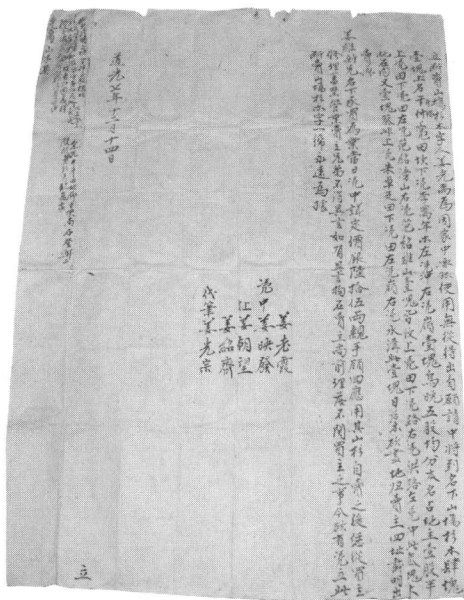

【姜光禹卖山并木契】

立断卖山场杉木字人姜光禹，为因家中要银使用，无从得出，自愿请中将到名下山场杉木肆块，壹块地名井楼，上凭田坎，下凭李万年木，左凭冲，右凭岭；壹块乌晚，五股均分，本名占地主壹股半，上凭田，下凭田，左凭范绍滂山，右凭范绍维山；壹块皆收，上凭田，下凭路，右凭洪路，左凭冲，此叁块木地在内；又壹块蔡非，上凭朱单廷田，下凭田，左凭岭，右凭水沟，此壹块日后木砍尽，地归卖主，四址载明，出卖与姜维新兄名下承买为业。当日凭中议定价银陆拾伍两，亲手领回应用。其山杉自卖之后，任从买主修理蓄禁管业，卖主兄弟不得异言。如有异言，拘（俱）在卖主尚（上）前理落，不关买主之事。今欲有凭，立此断卖山场杉木字一纸，永远为据。

      凭中　姜老霞、姜映发、姜朝望、姜绍齐
      代笔　姜光宗
      道光七年十二月十四日　立

　　〔外〕批：此污（乌）晚之块，登泮之股□□。我登兄弟之股，早年卖归元卿。皆休之块，登泮、登熙二股卖归向义祥。□登瀛三钱五归何人，□清查可也。党兄、井斗田坎脚之块尚存登泮、登熙二股，所余卖归马犯昆家。

　　光禹〔卖〕山木契

【姜宏章卖杉木山场契】

　　立断卖杉木山场约人姜宏章，为因要银用度，自愿将到杉山一块，地名赛离，其山杉山上凭盘路，下凭河，左凭买主，右凭宏达，四至分明，今出卖与姜绍滔先生名下承买为业。当日议定价银柒两四钱正（整），亲手领足应用。其山杉任凭买主修理管业，卖主不得异言。如有不清，俱在卖主上前理落。今欲有凭，立此断卖杉木山场约远永存照。

凭中　姜绍齐

代笔　姜显相

道光八年正月二十日　立

宏章〔卖〕赛离山木〔契〕

【姜风岩、友保卖山场杉木契】

立断卖山场杉木约人姜氏风岩、子友保二人，为因要银使用，无处得出，自愿将到祖遗之山场杉木一块，地名朋良卧栽，其山界至：上凭路，下凭冲，左凭宗智山，右凭冲，四至分明，请中出与本房姜春发名下承买为业。三面议定价银伍两，亲手领回应用。自卖之后，任凭买主修理管业，卖主不得异言。今欲有凭，立此卖字为据。

凭中　姜功周

代笔　姜德昌

道光八年四月十一日　立

【姜未乔、生乔卖山场杉木契】

立断卖山场杉木并方坪约人本房姜未乔、生乔兄弟二人等，为因要银使用，自愿将到名下祖遗之山，地名下岩板坡，上凭买主田，下凭相岐田，左凭买主田，右凭买主木，四至分明，今将出卖〔与〕本房姜绍滔先生名下承买为业。当面凭中议定价银一两四钱七正（整），亲手领回应用，其山场方平（坪）在内。自卖之后，任从买主修理耕种管业，卖主不得异言。倘有来历不清，俱在卖主尚（上）前理落，不干买主之事。今欲有凭，立此卖契存照。

外批：方坪系在买主秧田上坎。

凭中　姜宏章

代笔　姜光舜

道光八年六月二十三日　立

未乔弟兄下岩板坡卖契

【姜宗纯卖山场杉木契】

　　立断卖山场杉木契人下房姜宗纯，为因要银用度，自愿将到祖遗之山，地名皆忧，上凭田，下凭路，左凭光□，右凭天祥，四至分明，今将出卖与上房姜绍滔先生名下承买为业。当日凭中议定价银七两二钱五分正（整），亲手领回应用。其山场杉木自卖之后，任从买主修理管业，卖主房族兄弟不得异言。如有异言，俱在卖主尚（上）前理落，不干买主之事。今欲有凭，立此断卖契存照。

　　　　　　　　　　　　　　凭中　姜宏章
　　　　　　　　　　　　　　代笔　姜光舜
　　　　　　　　　　道光八年六月二十三日　立

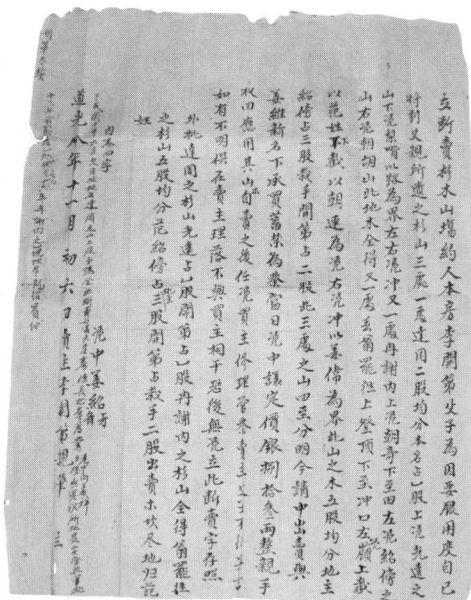

【李开第父子卖山场杉木契】

立断卖杉木山场约人本房李开第父子，为因要银用度，自己将到父亲所遗之杉山三处，一处达周二股均分，本名占一股，上凭光远之山，下凭梨嘴以路为界，左右凭冲。又一处冉谢内，上凭朝奇，下至田，左凭绍傍之山，右凭朝胡山，此地木全得。又一处丢翁罢□，上登顶，下至冲口，左凭岭上截以范姓，下截以朝连为凭，右凭冲以姜伟为界。此山之木五股均分，地主绍傍占三股，栽手开第占二股。此三处之山四至分明，今请中出卖与姜维新名下承买蓄禁为业。当日凭中议定价银捌拾叁两整，亲手收回应用。其山木自卖之后，任凭买主修理管业，卖主父子不得异言。如有不明，俱在卖主理落，不与买主相干。恐后无凭，立此断卖字存照。

外批：达周之杉山，光远占一股，开第占一股，冉谢内之杉山全得翁罢□之杉山五股均分，范绍傍占地主三股，开第占栽手二股出卖，木坎尽地归范姓。

内添四字。

凭中　姜绍齐、姜绍牙

……

道光八年十一月初六卖主李开第　亲笔　立

……

【刘玉华卖菜园契】

　　立断卖菜园约人刘玉华，为因家中缺银、粮食，无处得出，自愿将到先年得买刘起智、姜绍清二人之菜园，界限：上凭十羊屋坎，下凭大路，左凭买主屋，右凭龙绍本园，四至分明，今将自愿请中出卖与姜维新名下存买为业。当日凭中议定价银拾四两正（整），亲手领回应用。其菜园自卖之后，任凭买主子孙永远管业，卖主日后不得异言。今欲有凭，立断卖菜园〔字〕是实。

　　外批：内添三字，涂二字。

凭中　姜老霞

代笔　姜绍牙

道光八年十二月十九日　立

【李氏等卖田契】

立断卖田约人中房李氏、姜权、姜济岐、济泰，为因要银使用无出，自愿将到先年得买文斗上房姜光儒田壹坵，又得买中房姜绞天田，大小五坵，地名皆甘今请中出断卖与姜维新侄名下承卖（买）为业。当日凭中三面议定价银壹佰伍拾两正（整），亲手领回应用。其田自卖之后，任凭买主耕种管业，卖主不得异言。倘有不清，俱在卖主一面承当，不干买主之事。恐后无凭，立此断卖田〔字〕永远存照。其田之左右二岭贰块荒坪并下坵之湾冲，前卖与姜荣所砍之地俱在内出卖。

凭中　姜大受、绍齐

道光捌年十二月二十一日　姜济泰　笔　立

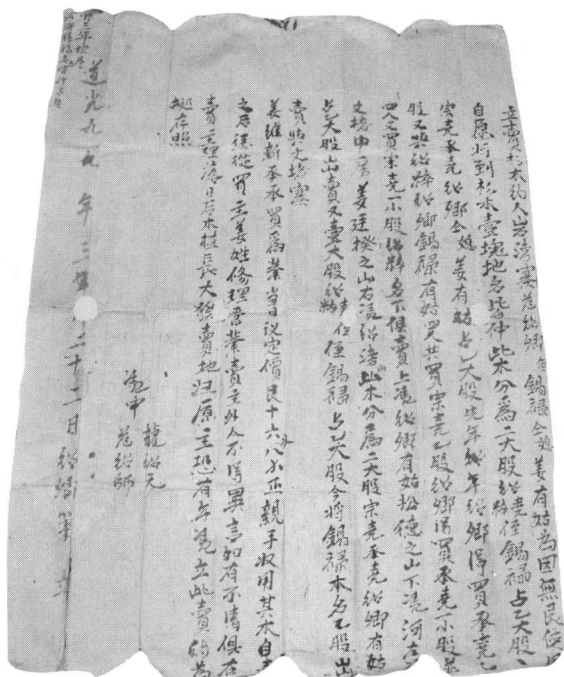

【岩湾寨范绍卿等卖木契】

　　立卖杉木约人岩湾寨范绍卿、侄锡禄同媳姜有姑，为因无银使用，自愿将到杉木壹块，地名皆仲，此木分为二大股，绍尧、绍粹、侄锡禄占一大股，宗尧、承尧、绍卿同媳姜有姑占一大股，先年绍年、绍卿得买承尧一股，又与绍粹、绍卿、锡禄、有姑四人共买宗尧一股，绍卿得买承尧一小股，并四人又买宗尧一小股，绍粹名下俱卖。上凭绍卿、有姑、松德之山，下凭河，左凭文斗中房姜廷揆之山，右凭绍滂山。此木分为二大股，宗尧、承尧、绍卿、有姑占一大股出卖，又壹大股绍尧、绍粹、侄锡禄占一大股。今将锡禄本名一股出卖与文斗寨姜维新承买为业。当日议定价银十六两八钱正（整），亲手收用。其木自卖之后，任从买主姜姓修理管业，卖主、外人不得异言。如有不清，俱在卖主理落。日后木植长大，发卖地归原主。恐有（后）无凭，立此卖约为据存照。

　　　　　　　　　　　凭中　龙绍元、范绍师
　　　　　　　　　　　道光九年三月二十二日　绍卿　笔　立
　　　　　　　　　　　廿三年砍尽
　　　　　　　　　　　绍卿、锡禄等皆仲木契。

【姜绍宝、绍元兄弟卖木契】

立卖山场约人龙绍宝、绍元，为因要银使用，无所得出，自己将到地名白斗山杉〔木〕，地主分为二股，玉洪占一股，绍宝兄弟占一股，出卖与姜绍韬（滔）名下承买为业。当日凭中议定价银二两八钱，亲手收回。其山杉木自卖之后，任凭买主修理管业，卖主不得异言。今欲有凭，立此卖山场是实。

外批：此山场杉木分为四股，玉洪占栽手二股，又占地主一股。又杨求之山分为四股，绍滔占绍宝栽手二股，又占地主一股，玉洪存一股。

凭中　龙玉洪

代笔　姜昌厚

道光九年四月初一日　立

【姜乔义叔侄卖山场杉木契】

　　立断卖山场杉木约人姜乔义、侄老顺，为因本年与叔母所分之业，二人名下所占地名皆休杉木一块，上下凭泰文田，左凭朝胡木，右凭连合之田角，四至分明。只因要银用度，无处所出，自愿将此山杉请中出卖与本房姜绍韬（滔）叔承买为业。当日凭中议定价银十二两八钱，亲手领回应用。其山杉木自卖之后，任从买主修理蓄禁管业，卖主叔母并房族不得异言。倘有不清，俱在卖主理落，不干买主之事。今欲有凭，立此断卖字为据。

　　　　　　　　　　凭中、代笔　姜绍怀
　　　　　　　　道光九年五月初一日　立
　　　　　　　　十六年砍尽。

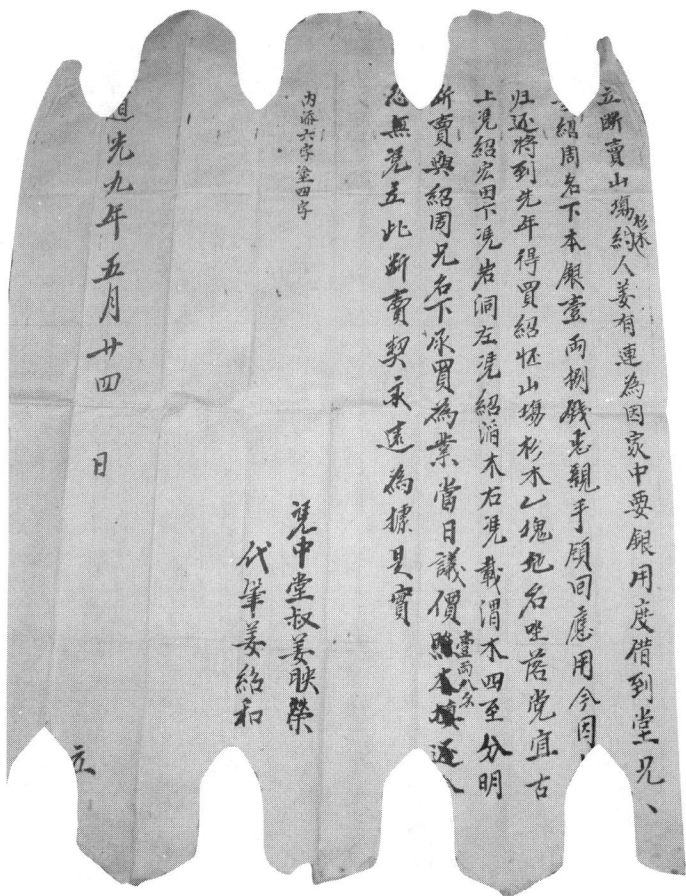

【姜有连卖山场杉木契】

立断卖山场杉木约人姜有连，为因家中要银用度，借到堂兄姜绍周名下本银壹两捌钱整，亲手领回应用。今因……归还，将到先年得买绍怀山场杉木一块，地名坐落党宜古，上凭绍宏田，下凭岩洞，左凭绍滔木，右凭载渭木，四至分明，断卖与绍周兄名下承买为业。当日议价壹两八钱。今恐无凭，立此断卖契永远为据是实。

内添六字，涂四字。

凭中　堂叔姜映荣

代笔　姜绍和

道光九年五月廿四日　立

【姜绍周卖山场杉木契】

立断卖山场杉木约人姜绍周，为因家中缺少银用无出，自愿将年内得买堂弟有连之山场杉木，地名党宜，上凭绍宏田，下凭岩角，左凭绍滔木，右凭冲，四至分明，自愿请中卖与本房姜维新兄名下存买为业。当日凭中议定价银……亲手收回应用。其山杉自卖之后，任从买主子孙远永管业，卖主房族不得异言。如有不清，居（俱）在卖主向前理〔落〕，不干买主之事。今欲有凭，立断卖山场杉木字为据。

凭中、代笔　姜绍牙

道光九年六月十五日　立

【姜士模卖木契】

　　立卖鱼塘山杉字人中房姜士模，为因要银用度，自愿将到中寨大塘坎下鱼塘一口，内抵沟，外抵坎，左抵水沟，右抵菜园与路，四至分明；又将报陋烧机形山场一块，上凭地垦，下凭小路，左凭冲，右凭岭，此木分为三股，栽手占一股，地主占贰股；又连界一块，上凭本名之山，下凭大冲，左凭岭，右凭冲，此木分为伍股，相弼占栽手二股，地主占三股，分为二股，本名占地主一股；又冲头一块，上登岭，下凭本名栽山，以地垦为界，左右凭岭，此木分为伍股，栽手占贰股，本名全占地主三股，此四处出卖与下寨姜维新名下承买为业。当面言定价银壹百零八两，亲手领回应用。其山杉木并塘自卖之后，任凭买主管业，卖主房族弟兄不得异言。如有异言，卖主理落，不干买主之事。今恐无凭，立此卖字为据。

　　　　　　　　　凭中　姜绍齐、显租（祖）、大受
　　　　　　　　　道光九年八月初六日　姜士模　亲笔　立卖

【姜士模卖田、山场并木契】

　　立断卖田山场杉木字人中房姜士模，为因要银用度无出，自愿将到党东田一坵，上下抵光宗田，左抵坡，右抵路；又将地名冉皆耸山杉一块，此木分为贰股，栽手占一股，地主占一股，地主之一股又分为四股，本名占一股，其山界上凭大路，下凭小盘路，对光尧田角下，左凭冲，右凭菜园，与冲为界，四至分明，出卖与下房姜维新名下承买为业。凭中议定价银三十五两，亲领应用。其田山杉自卖之后，任从买主管业，卖主不得异言。如有异言，卖主向前理落，不干买主之事。今欲有凭，立此卖字为据。

　　外批：粮照册上纳。

　　　　　　　　　　凭中　姜绍齐、姜绍牙、姜大受、姜通义
　　　　　　道光九年捌月十二日　亲笔　立

【姜宏达卖山场杉木契】

　　立卖山场杉木字人姜宏达，缺少银用，自愿将到……杉木一块，出卖〔与〕姜绍滔名下承买为业。价银六两一钱整，亲手收回任用。其山界：上凭老路，下凭河路，左凭岭，〔以〕宏章木〔为界〕，右凭冲，〔以〕载渭之木〔为界〕，四至分明。恐说无凭，立此卖字存照。

　　　　　　　　　　凭中　兄宏章
　　　　　　　　　　姜宏达　亲笔
　　　　　　　　　　道光九年九月十二日　立

【范献璜卖山场杉木契】

　　立卖山场杉木约人岩湾寨范献璜，为因无银用度，自愿将到杉山壹块，地名番勇外，左之上凭□□，左之下凭维远，右之上凭献璠，右之下凭水沟，左右凭冲，此地之木，分为四股，名下占一股；又一块地名纲晚，栽手四股，名下占一股，地主十二股，名下占一股，界限：上凭岭，下凭朝伟本名之地，左右凭买主；又中一块，上凭姜伟、献林等之山，下凭朝伟本名之地，左右凭买主，此木地主、栽手分为四股，名下占一股；又下一块，上凭朝伟本名之地，下凭开祥，左凭姚白玉，右凭开祥，其地之木分为贰大股，名下占一股，今将四处本名所占之股出卖与文堵（斗）姜绍韬（滔）名下承买为业。当日凭中议定价银柒拾两整，亲手收回应用。其木任凭买主修理管业，卖主不得异言。如有不清，卖主理落，不关买主之事。今欲有凭，立此断卖字存照。

　　内添"地"、"朝"二字。

凭中　龙绍元

代笔　范献璠

道光拾年二月初八日　立

【姜映辉等、龙长生等主佃分成合同】

　　立分合同字人加什寨龙长生、姜乔奉二人，先年佃到文斗姜映辉、绍滔、绍吕、相清、相德三人弟兄等二家之山，地名党央水沟上，界限：上凭顶，下凭水沟，左凭岭，右凭岭。此木分为五股，地主占三股，栽手占二股。今木植长大，股数分清，日后不得异言。逐年俱在栽手修理，不得荒芜。欲有出卖之日，先问地主承买。今欲有凭，立此合同为据。

　　　　　　　　　　　代笔　姜邦彦
　　　　　　　　　　　凭中　龙绍元
　　　　　　　　　　　立分合同二纸，各承一纸【半书】
　　　　　　　　　　　道光十年二月初十日　立
　　　　　　　　　　　姜登熙呈文□分合同

【姜士模卖杉木山场契】

　　立断卖杉木山场约人中房姜士模，为因先年得买李正绅杉木山场，地名凶（兄）康刀一块，上凭田，下凭河，左凭范绍榜之木为界，右凭冲田为界，四至分明，自愿请中出卖与下寨姜维新名下承买为业。当日凭中议定价银拾贰两正（整），亲手领回应用。其杉木山场自卖之后，任凭买主修理管业，卖主不得异言。若有不清，拘（俱）在卖主理落，不关买主之事。恐口无凭，立此卖杉木山场〔字〕为据。

　　内添三字。

　　　　　　　　　　　凭中　姜大受

　　　　　　　　　　　道光拾年四月十一日　亲笔　立卖

　　　　　　　　　　　此山卖归黄姓，只存登高一股。

　　　　　　　　　　　士模兄康刀山木契

【姜有祥卖杉木契】

　　立断卖杉木字人瑶光寨姜有祥，为〔因〕缺少银用，自愿将到先年佃栽买主与刘姓二人之山，地名牛毛山冉驾杉木一担领（岭），界至：上凭彩周山，下凭河，左右凭冲，四字至分清。其山栽手分为二大股，保贵岩占一大股，本名与弟有孟共占一大股又分为二股。今将本名一股出卖与文斗寨娌（表）弟姜绍滔名下承买为业，当面议定价银拾两，亲手收回应用。其山自卖之后，任买主蓄禁管业，卖主子姪(侄)不得异言。倘有不清，俱在卖主向前理落，不干买主之事。恐后无凭，立此卖字永远存照为据。

　　　　　　　　　　　凭中　姜得安
　　　　　　　　　　　姜增荣　笔
　　　　　　　　　　　道光拾年五月初一日　立

道光十年七月十八
立分合約字人姜玉興老霞昌厚□龍下房姜本興為因祖父所占祖遺之
山壹塊地名眼強此山場界至上凭頂下凭大路左凭嶺抵姜舉周之山場
為界右凭姜紹滔之山場為界四至分明此山分為四大股下房姜本
興新年祖父得買姜廷珍姜老安弟兄二人所占一大股承賣與姜佐周名下管業
上房姜玉興老霞昌厚老龍老亦叔佺名下占三股共合四大股日后各照股數均
分不得異言今恐人心不齊立此合約為據永遠存照

代筆 姜本興
上房姜玉興存一紙

【姜玉兴等分山合同】

立分合约字人姜玉兴、老霞、昌厚、□龙、下房姜本兴，为因祖父所占祖遗之山壹块，地名眼强，此山场界至：上凭顶，下凭大路，左凭领抵姜举周之山场为界，右凭姜绍滔之山场为界，四至分明。此山分为四大股，下房姜本兴新年祖父得买姜廷珍、姜老安弟兄二人所占一大股，承卖与姜佐周名下管业。上房姜玉兴、老霞、昌厚、老龙、老亦叔佺名下占三股，共合四大股，日后各照股数均分，不得异言。今恐人心不等，立此合约为据永远存照。

立此合同永远存照【半书】

代笔　姜本兴
上房姜玉兴存一纸。
道光十年七月十八日　立

【姜本兴卖山场杉木契】

　　立卖山场杉木字人下房姜本兴，为因要银使用，无处得出，自愿将到先年祖父得买上房姜廷珍、姜老安二人之山场杉木，地名眼强，请中度卖与上房姜昌厚名下承买为业。当日凭中议定价银一两二钱五分，亲手收回应用。分里不小此山分为四股，本兴名下占一股出卖，其山界至：上凭顶，下凭路，左凭齐周山，右凭绍滔山，四至分明。今欲有凭，立断卖山场杉木是实为据。

　　　　　　　　　　凭中　绍牙
　　　　　　　　　　道光十年九月十二日　本兴亲笔　立

【姜权卖油山契】

　　立卖油山字人姜权，为因缺少银用无出，自愿将到油山一块，地名皆培林，上凭老乔油山，下凭绞引油山，左凭顶，右凭冲；又一块油山地名从的截，上凭顶，下凭冲，左凭老孝油山，右凭买主油山，四至分明，凭中出卖与姜绍韬（滔）名下承买为业。当日凭中议定价银八两二钱正（整），亲手领回应用。其油山自卖之后，任凭买主管业，卖主不得异言。恐口无凭，立此断卖油山贰块〔字〕为据。

　　内改一字。

凭中　姜占鳌

道光十年九月十七日　亲笔　立

【姜绍清等卖地坪契】

　　立断卖地坪契人姜绍清、老卯、老引兄弟，为因要银度用，无处寻出，自愿将到祖遗地坪一块，地名党笼，上凭保长屋，下凭昌后仓坪以坎为界，左凭本名祖坟，右凭昌后、昌远弟兄之屋，四至分明，请中出卖与本姜绍滔先生名下承买为业。当面凭中议定价银贰两八钱正（整），亲领应用。其坪自卖之后，任从买主修整为路管业，卖主弟兄房族以及外人不得入中滋事争扰。倘有此情，卖主向前理落，不干买主何干。今恐无凭，立此断卖地坪〔字〕为据。

代笔　姜昌基

凭中　龙绍元

道光十年十二月廿六日　立

【龙绍元卖山场杉木契】

立卖山场杉木约人龙绍元，为因缺少银，无处得出，自愿将到皆休别名翁靴，上凭田，下凭田，左凭连合，右凭绍璜木，此山分为二股，绍宾占一股，名下占一股，今将一股出卖；又一处地名污晚杉木一块，上登顶，下至溪，左凭朱姓之木，右凭绍略木，此山栽手占二股，分为三小股，本名弟兄占一小股，名下占半股，出卖与姜绍滔名下承买为业。当日凭中议定价银三两正（整），亲手应用。其山杉木自卖之后，任从买主修理管业，卖主不得异言。如有不清，俱在卖主向前理落，不干卖主之事。今恐无凭，立此断卖字为据。

汝妹、永庙、绞于三人共契

代笔　姜昌基
凭中　姜绍清
道光十年十二月廿六日　立
十三年翁靴一块砍尽，十六年坎（砍）
尽，十五年污晚砍尽。

【龙今绞父子卖木契】

立断卖杉木契人龙今绞、子老生、老应、老五四人父子，为因要银使用，无处得出，自己将到先年得买之山，地名冉皆腮，界至：上登顶以大路为界，下抵大盘路，左凭岭，右凭小冲为界，四至分明，今将出卖与本房姜绍滔名下承买为业。当日凭中三面议定价银贰拾一两整，亲手领回应用。其杉木自卖之后，任凭买主修理蓄禁管业，卖主房族人等不得异言。其木长大发卖，地归原主。今欲有凭，立断卖杉木为据。

内添二字。

凭中　龙绍尚、姜钟杰
代笔　姜邦彦
道光十一年二月廿六日　立
今绞卖冉皆腮木契

【姜权卖油山契】

立断卖油山约人堂叔姜权，为因要银使用，自愿将到祖遗油山一块，地名包独，此油山分为贰大股，本名占壹大股，今断卖与堂侄济岐名下为业。议定价银伍两正（整），日后不得番（反）悔异言，所有杉木数根拘（俱）在内。今恐无凭，立此断卖油山约存照。

凭中　姜大受、济泰
道光十一年四月廿日　亲笔　立

【姜功周卖山契】

　　立断卖杉木山场字人姜功周，为因缺少粮食，无处得出，自愿将到地名白堵山场杉木一块，上凭田，下凭老木，左右凭老木，四至分明，凭中出卖与姜维新先生名下承买为业。三面议定价银二钱，亲手领回应用。自卖之后，任从买主修理管业，卖主房族不得异言。倘有不明，俱在卖主理落，不关买主之事。今欲有凭，立此卖字存照。

　　　　　　　　依口〔述〕代笔　姜德昌
　　　　　　　　道光十一年五月十五日　立
　　　　　　　　买姜功周白堵之木地，与得买故远、连合
　　　　　　　　老木山下为界。

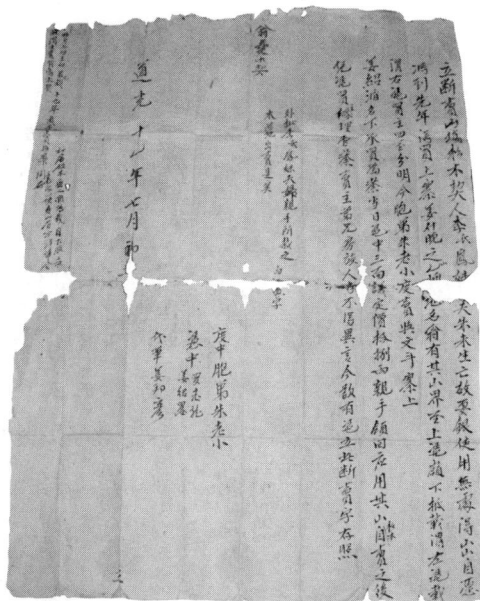

【李氏卖山场杉木契】

立断卖山场杉木契人李氏凤……夫朱未生亡故要银使用，无处得出，自愿将到先年得买上寨姜什晚之山一块地，地名翁有，其山界至：上凭岭，下抵载渭，左凭载渭，右凭买主，四至分明，今胞弟朱老小度卖与文斗寨上姜绍滔名下承买为业。当日凭中三面议定价〔银〕拾捌两，亲手领回应用。其山杉木自卖之后，任凭买主修理管业，卖主弟兄房族人等不得异言。今欲有凭，立此断卖字存照。

外批：李氏凤妹夫妇亲手所栽之木并地出卖是实。

内添四字。

翁忧木契

<blockquote>
度中　胞弟朱老小
凭中　罗老龙、姜绍略
代笔　姜邦彦
道光十一年七月初……立
</blockquote>

□届砍木，无人开地栽，□十二股二块，三老家一块，卖山有分洋单合坎（砍）尽，今佃老卯弟兄栽。十九年栽手卖与名下同存。

□渭生卖翁鸟木契

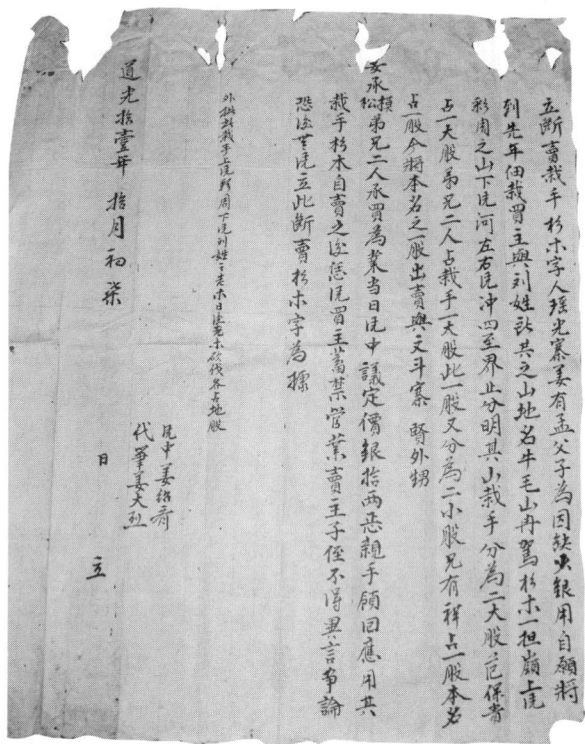

【姜有孟父子卖栽手杉木契】

　　立断卖栽手杉木字人瑶光寨姜有孟父子，为因缺少银用，自愿将到先年佃栽买主与刘姓所共之山，地名牛毛山冉驾杉木一担岭，上凭彩周之山，下凭河，左右凭冲，四至界止（至）分明。其山栽手分为二大股，范保贵占一大股，弟兄二人占栽手一大股，此一股又分为二小股，兄有祥占一股，本名占一股。今将本名之一股出卖与文斗寨贤外甥姜承模、姜承松弟兄二人承买为业。当日凭中议定价银拾两整，亲手领回应用。其栽手杉木自卖之后，任凭买主蓄禁管业，卖主子侄不得异言争论。恐后无凭，立此断卖杉木字为据。

　　外批：此栽手上凭彩周，下凭刘姓之老木，日后老木砍伐各占地股。

凭中　姜绍育

代笔　姜大烈

道光拾壹年拾月初柒日　立

贵州文斗契约法律文书汇编——姜启贵等家藏契约文书

【姜光训、光主弟兄卖山契】

　　立断卖山场杉木约人姜光训、光主弟兄二人，为因父亲亡故，缺少银用，无处得出，自己请中将到山场杉木壹块，地名冉丢了，其山界限：上凭油山，下凭连合老木为界，左凭□山与地垦为界，右凭冲，四至分明，请中出卖与下寨姜钟英弟兄名下承买为业。当日凭中议定价银壹两肆钱五分，亲手领回应用。其山自卖之后，任凭买主修理管业，卖主不得异言。今欲有凭，立此断卖约存照。

　　　　　　　　　　　　　　凭中　姜大受
　　　　　　　　　　　　　　代笔　姜朝辉
　　　　　　　　　　道光十一年十月廿八日　立

【姜光宗卖山场杉木契】

立断卖杉木字人姜光宗，为因家中□银用度，无从得出，自愿请中将到祖遗分落名下杉木地壹块，地名干榜，上凭领，下凭大冲，左凭姜廷映、光禹木，右凭姜绍吕、姜志远木；又壹块，（委盛一块坎尽）地名委盛，上凭嫩木以地坎为界，下凭大岩洞上为界，左凭岩湾范姓之木，右凭大冲，分为贰大股占，地主壹大股；又壹块地名皆要，上凭田，下凭大冲，左凭冲，右凭领（岭），分为陆股，占地主肆股；又壹块地名皆粟，上左边凭盘路，中凭陆□□木，右凭田坎，下凭污堵溪，左凭冲，右凭领，姜载渭污姐为界，四至载明，出卖与姜钟英、姜钟华先生名下承买为业。当日凭中议定时值元银价银陆百两，亲手收回应用，分厘不少。其杉木自卖之后，任买主修理管业，卖主房族兄弟不得异言。如有来历不清，俱在卖主理落，不关买主之事。日后肆块之木长大坎（砍）伐下河，地归姜光宗。今欲有凭，立此断卖杉木字一纸永远为据。

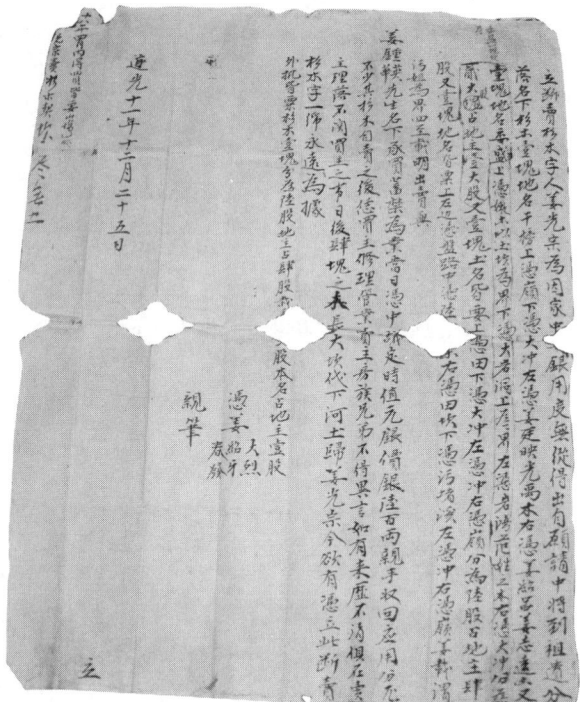

外批：皆粟杉木壹块分为陆股，地主占肆股，栽……股，本名地主一股。

凭 姜天烈、姜绍牙、姜春发 亲笔
道光十一年十二月二十五日 立
十八年四月内得买皆要山场一处
光宗卖杉木契坎（砍）尽无地

【范献瑷卖山场杉木契】

立断卖山场杉木约人岩湾寨范献瑷，为因缺少银用，自己亲手将到九欲杉木一块，先年栽到□献琳、献璜二人之地，栽手、地主分为五股，地主占三股，栽手占二股，界〔至〕：上凭领（岭），左凭季万池之木，下凭范绍其之木，右凭献琳之木；又一块山场杉木，地名从皆休，地主分为三大股，本名占地主一大股，上凭领，下凭冲，左凭献琳，右凭绍名为界；又菜园一块，上凭献琳，下抵及亲，左右献璜，四至分清，今将出卖与文堵寨姜钟英弟兄名下承买为业。当日凭中议定价银二十八两正（整），亲手收回应用。日后任从买主修理管业，卖主不得异言。倘有不清，俱在卖主上前理落。欲后有凭，立此断约为据。

内添三字。

凭中　姜邦彦、范绍礼、范绍乡
道光十二年二月二十九日　亲笔　立

【姜开祥卖山场杉木契】

　　立卖地土山场杉木约人文堵（斗）寨姜开祥，因缺少用费，无从〔得〕出延，自愿将杉木山场一块，地名曰号山，界限：上凭顶，下凭抵黎嘴为界，右凭冲破至半冲以地埂横过拗头凭冲破下为界，左凭冲以永毫为界，四至分明。此山地主栽手分为五大股，地主占三大股，地主之三股分为九两之山，本名占四钱五分，请凭中证，出卖与河边朱卓廷大爷名下承买为业。当日凭中议定价银拾两零八分，亲手领回应用。自卖之后，任从朱姓育禁管业。恐后卖主之股如有房族人等争论，不与买主相干，俱系卖主理落。恐后无凭，立此永远存照为据。

　　　　　　　　　　　　凭中　龙引保、姜开榜
　　　　　　　　　　　　道光十二年四月十八日　亲笔　立

【姜玉兴父子卖菜园契】

　　立断卖菜园字人姜玉兴父子，为因要银使用，无处得出，自愿将到菜园一块，上凭买主，下抵老霞，右凭买主，左凭廷映、绍本为界，四至分明，今将凭中出卖与本房姜钟英兄弟名下承买耕种管业。当日凭中议定价银贰两五钱正（整），亲手领回应用。其自卖之后，任凭买主管业，卖主房族人等不得异言。今欲有凭，立断卖菜园是实。

凭中　姜邦彦

亲笔　姜昌华

道光十二年五月初二日　立

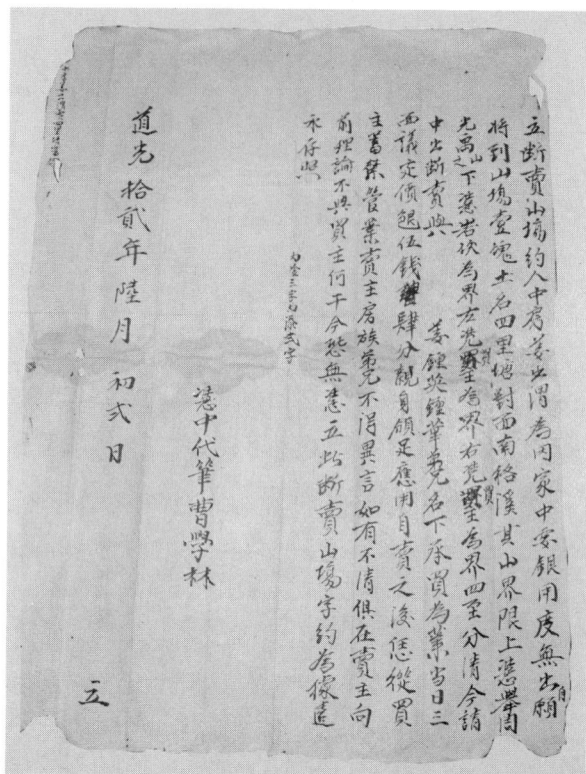

【姜出渭卖山场契】

　　立断卖山场约人中房姜出渭，为因家中要银用度无出，自愿将到山场壹块，地名四里塘对面南格溪，其山界限：上凭举周光禹之山，下凭岩坎为界，左凭买主为界，右凭买主为界，四至分清，今请中出断卖与姜钟英、钟华弟兄名下承买为业。当日三面议定价银伍钱肆分，亲身领足应用。自卖之后，任从买主蓄禁管业，卖主房族弟兄不得异言。如有不清，俱在卖主向前理论，不与买主何干。今恐无凭，立此断卖山场字约为据，远永（永远）存照。

　　内涂三字，内添贰字。

凭中、代笔　曹学林

道光拾贰年陆月初贰日　立

【姜玉兴等卖山契】

立卖山场契人姜玉兴、老霞、昌荣、昌厚弟兄、老龙叔侄弟兄，今因要银度用，无处得出，自愿将到山场一块，地名眼强，此山分为四股，叔侄弟兄占三股，昌厚弟兄得买下房姜本伸之一股，共合四股，今将请中出卖与姜钟英、钟华兄弟名下承买为业。当日凭中议定价银贰两八钱正（整），亲手领回应用。其山自卖之后，任凭买主管业，卖主不得异言。今欲有凭，立此卖山场一纸存照。

外批：四至上凭顶，下凭路，左凭姜举周，右凭买主，四至分明。

此山分为四大股，玉兴、老龙、老凤占一股；老霞、昌荣叔侄占一股；昌厚、昌远弟兄四人占一股，昌厚弟兄四人先年得买本伸之一股在内，共合四大股出卖。

凭中　姜映发
代笔　姜昌厚
道光十二年六月初三日　立卖

【姜济岐等卖山并木契】

　　立卖山场杉木约人姜济岐、济泰、姜李氏二妹，为因要银使用，自愿将主遗山场一块，地名冉皆聋，其山界〔至〕：上凭路，下凭田角以盘路对冲为界，左右凭冲，其杉木地主、栽手分为五股，地主占叁股，栽手占贰股，地主三股分为四股，三人名下占叁股，今请中出断卖与姜绍吕、绍齐、钟英兄名下承买为业。当面议定价色银叁拾壹两捌钱。其山杉木自卖之后，任凭买主修理管业，卖主不得异言。倘有不清，俱在卖主理落，不干买主之事。今欲有凭，立此卖山场杉木〔字〕永远存照。

　　　　　　　　凭中　姜大受
　　　　　　道光拾贰年十月十七日　济泰亲笔　立
　　　　　　济岐、济泰、李氏二妹卖冉皆聋山场契

【姜老地等卖山契】

　　立断卖山场杉木字人本房姜老地、老林、老保、侄乔保、贵乔叔侄五人，为因家中缺少银用，无从得出，自己请中将到共山一块，地名报中保，上凭顶，下凭田，左凭岭，右凭冲，四至分明，请中出卖与姜光照名下承买为业。当面凭中议定价银九钱正（整），其银亲手领回应用。自卖之后，任凭买主蓄禁管业，卖主叔侄不得异言。倘有不清，卖主理落，不与买主相干。今欲有凭，立此断卖字是实。

　　外批：此山两房公共，日后坎（砍）开，照户口人丁股数均分。

凭中、代笔　姜朝理

道光十三年二月十九日　立

【姜通义、姜通元、姜通敬卖山场杉木契】

立断卖杉木山场约人姜通义、通元、通敬，为因家下缺少银用无出，自愿将到地名污宜杉山壹块，上凭大路，下凭国柱之田，左凭通明之木以冲为界，右抵田；又壹块上凭田祖之水沟，下抵国柱之田水沟，左抵绍齐之田坎下，右抵国柱之山木以杨梅树为界；又有冉休买主得买通敬田坎下之木，上抵田，下抵油山盘过，左边下至田坎上，左抵田角，右抵姜朝□、通礼之山顶以油山为界；又壹处在大田垦下木壹路，下抵国柱之木，左抵国柱之木，右抵岭，共计四处之山杉并杂木在内出卖与姜钟英、钟华先生二人承买为业。面议价纹银陆两叁钱，亲手领回应用。其木自卖之后，任凭买主修理管业，卖主不得异言。今欲有凭，立此断卖杉山并杂木约为据。

外批：其有弟兄所卖之田坎上下之杉木杂木在内，凭中出卖是实。

凭中　姜大烈、大受
通义　亲笔
道光十三年二月廿三日　立
通义弟兄卖冉休、污宜木契

【姜通敬卖山契】

　　立断卖油山并地字人上寨姜通敬，为因家中缺少〔要〕银用度无出，自愿将到分落名下所占之油山，地名冉休一块，界至：上凭路，下凭买主之田，左凭路，右凭载渭油山，四至分明，请中度到下寨姜钟英、钟华弟兄名下承买为业。当面凭中议定价元银二两四钱正（整），亲手领回应用。其油山自卖之后，任〔凭〕买主管业，卖主弟兄房族并外人不得异言。如有不清，卖主向前理落，不与买主何干。今欲有凭，立断卖油山字约存。

　　　　　　　　　　　　　　　　凭中　姜大受
　　　　　　　　　　　　　　　　姜通敬　亲笔
　　　　　　　　　　　　　　　　道光十三年四月十二日　立
　　　　　　　　　　　　　　　　通敬卖冉休油山契

立断卖山场杉木契人下房姜老生弟兄为
因家中要银供用无姓得立自愿将到山
塲杉木山块地名再皆栽其山分为贰股弟兄
名下占山股木分为叁股弟兄占贰股今将弟兄
名下之股出卖与上房
姜钟英弟兄名下承买为业凭中议定价银叁钱
其山木自卖之後任凭买主修理管业恐後查
凭立断卖字存照

道光十三年四月十六日

光林笔

三

老生卖再皆栽山木契

【姜老生弟兄卖山场杉木契】

　　立断卖山场杉木契人下房姜老生弟兄，为因家中要银使用，无处得出，自愿将到山场杉木一块，地名再皆栽，其山分为贰股，弟兄名下占一股，木分为叁股，弟兄占贰股，今将弟兄名下之股出卖与上房姜钟英弟兄名下承买为业，凭中议定价银叁钱。其山木自卖之后，任凭买主修理管业。恐后无凭，立此卖字存照。

　　　　　　　　　　　　　　光林　笔
　　　　　　　　　　　　　　道光十三年四月十六日　立
　　　　　　　　　　　　　　老生卖再皆栽山木契

【龙志生等卖山场契】

立断卖山场约人龙志生、志五、志应弟兄，为因家中无银度用，自愿将祖遗山场一块，地名凤走，左凭岭，右凭绍宏木，上凭顶，下凭盘路，四至分明。今将弟兄出卖与本房姜钟英名下承买为业，当面议定银八两，亲手取用。其山任凭买主管业，我卖主弟兄不得异言。今欲有〔凭〕，立此断卖字为据。

凭中、代笔　姜绍怀
道光十三年四月二十四日　立
赖绞牛之子三人卖凤走契

【姜映发卖山场杉木契】

立卖山场杉木字人姜映发，为因要银度用，无从得出，自愿将到堂兄名下山场一块，地名皆追杉木出卖与姜钟英弟兄名下承买为业。凭中议价银八钱三分整，收回〔应用〕。自卖之后，任从买主弟兄修理官（管）业，卖主不得异言，卖主不得争伦（论）。恐后无凭，立此卖契是实。

外批：所占股出卖。

代笔　姜昌远
道光十三年五月初三日　立

【姜开榜卖山契】

立卖山场上寨姜开榜，为因要银使用，自愿将到地名假都山场一块，出卖与下寨姜钟英兄名下承买为业。当日凭中议定价银四两贰钱八分，亲手收回应用。其山地自卖之后，任凭买主日后栽杉管业，卖主不得意〔异〕言。今欲有凭，立此卖约为据。

外批：界至：上凭廷良，下凭田与路为界，左上截凭岭为界，右下截凭冲为界，右凭大冲。

此山是祖遗之山，内图（涂）二字。

凭中 姜大受

道光十三年五月初五日 亲笔 立

开榜卖假都山场契

【姜宏达父子卖山场杉木契】

立断卖山杉木契约人中房姜宏达子显家父子，为因缺少银用无出，自愿将到祖遗分落名下之山场杉木一块，坐落地名鸠榜，别名冉腮歪，其山界址：上凭光齐之山，下〔凭〕玉溪，左凭路，右凭大相之山，四至分明。此山先年佃与上寨龙朝显栽，分为四股，地主占贰股，栽手占贰股，内有老木概卖在内，今将本名所占之地主杉木并地出卖。又一处同地名系买主三家之地，界址：上凭沟，下至溪，左凭上截姜权山，中截凭绍熊山，下截凭大相山，右凭冲，此木地主、栽手分为贰大股，地主三家占一股，栽手占一股，此栽手之一股分为叁股，宏达占一股，今将出卖与下寨姜钟英弟兄名下承买为业。当日凭中议定价银肆两陆钱，亲手领回应用。其山场杉木任凭买主修理管业，卖主以及外人不得异言。如有不清，卖主理落，不干卖主之事。今欲有凭，立此卖字存照。

解二字，龙姓之栽手在外。

凭中　李万年、姜映□

姜开泰　笔

道光十三年七月初四日　立

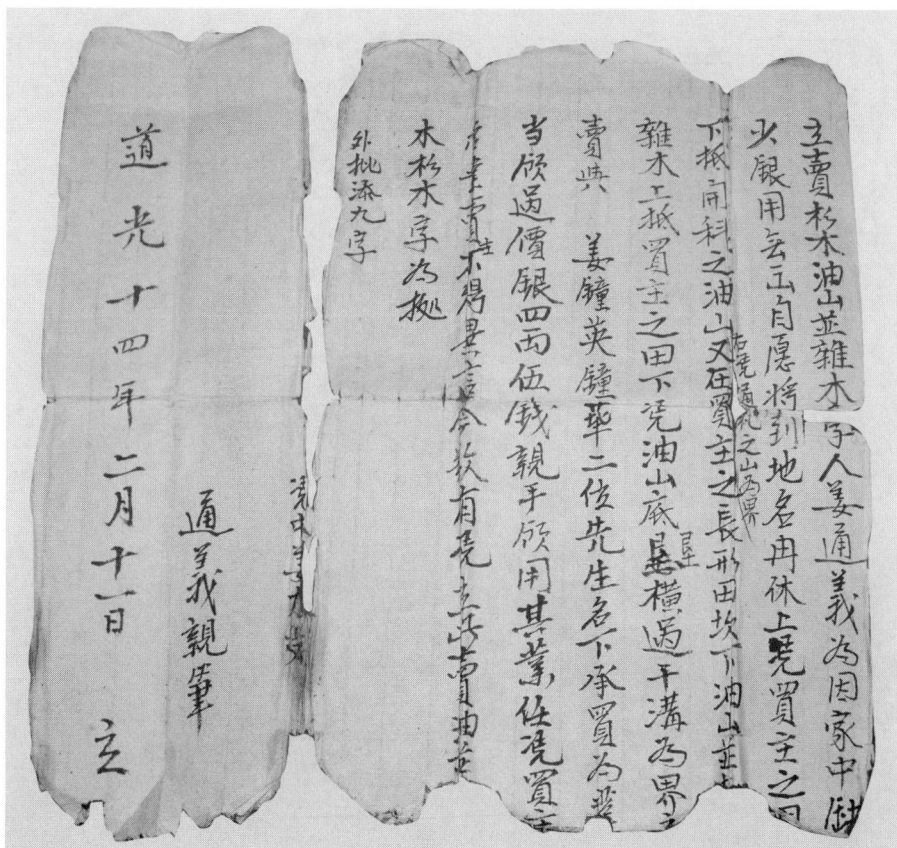

【姜通义卖杉木、油山并杂木契】

　　立卖杉木、油山并杂木字人姜通义，为因家中缺少银用无出，自愿将到地名冉休，上凭买主之田，下抵开科之油山，右凭通礼之山为界；又在买主之长形田坎下油山并□杂木，上抵买主之田，下凭油山底垦，横过干沟为界，卖与姜钟英、钟荜二位先生名下承买为业。当〔面〕领过价银四两五钱，亲手领回。其业任凭买主管业，卖主不得异言。今欲有凭，立此卖油〔山〕并杂木、杉木字为据。

　　外批：添九字。

凭中　姜大受

通义　亲笔

道光十四年二月十一日　立

【李正□卖木契】

立断卖山场杉木字人李正□，为因生理要银使用，无从得出，自愿将到杉木先年得买朱光庆之木，地名培拜坡，上凭田垦，下凭溪，左凭岩湾寨范绍英之山为界，右凭岩良为界；又下边一块，上凭路，下凭载渭之木，左凭冲，右凭田为界，四至分明，共合二块，请中出卖与姜钟英弟兄承买为业。当日凭中议定价银八两八钱正（整），亲手领回应用。其杉木自卖之后，任凭买主修理管业。如有不清，俱在卖主理落，不与买主相干。立此卖字存照。

　　　　　　　　　凭中　正通、正伯
　　　　　　　　　道光十四年三月廿二日　亲笔　立
　　　　　　　　　李正□卖培拜山契
　　　　　　　　　民国十年七月三日批：培拜田坎大路下左
　　　　　　　　　边之山壹块，民国八年俱卖，地股全卖与
　　　　　　　　　向义祥为业。登熙笔批

【姜通元卖油山杉木契】

立断卖油山、杉木、□木字人姜通元，为因家下要银使用，自愿将到油山杉木一块，地名冉休，其油山界至：上凭廷智田，下凭水沟，左凭买主田角，右凭朱镐油山为界，四至分明，今将凭中出断卖与姜钟英、钟华弟兄二人名下承买为业。当日凭中议定价银八钱叁分，亲手领回应用。其油山自卖之后，任凭买主修理管业，卖主不得异言。倘有不清，俱在卖主理落，不干买主之事。今欲有凭，立此断卖字为据。

外批：鬼江木叁根在内。

凭中　姜大受

代笔　姜占鳌

道光十四年五月二十九日　立

【姜老林母子卖栽手股份契】

　　立卖栽手字人上寨姜老林母子，为因先年父亲佃到下寨姜朝胡、朝连、相弼二家共山，地名凤九，栽手、地主五股均分，栽手占二股，地主占三股。今我母子缺少粮食，自愿将到名下栽手二股出卖与主地（地主）姜朝连、朝胡二人承买为业。当面议定价银四钱二分，亲手领回应用。自卖之后，母子不得异言。今欲有凭，立此卖字存照。

　　外批：本盛名下占栽手一股，出卖与二伯朝胡名下。

凭中、笔　姜通粹

道光十四年十二月廿四日　立

【姜通理、姜朝拔兄弟卖山场杉木契】

　　立卖山场杉木契人上寨六房姜通理、朝拔弟兄二人，为因要银用度，自愿将到祖所遗山场壹副（幅），地名乌假栽，上凭姜钟英田坎下，下凭溪，左凭姜开庠之山，右凭钟英山，界址分明，凭中断卖与姜钟英、钟华二位先生名下承买为业。当面议价银□壹两零四分整，亲手收用。其山场任买主管业，卖主弟兄不得异言。恐后无凭，立此断卖契为据。

　　　　　　　　　　　　度中　姜大受
　　　　　　　　　　　　代书　姜朝干
　　　　　　　　　　　道光拾肆年五月初十一日书　立

【姜通义等卖山场杉木契】

　　立断卖杉木山场约人姜通义、通元、通敬，为因家中缺少银用无出，自愿将到地名乌加哉，上凭路，下抵乌加哉溪，左凭通礼之山，右凭乌加味哉溪，凭中出卖与姜钟英、钟华先生名下承买为业。当面议定价银贰两柒钱，亲手领用。其木并地任由买主修理管业，卖主不得异言。今欲有凭，立此断卖杉木并地约为据。

　　　　　　　　　　　凭中　姜大受
　　　　　　　　　　　通义　亲笔
　　　　　　　　　　　道光十四年六月初七日　立

【姜朝干卖荒坪契】

立卖荒坪字人姜朝干，为因要银用度，自愿将到先年祖所遗荒坪壹坯，地名冉楼假，上凭姜载渭，下凭冲，左右凭姜维新先生木，凭中出卖与姜维新先生名下为业。当日议定价银壹两捌钱整。自卖之后，任凭买主栽木管业，卖主弟兄不得异言。口说无凭，立此卖契为据。

凭中　姜玉宏
道光十五年五月初八日　亲笔　立
民国三十年六月廿一日，登熙将三股卖与
姜如相为业。

【姜熙华兄弟卖山场杉木契】

　　立断卖山场杉木约人姜熙华弟兄二人要银使用，无处得出，自愿将到分落名下祖遗山场一处，地名污晚溪，其山界至：上凭顶，下凭溪，左凭通圣对之山，右凭嫩木，四至分明，自愿请中出卖与本房姜钟英兄弟名下存买为业。当日凭中议定价银贰两三钱，亲手领回应用。其山自卖之后，任从买主修理管业。如有不清，卖主向前理落，不干买主之事。今欲有凭，立断卖山场杉木是实。

　　外批：得买姜蛮三，栽手在内，所有此山老约并分关多处此时查不出，日后寻出，是为故纸不得异言是实。

凭中　绍牙

道光十五年九月初四日　熙华　亲笔

熙华弟兄买污晚木契

【姜氏卧井孙福生卖山场杉木契】

　　立断卖山场杉木字人姜氏卧井孙福生，为因要银使用，无从得出，自己请中将到祖遗山场杉木一块，地名松玖，上凭顶，下凭朝瑚，左凭领（岭），右凭朝瑚，四至分明。先年付与蒋玉山佃栽，言定五股，地主占叁股，地栽手占贰股。今请中将到地主叁股出卖与姜钟英、钟华兄弟名下承买为业。当面凭中议定价银拾三两正（整），其银亲手领回应用。自卖之后，任凭买主蓄禁管业，卖主不得异言。倘有不清，卖主理落，不与买主相干。今欲有凭，立此断卖字是实。

　　　　　　　　　　　　　凭中　姜映荣
　　　　　　　　　　　　　代笔　姜朝理
　　　　　　　　　　　　　道光十五年九月初七日　立
　　　　　　　　　　　　　下房姜朝贵之妻与孙卖松久（玖）山木契

【姜开儒、开仁、开智弟兄卖油山契】

立断卖油山山场字人姜开儒、开仁、开智弟兄三人，为因要银用度无从得出，自己将到油山山场一块，地名也浪，上凭顶山，下凭凹，左凭杉木，右凭路。四至分明，请中度到下寨姜钟英先生兄名下承买为业，当面议定价银三两七钱整，亲手领回应用。其油山山场自卖之后，任从买主修理管业，卖主房族弟兄不得异言。如有此情，卖主尚（上）前理落，不干买主之事。今欲有凭，立此断卖油山〔字〕是实。

外批：所有老契多处故未技，日后寻得，系为故纸，我弟兄不得异言。

凭中　姜大受
道光十伍年十一月初七日　开儒　亲笔　立
杉木之山场被姜斌相霸占，妄争送加什，姜归旺强砍，因家修屋。

【姜开儒卖山契】

立断卖油山山场字人上寨六房姜开儒，要银使用，无处得出，自愿将到父亲先年名下得买姜治齐油山山场一块，出卖与下寨姜钟英弟兄名下承买为业。当面议定价银五两六分整，亲手领回任用。其山地一块名江都，上凭六路，下凭杉木，左凭冲以廷滨为界，右〔凭〕买主为界，四至分明。其山油自知(卖)后任从买主修理管业，不得异言。今欲有凭，立比(此)断卖油山山场〔字〕是实。

凭中　老齐、昌宗

亲代笔　开儒

道光拾伍年十二月十九日　立

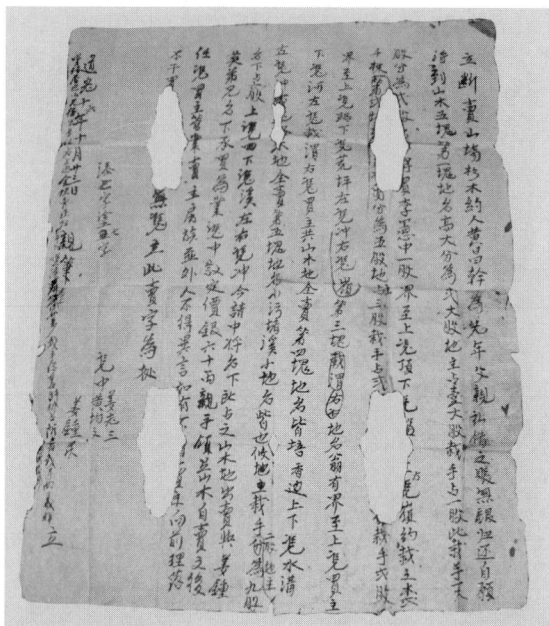

【黄昌干卖山场杉木契】

立断卖山场杉木约人黄昌干，为先年父亲所借之账无银归还，自愿将到山木五块，第一块地名高大，分为贰大股，地主占壹大股，栽手占一股，此栽手一大股分为贰股……得买李宪中一股，界至：上凭顶，下凭盘□……右凭岭约栽之木贰千株；第贰块……分为五股，地主占三股，栽手占贰股……栽手贰股，界至：上凭路，下凭荒坪，左凭冲，右凭岭；第三块地名翁有，界至：上凭买主，下凭河，左凭载渭，右凭买主，共山木地全卖；第四块地名皆培香边，上下凭水沟，左凭冲，右凭□，木地全卖；第五块地名小污堵溪，小地名皆也攸，地主栽手二股，地主分为九股，名下占六股，上凭田，下凭溪，左右凭冲。今请中将名下所占之山木地出卖与姜钟英弟兄名下承买为业，凭中议定价银六十两，亲手领□。山木自卖之后，任凭买主管业，卖主房族并外人不得异言。如有不清，卖主向前理落，不干买……无凭，立此卖字为据。

添七字，涂七字。

凭中　姜老三、黄均文、姜钟英
道光十六年十月廿三日　亲笔　立
皆培香边小石桥里多住右上边全块卖还归南加堡陈
寿堂管业，栽手系姜胖林占，所卖栽手向义祥。

【姜朝贵、老地卖山契】

　　立断卖山场杉木字人姜朝贵、老地二人，为因家中缺少粮食，自愿将到祖遗山场一块，地名补丙卧奢，此山界〔至〕：上凭路，下凭地坎，左凭老木，右凭路，四至分明，自愿出卖与姜朝玕名下承买为业。三面议定价银九钱五分，亲手领回。其山任凭买主管业，不得异言。今欲有凭，立此断卖字为据。

凭中　姜本望

代笔　姜天渭

道光十六年四月初三日　立

下房本巨老契一张

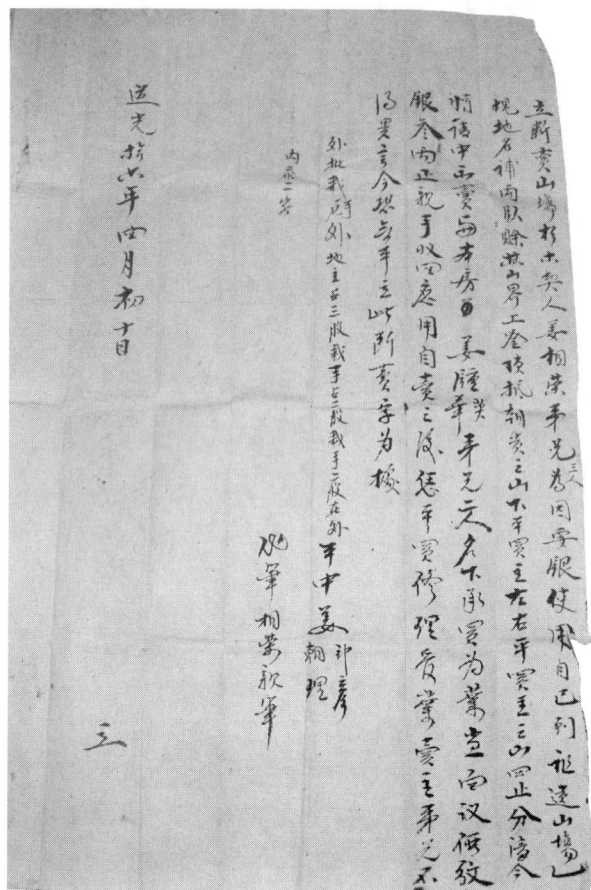

【姜相荣弟兄卖山契】

立断卖山场杉木契人姜相荣弟兄三人，为因要银使用，自己到祖遗山场一块，地名补丙卧赊，其山界〔至〕：上登顶抵朝贵之山，下平（凭）买主左右，平（凭）买主之山，四止（至）分明，今将请中出卖与本房姜钟英、钟华弟兄二人名下承买为业。当面议价纹银叁两正（整），亲手收回应用。自卖之后，任平（凭）买〔主〕修理管业，卖主弟兄不得异言。今恐无凭，立此断卖字为据。

外批：栽手在外，地主占三股，栽手占二股，栽手夜在外。

平（凭）中　姜中彦、朝理

代笔　相荣　亲笔

道光拾六年四月初十日　立

【姜广珍等卖山契】

　　立断卖山场杉木字人下房姜广珍、广贤、侄大振，为因要银使用，无从得出，自愿将到祖遗山场杉木一块，地名白堵，界至：上凭田，下凭污堵溪，右凭冲，左凭木红，四至分明，凭中出与上房姜钟英弟兄名下承买为业。凭中议定价银四钱八分，亲手领回应用。其山自卖之后，任凭买主修理管业，房族弟兄不得异言。如有异言，俱在卖主理落，不干买主之事。今欲有凭，立此断卖字存照。

　　　　　　　　　　　　四叔光林　笔
　　　　　　　　　　　　白都山契
　　　　　　　　　　　　道光十六年五月十一日　立

【姜昌远卖山契】

立断卖山场杉木约人姜昌远，为因要银度用，无处得出，自愿将到地名党宜山场一块，上凭田，下凭买主，左凭冲，右凭领，四至分明，请中出卖与姜钟英弟兄名下承买为业。议定价银八钱正（整），亲手收回应用。自卖之后，任凭买主管业，卖主不得异〔言〕。恐有不清，俱在卖〔主〕理〔落〕，不闪（关）买主之事。今设有凭，立此断卖〔字〕是实存照。

外批：此山场昌远一人名下所占，弟兄并无股分（份）。

　　　　　　　　亲笔　昌远
　　　　　　　　凭中　龙王洪、姜绍牙、昌后
　　　　　　　　道光十六年九月廿三日　立
　　　　　　　　昌远卖党宜古山场契，即在名下田上□□。

【姜通义等卖木契】

立断卖杉木山场字人姜通义、姜通元、侄光宗，为因家中要银使用，自愿将到祖遗山杉，地名冉格，上登顶，下凭太岩洞，左凭大冲，右凭大岭，下至小冲，以姜宗智山连界，先年佃与张宏茂、杨文广、姜国华栽杉。栽手、地租（主）分为五股，栽手占贰股，地租（主）占叁股。此地租（主）之叁股分为六股，姜占鳖占壹股，占魁占壹股，本望占壹股，我弟兄三人占地租（主）叁股。今将出卖与姜钟英、钟华名下承买为业。面议价色银拾柒两叁钱，亲手领用。其木自卖之后，任凭买主管理，卖主不得异言。今欲有凭，立卖杉木并地约永远为据。

外批：左凭大冲以四十两之山为界，其山上截叁插岭，俱在内。

内除大字，内一点添租字，改叁字。倘有股数不清，俱在卖主上前理落。

凭中　姜大受、姜绍牙、姜钟杰
道光十六年十一月初二日　通义　笔　立

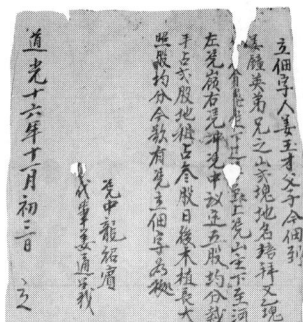

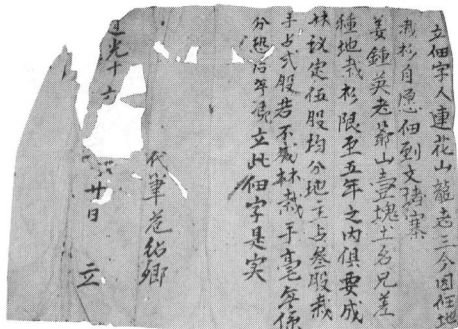

【姜玉才佃契】

立佃字人姜玉才父子，今佃到姜钟英弟兄之山贰块，地名培拜、又一块地名贫罢最下达，界至：上凭山主，下至河，左凭岭，右凭冲。凭中议定五股均分，栽手占贰股，地租占叁股，日后木植长大，照股均分。今欲有凭，立佃字为据。

凭中　龙绍宾

代笔　姜通义

道光十六年十一月初三日　立

【连花山龙老三佃契】

立佃字人连花山龙老三，今因佃地栽杉，自愿佃到文堵（斗）寨姜钟英老爷山壹块，地名兄差，种地栽杉。限至五年之内俱要成林，议定伍股均分，地主占叁股，栽手占贰股。若不成林，栽手毫无系分。恐后无凭，立此佃字是实。

代笔　范绍卿

道光十六年□月廿日　立

【姜朝理等卖山契】

立断卖山场字人姜朝理、朝伟，侄老秋、老丙叔侄四人，为因要银使用，无处寻出，自己将到先年得买朝瑚弟兄贰两、汤太贰两、龙廷彩二两，共合六两之山，地名乌或老虎洞，请中出卖与姜钟英老爷弟兄名下承买为业。当面凭中议定价银壹两八分正（整），其银亲手领回应用。自卖之后，任凭买主招客佃种管业，卖主不得异言。倘有异言，卖主理落，不与买主相干。今欲有凭，立此卖字是实。

外批：此山地股分为十两，买主占贰两，朝理弟兄叔侄占六两，俱已卖完，共得八两，余二两在外。其有界至：上凭犁嘴，下凭岩涧，左凭岭，右凭买主山以冲为界。

凭中　姜必达

朝理　亲笔

道光十六年十一月十八日　立

十六年十一月十八日买朝理、朝伟叔侄污

或之地，十八年清查浮卖二两。

【姜氏卧奢卖木契】

　　立断卖山场杉木字人姜氏卧奢，为因缺少银用，自愿将到祖遗山场杉木一块，地名眼（冉）格，其山界至：上登顶，下抵岩洞，左抵大冲以四拾两之山为界，右凭大岭，下至小冲，以起滨之山为界。其山地主、栽手分为伍股，栽手占贰股，地主占叁股。地主之叁股分为陆股，本名占地主一股，今将出卖与姜钟英老爷、钟华先生弟兄二人名下承买为业。当日凭中议定价纹银贰两九钱，亲手领回应用。其山自卖之后，任凭买主蓄禁管业，卖主不得异言。今欲有凭，立此断卖山场杉木字为据。

凭中　姜通义

侄姜占鳌　笔

道光十六年十二月廿一日　立

□房姜氏卧奢□卖冉格山场杉木契

【姜昌远卖木契】

　　立断卖山场杉木约人姜昌远，为因要银度用，无处得出，自愿将到地名党宜古杉山一块，上凭田，下抵田，左凭本人，右凭冲，四至分明，今将出卖与姜钟英弟兄名下承买为业。仪（议）价银八钱五分，亲手收回应用。任凭买主修理管业，卖主不得异言。恐有不清，俱在卖主理落，不干买主之事。今欲有凭，立此卖字是实。

亲笔　凭中　邦房

道光十七年五月初十　立

姜昌远卖党宜古杉木契

【姜老引卖房屋、菜园并山木契】

立断卖房屋并地基以及菜园兼所共山场杉木等项字人姜老引，为家下要银使用无出，情愿将到祖遗房屋一间、地基在内、菜园一幅、山场杉木三处，一处地名皆休，与载渭……；一处地名乌界，与羊抱等所共；一处地名□书，与羊抱等所共，此数处之业，今将卖与姜起滨、姜琏、朱镐、姜相德、开□等名下承买为业。当日凭中议定价银拾两正（整），亲手领足应用。其房屋、地基以及……任从买主管业，卖主以及内外人等不得异言。如有不清，俱在卖主理落，不干买主之事。今欲有凭，立此卖字存照。

其有山场杉木□，依共山人老约股数均分。

凭中　龙绍滔

代笔　姜昌华

道光十七年十月廿三日　　立

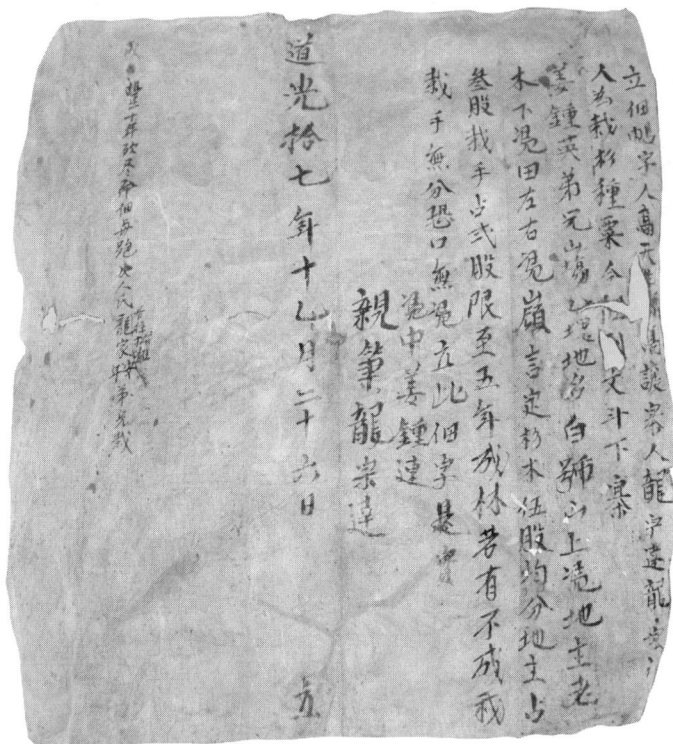

【龙宗达、龙□□佃契】

　　立佃帖字人高天□□高让寨人龙宗达、龙□□人为栽杉种粟，今佃到文斗下寨姜钟英弟兄山场一块，地名白号山、上凭地主老木，下凭田，左右凭岭。言定杉木五股均分，地主占叁股，栽手占贰股，限至五年成林，若有不成，栽手无分。恐口无凭，立此佃字是实。

　　　　　　　凭中　姜钟达
　　　　　　　亲笔　龙宗达
　　　　　　　道光拾七年十一月二十六日　立
　　　　　　　咸丰十年砍尽，佃与□□人氏居住松离龙
　　　　　　　家安，家年弟兄栽。

【姜光绪卖山场契】

　　立卖山场契人姜光绪，今因要银用度，请中将到山场一块，地名皆怀，二大股均分，姜光远占一大股，本名占一大股，左凭冲，右凭岭，上凭路，下凭溪，自愿将本名一股出卖与姜钟英老爷名下承买为业。当日面议价纹银捌钱伍分，亲手收用。其山自买之后，任凭买主管业，卖主不得异言。如有异言，俱在卖主理落。今欲有凭，立此卖山场字为据。

　　　　　　　　　　　　凭中　姜必达
　　　　　　　　　　　　姜光宗　笔
　　　　　　　　　　　　道光十八年正月十八日　立

【姜光绪卖山杉契】

立断卖山场杉字人姜光绪，为因家中缺少粮食无出，自愿将到分下所占之山场一块，地名冈晚，小地名世载皆衣，其山界止（至）：上凭载渭，与买主山为界，下凭朱姓，与买主山为界，左凭岩湾范姓之山为界，右凭买主之山为界。其山杉木地主、栽手分为五股，栽手占贰股，地主占三股，此地主三股分为九股，本名所占七股，今请中将本名七股出卖与姜钟英兄弟老爷名下承买为业。当日凭中三〔面〕议定价银二两八钱三分，其艮（银）亲手领回受用。山杉自卖之后，任凭买主赎定管业，卖主兄弟与外人不得争论。如有不清，卖主上前理落，不关买主之事。今欲有凭，立断卖山杉为据。

内添十二字。

凭中　姜必达

代笔　姜光照

道光十八年二月初七日　立

【姜本望卖山并木契】

　　立断卖山场杉木字人姜本望，为因要银无处得出，自愿将到祖遗山场一块，坐落地名眼强大路上坎，左凭岭，右凭冲，上凭凹上，下凭路，四至分明，此山栽〔手〕、地〔主〕五股均分，栽手占贰股，地主占叁股，本名占地主一股半，今请中出卖与姜钟英老爷兄弟名下为业。当面议定价纹银一两四钱，亲手领回应用。自卖之后，任凭买主修理管业，卖主并房族弟兄叔侄不得异言。倘有界限不清，俱在卖主理落，不干买主之事。今欲有凭，立此断卖字为据。

　　内添九字。

　　外批：此山分落本望名下，本清无分。

凭中　姜天祥、姜钟琦

道光十八年二月十六日　亲笔　立

卖眼强山木契

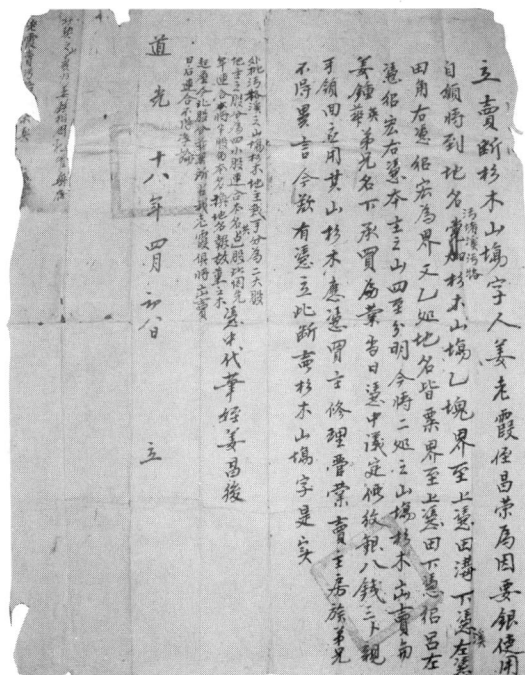

【姜老霞、侄昌荣卖山场杉木契】

　　立卖断杉木山场字人姜老霞、侄昌荣，为因要银使用，自愿将到地名污堵溪污格杉木山场一块，界至：上凭田沟，下凭溪，左凭田角，右凭绍宏为界；又一处地名皆粟，界至：上凭田，下凭绍吕，左凭绍宏，右凭本主之山，四至分明。今将二处之山场杉木出卖与姜钟英、钟华弟兄名下承买为业。当日凭中议定价纹银八钱三分，亲手领回应用。其山杉木应凭买主修理管业，卖主房族弟兄不得异言。今欲有凭，立此断卖杉木山场字是实。

　　外批：污格溪之山场杉木地主、栽手分为二大股，地主之股分为四小股，连合本名共占一股，此因先年连合将半股与本名换地名报故董之木起屋，今此股分并无所占，我老霞俱将出卖，日后连合不得净（争）论。

凭中、代笔　侄姜昌俊

道光十八年四月初八日　立

此契之山卖与姜钟相、周礼管，无存

老霞卖污……木契

【姜万和卖山场杉木契】

　　立断卖山场杉木字人姜万和，为因家中缺少粮食，无处寻出，自己请中将到叔父功勋名下所占山场杉木一块，地名污大求，上凭顶，下凭买主，左凭买主，右凭朝奇，四至分明，其山分为八股，今将功勋贰股请中出卖与姜钟英老爷弟兄名下承买为业。当面凭中议定价银贰钱正（整），其银亲手领回应用。自卖之后，任凭买主蓄禁管业，卖主子孙不得异言。倘有不清，卖主理落，不与买主相干。今欲有凭，立此断卖字是实。

　　外批：此山地主、栽手分为五股，地主占叁股，栽手占贰股，栽手杨斯成贰股在外。

凭中、代笔　姜朝理

道光十八年六月初八日　立

下房姜岩顺卖功勋乌大求契木

【姜昌远、姜老四卖地基契】

　　立断卖仓地基约人姜昌远、老四二人，为因要银度用，无处得出，自己将到门口地基一块，右凭卖主，左凭光连，上下凭坎，四至分明，出卖与姜钟英弟兄名下承买为业……议定银一两二钱八分，亲手收回应用。任凭买主管业……弟兄不得异言。今欲有凭，立此断卖约是实。

　　外批：此分为四股，今将三股出卖。

凭中　邦彦

亲笔　昌远

道光十八年六月十四日　立

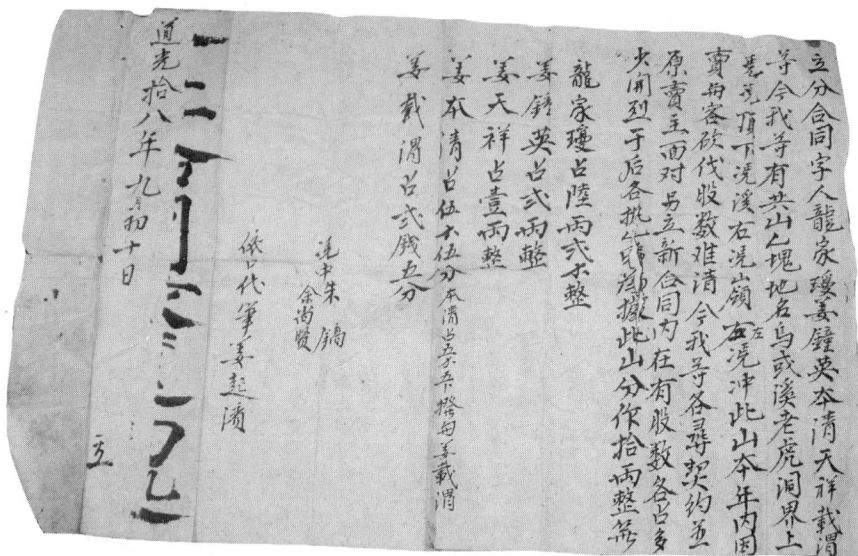

【龙家瑶等分山合同】

立分合同字人龙家瑶、姜钟英、本清、天祥、载渭等，今我等有共山一块，地名乌或溪老虎洞，界〔至〕：上凭□顶，下凭溪，右凭岭，左凭冲，此山本年内因卖与客砍伐，股数难清。今我等各寻契约并原卖主面对，另立新合同，内在有股数各占多少，开列于后，各执一纸为据。此山分作拾两整□。

龙家瑶占陆两贰钱整。

姜钟英占贰两整。

姜天祥占壹两整。

姜本清占伍拾伍分，本清占伍五分，拨与姜载渭。

姜载渭占贰钱五分。

凭中　朱镐、余尚贤

依口代笔　姜起滨

立分合同，各执一纸【半书】

道光拾八年九月初十日　立

【姜光模卖山并木契】

立断卖山场杉木字人姜光模，为因要银使用，自愿将到祖遗之山，地名扳中，界至：上凭路，下凭水沟，左凭买主，右凭天祥，四至分明，今将出卖与姜钟英弟兄名下承买为业。当日凭中议定价银伍钱五分。自卖知（之）后，应凭买主修理管业，卖主房族不得异言。立断卖山场杉木是实。

外批：祖遗之山并无老契。

凭中　姜绍牙
光模　亲笔
道光十八年九月初十二日　立

【姜绍吕等、龙文典主佃分成合同】

立分合同字人天柱县高让寨龙文典，先年所栽文斗寨姜绍吕、三公姜起宾等之山，地名松聋，界扯（至）：上凭顶，下凭松聋凹，左上截凭岭以至田，下截凭冲至凹，右凭冲，四至分明。言定五股均分，地主占叁股，栽手占贰股。今木长大成林，二比自分。合约各执一纸为据。

合同各执壹纸为据【半书】

凭中　姜昌宗

姜钟太　笔

道光十八年十二月初四日　立

【姜光裕父子卖山场杉木契】

立断卖山场杉木约人姜光裕父子二人，为因家中缺少银用，无处得出，自愿将到祖遗山场，地名眼皆□，其山界〔至〕：上凭水沟以下坵田角，下凭大冲，左凭天祥之山，右凭水沟角，四至分明，自愿请中出卖与上房姜钟英弟兄名下承买业。当日凭中议定价银贰两贰钱捌分，亲手领回应用。其山自卖之后，任从买主修理管业。如有不清，俱在卖主向前理落，不干买主之事。今欲有凭，立断卖山场杉木是实。

内添六字，除二字。

凭中、代笔　姜绍牙
道光十九年二月二十九日　卖主姜光裕亲
手所栽之木　立
坎尽下房映富佃栽
……
□房姜光裕父子卖眼皆□山木契，即在皆
休先年得姜钧渭谓大田冲内。

【姜天祥卖山并木契】

　　立卖山场杉木字人姜天祥，为因要银用度，无处得出，自愿将到祖遗之山，地名从堆，界限：上凭宗智山，下凭冲，左凭宗智，右凭年党之山，界至四至分明，今将分落我一人名下所占凭中出卖与姜钟英兄弟名下承买为业。当日凭中议价纹〔银〕二两四钱正（整），亲手领回应用。其杉山自卖之后，应凭买主修理管业，卖主日后不得异言。如有异言，俱在卖主相（向）前理落，不干买主之事。今欲有凭，立此卖字为据。

　　外批：栽地分为五股，地主占三股，栽手二股在外，士周老契在内。

凭中　姜邦彦、姜朝伟

姜天祥　亲笔

道光十九年三月廿一日　立

下房姜天祥卖从堆山木契

【姜开池、姜开泗卖山场杉木契】

立断卖山场杉木字人姜显祖子开池、开泗，为因要银使用，无处得出，自己将到祖遗之山一处，地名冉陌卡，界至：上凭绍宏木，下凭路，左凭岭以绍宏木为界，右凭冲为界；又二处，地名赛非之山，先年得买姜时泰，界至：上凭买主之山，下凭河，左凭冲，右凭冲；又三处，地名污榜溪，界至：上凭田，下凭田抵溪，左凭朱姓山，右凭上田角至下田角；又四处，〔地名〕七十三步，上下贰块，沟上一块与买主所共分为四股，本名占一股出卖，界至：上登顶，下抵水沟，左凭冲，右凭岭，水沟下一块分为四股，本名占一股出卖，界至：上凭水沟，下凭溪,左凭冲,右凭大冲，四至分明，今请中出卖与下寨姜钟英弟兄老爷名下承买为业。当日凭中议定纹银一百三十两，亲手领回应用。其山自卖之后，任凭买主修理管业，卖主房族不得异言。今欲有凭，立此断卖字存照。

外批：冉陌卡除栽手在外，鸟榜溪栽手在外，七十三步二块栽手在外。

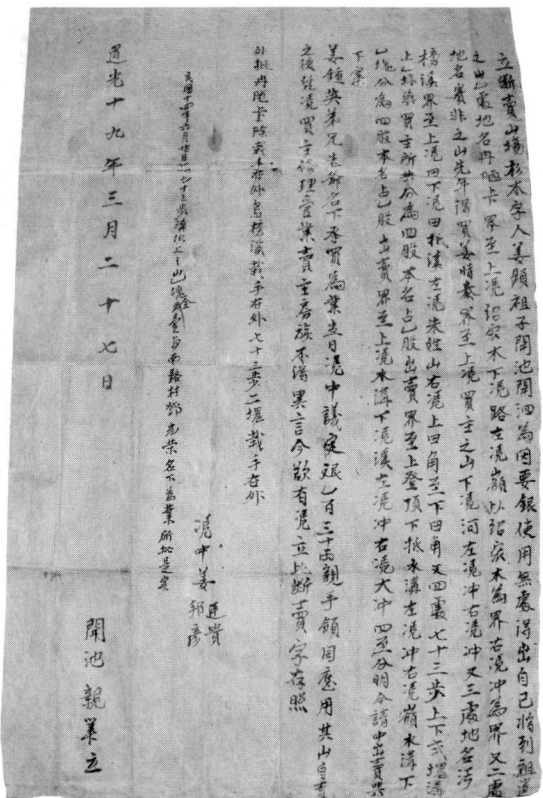

凭中　姜述贵、姜邦彦

道光十九年三月二十七日　开池　亲笔　立

〔外批〕：民国十四年六月廿二日，七十三步沟坎上之山一块，全出卖与南路村郑光荣名下为业，所批是实。

【姜开儒、开智弟兄卖山契】

　　立卖山场杉木字人姜开儒、开智弟兄二人，为因需银用度，自愿将到祖先年得买族内姜开华之山，坐落地名冉周，此山上凭田，下凭桥头大路，左凭冲，右凭相歧田角，界限分明。其山并上田二坵一路得买，今田已卖落姜钟英老爷名下，复将此山一路卖与姜钟英为业。议定价银陆钱整，亲手领足。任从买主管业，卖主弟兄并房族等不得争论。有弟兄亲手领价。立此卖契永远存照。

　　　　　　　　　　　凭中、代书　姜朝干
　　　　　　　　　　　道光十九年六月十六日　立

【姜天祥、天瑞弟兄卖木契】

　　立断卖山场杉木字人下屋姜天祥、天瑞弟兄二人，为因要银用度，无处得出，自己请中将到祖遗之山地名冉学诗，先年得买宗揆、必达二人二股，界至：上凭路，下凭相弼之山，左凭冲，右凭买主界至，四至分明。其山地主、栽手分为五股，地主占叁股，栽手占贰股。地主叁股分为四股，先年得买宗揆一股，又得必达一股，本名占一股，光模占一股，共合四股，本名叁股自愿请中出卖与上房姜钟英侄世豪二人名下承买为业。当日凭中议价纹银肆两六钱正（整），亲手领回应用。其山场杉木自卖之后，应凭买主管业，卖主不得异言。倘有异言，俱在卖主理落，不与买主相干。今欲有凭，立此断卖字为据。

　　内添叁字。

　　外批：宗揆、必达二人老契在内。

　　　　　　　凭中　阳成达、姜朝伟
　　　　　　　道光拾玖年六月十八日　姜天祥　亲笔　立
　　　　　　　冉学诗即是对门河的冉沙宜。　世模笔批

【姜开池、开泗卖杉木山场契】

立断卖杉木山场约人姜开池、开泗二人，为因家中缺少银用，无从得出，自愿将到祖业山场杉木一所，坐落地名白号山番故德，求立卖与下寨姜绍吕、绍熊、钟□三老家为业。当日凭中议定价银一两五钱整，亲手领回应用。其山界至：上凭黄闷之山以盘路为界，下凭溪，左凭溪，以下水沟至溪田角为界，右凭故德南以下，四至分明。今将所得买姜廷佑一股，又得姜士周半股，又得买姜领九十半股，分为二小股，本名占一小〔股〕出卖。今将先年得买之股数一概□卖，倘有不清，俱在卖主上前理落，不干买主之事。今欲有凭，立**此断卖山场杉〔木〕字为据。**

凭中　姜廷贵

开池　亲笔

道光十九年七月二十五日　立

【姜春发卖山契】

立断卖山场杉木约人姜春发，为因要银使用，无处得出，自愿将到先年得买姜氏凤岩子、友保母子二人之山一块，地名大地名刚皮道，小地名朋丙卧奚。其山界〔至〕：上凭路，下凭买主山，左凭岭朝琦天祥山，右凭冲与主山为界，四至分明，今请中出卖与姜钟英、世豪叔侄为业。当面议定价银贰两叁钱，亲手领回应用。自卖之后，任凭买主管业，卖主不得异言。如有不清，拘（俱）在卖主理落。今欲有凭，立此断卖字为据。

外批：栽手地股并地全卖，内添二字。

凭中　易明喜
代笔　姜本望
道光十九年八月初一日　立
卖刚皮道小地名补丙卧诗山木契

【姜光绪卖山契】

　　立断卖山场字人姜光绪，为因要银使用，自愿将到祖遗山场一块，地名皆休，其山界：上凭田，下凭田，左右凭岭，四至分明，今请中出卖与姜钟英叔侄为业。当面议定价纹银一两贰钱五分，亲手领回应用。自卖之后，任凭买主管业，卖主不得异言。今欲有凭，立此断卖字为据。

　　　　　　　　　　　　凭中、代笔　姜本望
　　　　　　　　　　　　道光十九年八月廿七日　立
　　　　　　　　　　　　中房姜光绪卖皆休地契

【姜光模卖山场杉木契】

立断卖山场杉木契人下房姜光模，为因要银使用无出，自愿将到□祖遗山场杉木一块，地名冉沙宜，上凭大路，下凭相弼木，左凭冲与买主为界，右凭岭与买主为界。此山栽手、地主分为伍股，地主占三股，栽手占贰股，此地主三股又分为四股，本名占一股，又栽手贰股分为二截，本名亲手所栽上截。今将本名所占地主一股、栽手一截出卖与姜钟英老爷、世豪二人名下承买为业。当面凭中议定价银贰两五钱正（整），亲手领回应用。其山木自卖之后，任凭买主修理管业，我卖主房族弟兄不得异言。恐有不清，俱在卖主向前理落，不干买主之事。今欲有凭，立所断卖山场杉木是实。

外批：老契未拔，日后寻得系为故纸。

凭中 姜光必

道光十九年九月十七日　亲笔 立

【稿让寨龙光星、王二生佃契】

立佃帖字人稿让寨龙光星、王二生贰人，今因佃到文斗寨姜钟英、侄世豪之山，地名刚斗从维油之地，界限：上凭绍宏、载渭，下凭路，左凭岭，右凭大路，四至分清，今佃到栽杉种粟。木长大〔后〕五股均分，地主占叁股，栽手占贰股。限至五年内成林，不得荒芜。如有不成，地主另招别人，栽主（手）并无系分。日后长大□卖，先问地主，后问别人。立此佃字为据。

凭中、代笔　姜邦彦
道光十九年十月廿日　立

【姜光必佃契】

立佃字人姜光必，今佃到上房姜钟英名下山一块，地名世板家堵，界〔至〕：上凭光林之山，下凭路，左凭本名三老家之山，右凭绍宏之山，四至分明。限五年成林，地主、栽手分为伍股，地主占叁股，栽手占贰股。如有不成，栽手无分。凭立此佃字为据。

内添一字，添"贰"。

代笔　姜天祥

道光廿年十月廿三日　立

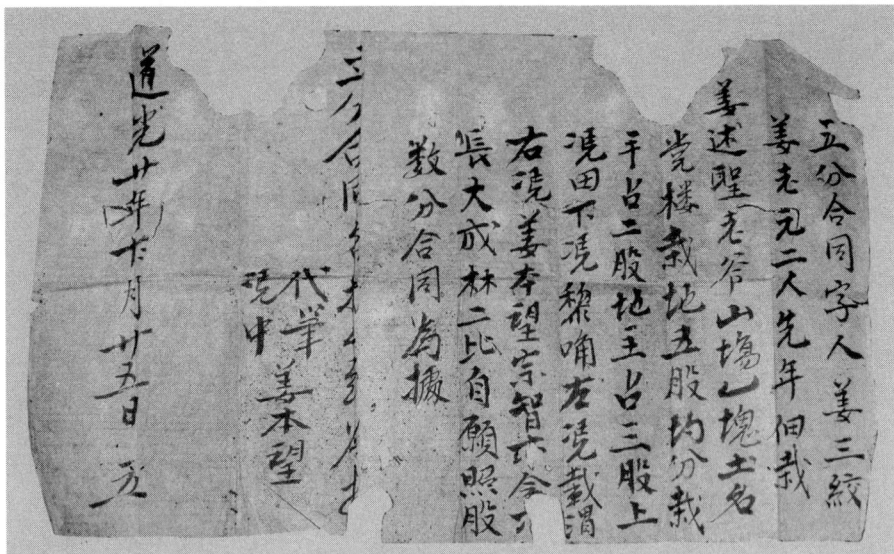

【姜三绞、姜老元佃山分成合同】

立分合同字人姜三绞、姜老元,二人先年佃栽姜述圣老爷山场一块,地名党楼,栽地五股均分,栽手占二股,地主占三股。上凭田,下凭黎角,左凭栽渭,右凭姜本望、宗智木。今木植长大成林,二比自愿照股数分,合同为据。

立分合同各存一纸为据【半书】

代笔、凭中　姜本望
道光廿年十月廿五日　立

【姜朝琦等卖山场杉木契】

　　立断卖山场杉木字人姜朝琦、姜连本、元本秀叔侄，为因要银度用，自愿将到祖遗山场壹块，地名四里塘，上凭岭，下凭河，左凭举周之木，右凭姜绍雄；又内边乌晚，上凭岭，下凭田，左凭绍雄，右凭岩湾之木，此贰块地主分为十二股，朝琦叔侄占地主壹股；又一块党楼，上凭路，下凭绍吕，左凭绍吕，右凭凉亭角，此一块栽地五股均分，栽手占贰股，地主占三股，地主之三股本名占一股，又占栽手贰股，今凭中出卖与姜钟英老爷、世豪叔侄名下为业。当面议定价纹银八两，亲手领回应用。自卖之后，任凭买主修理管业，卖主兄弟叔侄不得异言。恐后无凭，立此断卖山场杉木为据。

　　外批：内添五字，涂一字。

凭中　易明喜、姜钟林

凭中、代笔　姜本望

朝琦兄弟木契党楼契

道光二十年十二月初八日　立

【姜光景卖菜园契】

立卖菜园字人下房姜光景，为因家〔中当〕下缺少银用，无处得出，自愿将到先年得买到玉华园一块，〔地名〕板皆笼，界限：左凭本淇，右凭姜昌远，上下凭路为界，出卖与上房姜钟英、世豪二人名下为业。当面议价银九钱五分，亲手收回应用。其菜园自卖〔之后〕，任从买主管业，我卖主不得异言。如有异言，立此卖字为据。

凭中　姜绍基
光景　亲笔
道光廿一年润（闰）三月初九日　立

【龙茂怀、龙光星佃山契】

　　立佃种栽种栗字人龙茂怀、龙光星二人，今佃到文斗寨姜钟英老爷山一块，地名九翁者，即是刚培道山一块，界限：上凭大路，下凭四坎，左凭冲，右凭领（岭），抵栽渭山为界。其有股数作五股均分，地主占叁股，栽手占贰股。限定伍年成林，若不成林，地主另招别人，我二人无分。恐后无凭，立此佃帖字为据。

　　外批：长大后分合同倘有出卖，先问主家。

凭中　姜钟秀
代笔　姜相弼
道光廿一年润（闰）三月初一日　立

【姜老素卖木契】

　　立卖栽手杉木字人洋报姜老素，为因家下缺少银用，无处得出，自愿将到先年佃栽买主之山，地名补两卧兮。地主栽手分为五股，地主占三股，栽手占二股，今将栽手二股出卖与姜钟英、世豪二人名下承买为业。当日凭中议定价银四钱五分，亲手收回应用。其木界至：上凭坪坎，下凭卖主左，右凭冲。其木自卖之后，任凭买主修理管业，卖主不得异言。今恐无凭，立卖栽手为据。

　　　　　　　　　凭中、代笔　易明喜
　　　　　　　道光二十一年润（闰）三月卅日　立
　　　　　　　羊报姜老素卖补两卧诗栽木契

【李氏及孙姜凌云卖山场杉木契】

　　立断卖山场杉木字人中房李氏率孙姜凌云，为因要银用度，自愿将到祖上与买主所共杉山一块，地名松龙，此山分为拾两，祖上名下占贰两叁钱柒分贰厘伍，此二两三钱七分二厘五又分为四股，我二人共占贰股，该一两一钱八分六厘二毫五，今将本名贰股出卖与下寨姜绍吕、绍雄、绍齐、钟英、钟泰弟兄叔侄为业。当日凭中议定价银四两壹钱八分，亲手收回应用。其山界至：上凭凹，下凭松陇之凹，左上边凭岭，下边凭洪，右凭冲，四至分明。自卖之后，任凭买主管业，卖主不得异言。恐后无凭，立此断卖山场杉木字为实。

　　外批：凌汉、寿长贰股自存。

　　外批：绍熊、绍吕、钟英老三家得买。绍齐笔批

　　　　　　　　　　　　　　　　　　凭中　姜□齐

　　　　　　　　　　　　　　　　　　凌云　笔

　　　　　　　　　　　　　　　道光廿一年四月廿日　立

【龙光运、龙宗达、舒昌隆佃山契】

立佃种栽杉字人高让寨龙光运、宗达、舒昌隆三人佃到文斗寨姜绍熊、绍吕、寺长、钟英、凌汉之山场一块，地名松笼，上下二块，界至俱凭主家，今佃与龙家宗达、光运、舒昌隆种粟栽杉木。言定伍〔股〕均分，地主占叁股，栽手占贰股。限至伍年成林，不得荒为（芜），如有荒为（芜），栽手无分。恐后无凭，立此佃字为据。

宗达　亲笔
道光二十一年伍月十一日　立
龙宗达、光运、舒昌隆佃栽风（松）笼佃字

立断卖山塲字人下房姜
光林侄姜廣珍番賢孫
姜大振叔侄等為因要銀
使用無処得出自愿将到
二甲所共之山塲山塊地名報中
色今我叔侄孫等将本名之
股出賣与上房
姜紹齊姜鍾英二人名下承
買為業当日凭中議定價
谷每名二斗親手領回應用
憑従買主賃業日後不得
異言立此断賣為據

光林親筆

道光二十七年六月初六日 立

【姜光林等卖山契】

立断卖山场字人下房姜光林、侄姜广珍、广贤、孙姜大振叔侄等，为因要银使用，无处得出，自愿将到二甲所共之山场一块，地名报中包，今我叔侄孙等将本名之股出卖与上房姜绍齐、姜钟英二人名下承买为业。当日凭中议定价谷每名二斗，亲手领回应用。任从买主管业，日后不得异言。立此断卖〔字〕为据。

光林　亲笔
道光二十一年六月初二日　立

【姜朝秀、老齐兄弟卖山契】

　　立断卖山场字人下房姜朝秀、老齐兄弟，为因要银使用，自愿将到二甲所共之山场一块，地名报中包，今我弟兄名下之股出〔卖〕与上房姜绍齐、钟英二人名下承买为业。当面议定价谷每名二斗，亲手领回应用。任从买主管业，日后不得异言。恐后无凭，立此断卖字为据。

代笔　姜光林

道光二十一年六月初六日　立

【姜连本等卖山契】

立断卖山场字人下房姜连本、旺本、元本、秀本、灿本,信为因缺少银用,自愿将到祖父所遗山场一块,父子叔侄占六股,地名包宗保,今将请中出卖与上房姜绍齐、钟英二人名下承买为业。当日凭中义(议)定价钱每股贰斗,其谷亲手收回。自卖之后,任凭买主管业栽〔种〕,卖主不得异言。今欲有凭,立断卖〔字〕存照。

外批:此山界至:上凭盘路,下凭田,左凭岭,下凭冲。

　　　　　　　　　　凭中　姜荣
　　　　　　　　　　本元　亲笔
　　　　　　　　　　道光二十一年六月初七日　立

【姜朝望等卖山场并分地股契】

立断卖山场并地股字人下房姜朝望，子老洪、老其、老余、老顺父子五人，为因要银用度，无处寻出，自愿将到四甲共山一块，地名报中保，小地名穷定，此山上凭盘路，下凭田，左凭岭，右凭冲，四至分明。此山朝望父子名下占叁股，请中出断卖与上房姜绍齐、钟英叔侄二人名下承买为业。当日□□议定价银叁钱贰分，其银亲手收足应用。自卖之后，任从买主修理管业，卖主父子不得异言。如有异言，俱在卖主上前理落，不干买主之事。恐后无凭，立此卖字为据。

凭中、代笔　姜朝伟

道光廿一年六月十四日　立

【姜天祥卖山场杉木契】

　　立断卖山场杉木地字人下房姜天祥，为因要银用度，无从得出，自愿请中将到先年得买登保之山，地名乌号，界限：上凭顶，下凭乌或溪，左凭岭，右凭冲，四至分明，此山分为十两，天祥名下占伍钱，请中出卖与上房姜钟英、侄世豪名下承买为业。当日凭中三面议价纹银伍钱正（整），亲手领回应用。其山场杉木地股自卖之后，任从买主蓄禁管业，卖主兄弟叔伯房族人等不得异言。倘有异言，俱在卖主尚（上）前理落，不干买主之事。今欲有凭，立此断字为据。

　　外批：此山分落姜天祥名下所占，涂二字，添二字。

凭中　姜朝伟

道光廿一年六月十九日　立

天祥卖乌号木契

【范绍香佃山契】

　　立佃字人岩湾寨范绍香，今佃到文斗寨姜钟英老爷名下地名党□之山，界限：上凭熙华山为界，下凭田，左凭地主之山，右凭冲，四至分明。地主占三股，栽手占贰股，限定五年成林。如有不成林，地主另招别人，栽手无股分。立此佃字为据.

凭中　姜钟灵

代笔　姜相德

道光廿一年十月十七日　立

此佃字之山尚未清出。

【姜凌汉三兄弟卖山场杉木契】

立断卖山场杉木契人姜凌汉、凌霄、凌青弟兄，为因先年先祖所该之账无艮（银）币还情（清），愿将到祖遗之山场杉木叁处，壹处地名卧腰，界址：上凭凹，下凭犁嘴，左凭冲，右凭岭，其山地主栽手分为伍股，地主占叁股，栽手占贰股，今将地股叁股并地在内。又壹处地名四

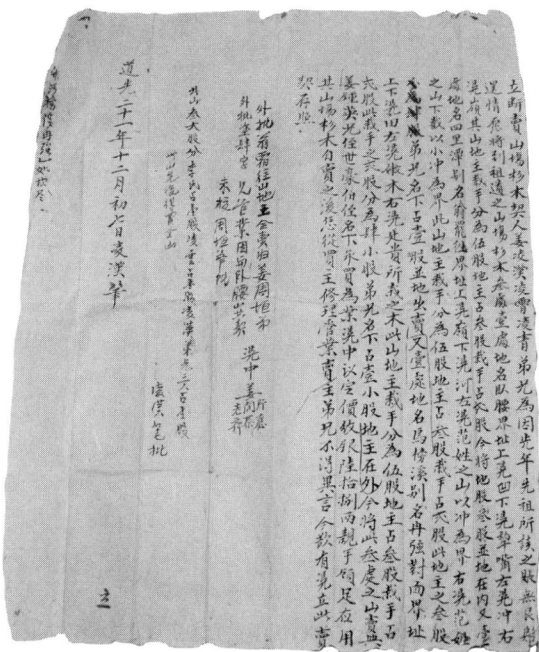

里潭，别名翁宠□，界址：上凭岭，下凭河，左凭范姓之山以冲为界，右凭范姓之山下截以小冲为界。此山地主栽手分为伍股，地主占叁股，栽手占贰股，此地主之叁股弟兄名下占壹股，并地出卖；又壹处地名乌榜溪，别名冉强，对面界址：上下凭田，左凭嫩木，右凭廷贵所栽之木，此山地主栽手分为伍股，地主占叁股，栽手占贰股，此栽手之贰股分为肆小股，弟兄名下占壹小股，地主在外。今将此叁处之山卖与姜钟英兄侄、世豪伯侄名下承买为业。凭中议定价纹银陆拾捌两，亲手领足应用。其山场杉木自卖之后，任从买主修理管业，卖主弟兄不得异言。今欲有凭，立此卖契存照，

外批：翁□往山地土全卖归姜周垣弟兄管业，因与卧腰山共契，未授周垣比批

外批：涂肆字。

此山叁大股分李氏占壹股，凌云占壹股，凌汉弟兄三人占壹股。

此山先后得买全山。

凌汉笔批

道光二十一年十二月初七日　凌汉　笔　立

污榜溪冉强一处坎（砍）尽

立卖油山契人上寨姜闻泰为因要银使用情愿将到油
山一块土名也郎界至上凭岭下凭沟左凭岭右凭
绍本垟山为界四至分明今将出卖与
姜钟英兄名下承买为业当日凭中议定价银壹两贰分
亲手领回应用其油山悉从买主修理管业卖主不得
异言今欲有凭立卖契存炤

凭中姜大受

道光廿一年十二月廿六日

亲笔

三

【姜开泰卖油山契】

立卖油山场契人上寨姜开泰，为因要银使用，情愿将到油山场一块，地名也郎，界至：上凭岭，下凭沟，左凭岭，右凭绍本坟山为界，四至分明，今将出卖与姜钟英兄名下承买为业。当日凭中议定价银壹两贰分，亲手领回应用。其油山任凭买主修理管业，卖主不得异言。今欲有凭，立卖契〔字〕存照。

凭中　姜本望、大受

道光廿一年十二月廿六日　亲笔　立

开泰卖也郎油山

【岩门寨杨殿安、龙关林佃契】

立佃种栽杉字人天柱县岩门寨杨殿安、龙关林二人，今佃到文斗寨姜钟英老爷名下之山场一块，地名坐落莲花山，别名开楼，界址：上凭胜和之山，下凭凹以嫩木为界，左右俱凭地主之山，四至分明。栽杉种粟，其木言定五股均分，地主占叁股，栽手占贰股。限至五年之内木长成林，二比再立合同，照依佃字均分。如有限内不成，任从地主姜姓另招别客，龙、杨二姓不得异言。恐后无凭，立佃帖字为据。

凭〔中〕、〔代〕笔　姜开泰
道光廿二年正月初六日　立
外批：此山分为拾贰股，马世元、世和叔侄占捌股，姜姓自存四股。民国廿七年三月十六日。范锡盛批

【姜邬肖三氏同子姜凌云卖木契】

立断卖山场杉木字人姜邬肖三氏全〔同〕子凌云，为因要银使用，自愿将到祖遗之山场杉木壹块，地名四里塘，小地名翁霸往，界趾（至）：上登岭，下至大河乌霸往，左右凭范姓之山为界，四趾（至）分明。此山地主分为叁大股，母子名下占壹大股。今将壹大股并地出卖与下寨姜钟英、世豪伯侄二人名下承买为业。当日凭中议定价纹银五两二钱整，亲手收回应用。自卖之后，任凭买主修理管业，卖主不得异言。今恐口说无凭，立此断卖字为据。

凭中　姜老齐、姜昌宗
道光贰拾贰年二月廿五日　姜凌云　亲笔　立
此契之山今卖归姜周垣弟兄等等管业，地无存。

【姜春发卖木契】

立断卖山场杉木字人姜春发，为因要银使用，自愿将到山场杉木贰块，出卖与姜世豪、姜钟英父子名下承买为业。当面议定价纹银肆拾两捌钱，亲手领回应用。其山壹块，地名四里潭，界趾（至）：上凭盖，下凭河，左凭上截姜济泰、钟英，下截凭姜朝广，右凭范姓四公山。又壹块地名刚晚，上凭岭，下凭田，左凭范绍学之山，右凭□保之山贰块。地主股数分为拾贰股，钟英占壹股，本盛占五股半，我名下占五股半。今我之五股半，卖与姜钟英。自卖之后，任凭钟英父子管业，卖主不得异言。欲后有凭，立此断卖字为据。

外批：四里潭之块佃与潘廷光、杨宏仁二人栽，刚晚之块佃与范锡智栽。

内添贰字。

此贰块俱系祖业，并无卖契。

凭中　姜绍周

代笔　姜本清

道光贰十贰年三月初二日　立

此契之股登熙买得，登瀛子元标、元良地分廿三股占一股，登洋一股卖归德相，我登熙兄弟一股早年卖与□相。

民国二十二年内卖与向义科、雷发标，□大洋三百余，除合食栽手外，地股三大股分作廿二股，我公占十二股，登鳌公占十股，登文兄弟之股卖归……先父后，从先卖归马龙叔侄家，每股分大洋八元。

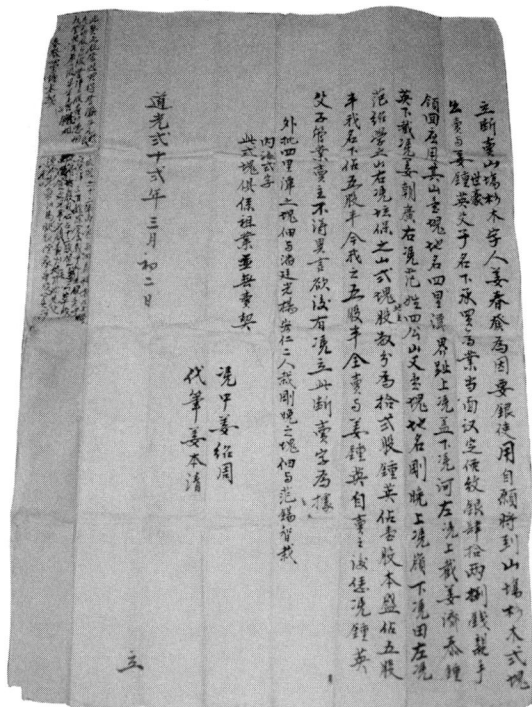

【李氏二妹卖木契】

立断卖山场杉木约人李氏二妹，为因要银使用，情愿将到祖遗山场壹块，地名四里潭，小地名翁霸往，界至：上凭盖，下凭河翁霸往，左凭范姓下截以小冲为界，右凭范姓之山为界，四至分明。此山地主、栽手分为五股，地主占叁股，栽手占贰股。今将地主壹股出卖与姜世豪、姜钟英名下承买为业。凭中议定价银伍两四钱，亲手领足应用。其有山场地租杉木，任凭买主修理管业，卖主房族不得异言。今欲有凭，立此断卖字存照。

外批：此山系祖业并无老契，所缴栽手在外。

凭中　李斯洪、姜老齐
代笔　姜凌汉
道光二十二年三月初六日　立
此契业管归周垣等
中房李氏二妹卖翁伯往木契

【姜天瑞卖山契】

　　立断卖山场杉木字人姜天瑞，为因要银使用，无处循（寻）出，自愿将祖遗之山一块，地名穷强山场，界恨（限）：上凭绍宏之山，下凭水勾（沟），右凭岭，左凭小溪，四至分明，今将栽手、地主出卖与上房姜钟英、世豪名下承买为业。当日凭中议定价银二两六钱整，亲手领回应用。其山自卖之后，任凭买主修理管业，日后我卖主房族不得异言。倘有异言，俱在卖主上前理落，不干买主之事。恐后无凭，立此断卖〔字〕发达为据。

　　天瑞从强木契

凭中　姜朝伟
天瑞　亲笔
道光廿二年四月十四日　立

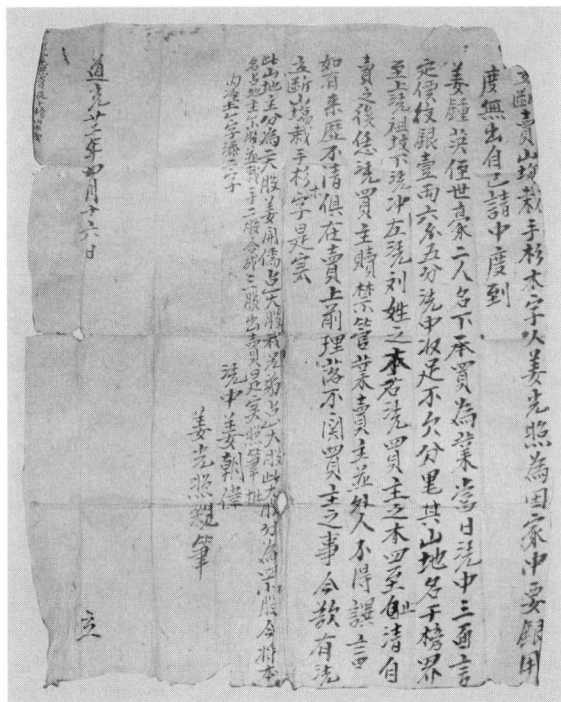

【姜光照卖山场契】

　　立断卖山场栽手杉木字人姜光照，为因家中要银用度无出，自己请中度到姜钟英、侄世豪二人名下承买为业。当日凭中三面言定价纹银壹两六钱五分，凭中收足，不欠分毫。其山地名干榜，界至：上凭祖坟，下凭冲，左凭刘姓之木，右凭买主之木，四至止（址）清。自卖之后，凭任买主赎禁管业，卖主并外人不得异言。如有来历不清，俱在卖主上前理落，不关买主之事。今欲有凭，立断卖山场栽手杉木字是实。

　　此山地主分为二大股，姜开儒占一大股，我兄弟占一大股，此大股分为四小股，今将本名占地主一小股并栽手二股合成三股出卖是实　照笔批

　　内涂一字，添二字。

　　　　　　　　　　　　　　　凭中　姜朝伟
　　　　　　　　　　　　　　　姜光照　亲笔
　　　　　　　　　　　　　　　道光廿二年四月十六日　立
　　　　　　　　　　　　　　　……光照卖从干榜山木契

【姜本望、本清兄弟卖山场杉木并荒坪契】

  立卖山场杉木字人姜本望、本清兄弟二人，为因要银使用，无处得出，自愿将到祖遗山场杉木一块，坐落地名鸠了，其山界〔至〕：上凭姜开祥之田坎，下凭买主大田，左凭姜钟灵田角为界，右凭冲与开祥田角为界；又一块上凭买主大田，下凭姜绍宏田坎上之大路为界，左凭田角与大冲为界，右凭打岩冲与大路为界，四至分明。上下荒坪二□在内，今请中出卖与姜钟英、侄世豪叔侄二位名下为业。当面议定价纹银贰两六钱五分，亲手领回应用。自卖之后，任凭买主父子管业，卖主房族兄弟不得异言。倘有山内界限不清，俱在卖主理落。今欲有凭，立此断卖山场杉木并荒坪字为据。

  外批：栽手并地主地全卖。添二字。

  又批：打岩冲俱在内。亲笔本望批。

       凭中 姜钟灵、姜朝伟

    道光二十二年五月初二日 本望 亲笔 立

【龙维元卖园契】

　　立卖园地人龙维元，为因家〔中当〕下缺用，无处〔得出〕，亲自将本名分占园地上下贰幅，上顶绍元地，下抵路，右凭买主地，左凭绍元地，四至分明，今凭中出断与姜钟英老爷、姜世豪叔侄名〔下〕为业。三面议定价银壹两肆钱正（整），亲手领回应用。其园地自卖断之后，任从买主管业，日后子孙弟兄族人不得异言。恐后无凭，立此〔字〕子孙永远承照。

　　内添五字。

凭中　王遵柄、绍清

代笔　王新然

道光二十二年五月廿陆日　立

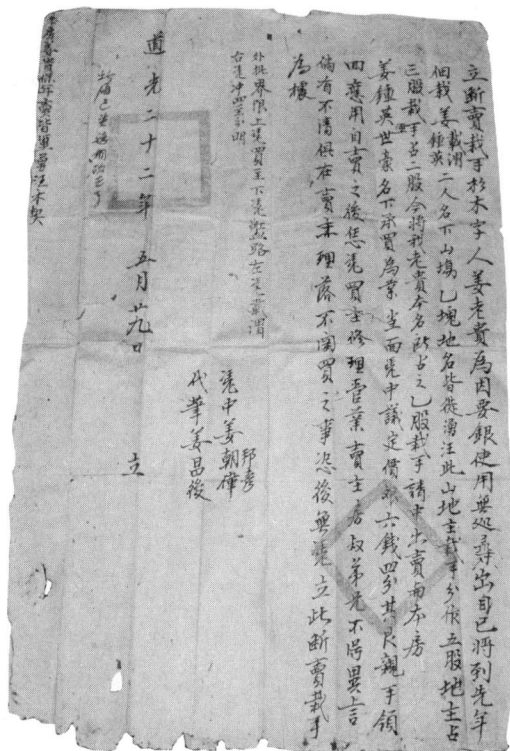

【姜老贵卖栽手杉木契】

立断卖栽手杉木字人姜老贵，为因要银使用，无处寻出，自己将到先年佃栽姜载渭、钟英二人名下山场一块，地名皆从涌汪，此山地主、栽手分作五股，地主占三股，栽手占二股。今将我老贵本名所占之一股，栽手请中出卖与本房姜钟英、侄世豪名下承买为业。当面凭中议定价银六钱四分，其银亲手领回应用。自卖之后，任凭买主修理管业，卖主房叔弟兄不得异言。倘有不清，俱在卖主理落，不关买主之事。恐后无凭，立此断卖栽手〔字〕为据。

外批：界限：上凭买主，下凭盘路，左凭载渭，右凭冲，四至分明。

凭中　姜邦彦、朝伟
代笔　姜昌后
道光二十二年五月廿九日　立
此□已失，德相砍去了。
本房姜贵保年卖皆从勇汪木契

【姜通粹、朝魁、开岐卖山契】

　　立卖山场杉木契人上寨六房姜通粹、朝魁、开岐等，为朱府主委王寨□官以及府差巡查地方，以致所该账费，奈值荒月，我等难以办派。众等情愿将到先得买姜开庠母范氏卧姑之山场杉木一幅，地名四里塘，其界址：上凭买主，下抵河，左凭买主，右凭卖主亦得买之山为界，其山杉木地主、栽手分为伍股，栽手占贰股，地主占叁股，今将地主之叁股出卖与下寨姜钟英老爷名下承买蓄禁为业。当日凭中议定价纹银捌钱正（整），亲手领足，以作众等开销此项。其山自卖之后，任从买主修理管业，卖主众人不得异言。今欲有凭，立卖字存炤（照）。

　　外批：栽手系姜显名父子，所栽先卖与买主。

　　共添四字。

　　外批：老契并图形未拔。

　　　　　　　　　　　　凭中　姜本望
　　　　　　　　　　　　姜开泰　笔
　　　　　　　　　　　　道光廿二年六月初一日　立

【姜凌云卖山契】

立断卖油树、山场并杂木字人姜凌云，为因要银使用，自愿将到祖遗油山一块，地名抱独，此油山界限：上下凭田，左凭路，右凭田，今将出断卖与下寨姜钟英、世豪伯侄二人名下承买为业。当然凭中议定价纹银捌两一钱八分，亲手收回应用。其油山自卖之后，任凭买主管业，日后我房族弟兄不得异言。倘有不清，俱在卖主理落，不干买主之事。恐后无凭，立此断卖字为据。

内添一字。

凭中　姜老齐、凌汉、钟灵

道光二拾二年捌月二十六日　亲笔　立

【杨胜元佃契】

　　立佃字人文杨胜元，今佃到文斗下寨姜钟英、侄世豪二人名下山场一块，地名乌榜，小地名冉故张，界至：上凭沟，下凭冲，左凭凌云，右凭冲，四至分明。二比凭言定五股分，地主占叁股，栽手占贰股。限定五年成林，若不成林，栽手无分。立此佃字为据。

　　　　　　　　　　　　朝伟　笔

　　　　　　　　　　　　道光廿二年十一月初七日　立

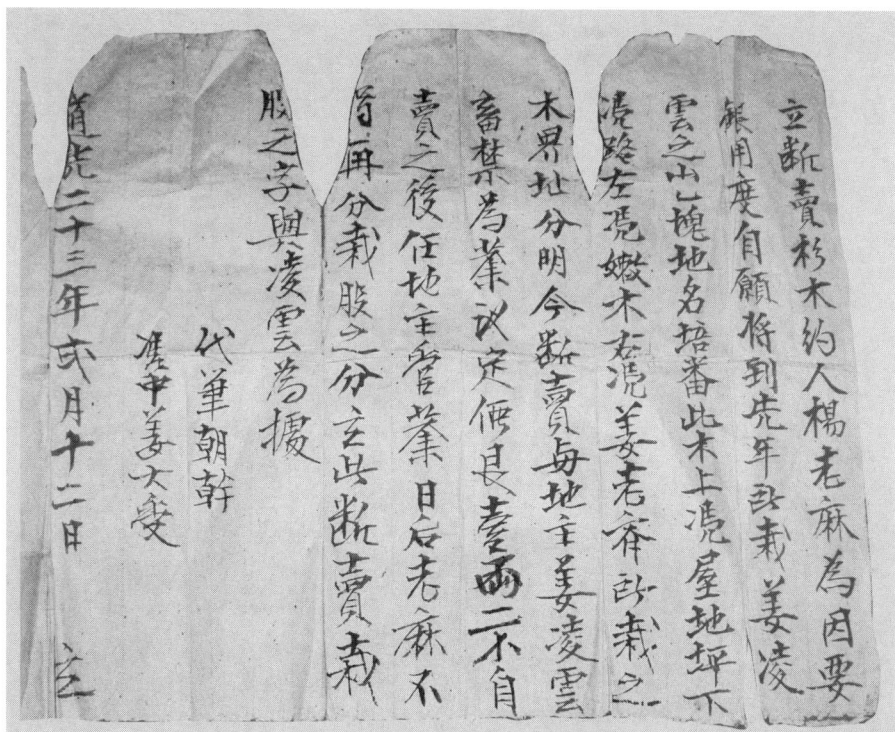

【杨老麻卖木契】

　　立断卖杉木约人杨老麻，为因要银用度，自愿将到先年所栽姜凌云之山一块，地名培番，此木上凭屋地坪，下凭路，左凭嫩木，右凭姜老齐所栽之木，界址分明。今断卖与地主姜凌云蓄禁为业，议定价银壹两二钱。自卖之后，任地主管业。日后老麻不得再分栽股之分。立此断卖栽股之字与凌云为据。

代笔　朝干
凭中　姜大受
道光二十三年贰月十二日　立

【龙绍宾卖山场杉木契】

立断卖山场杉木字人龙绍宾，为因要银使用，无处得出，自愿将到山场一块，地名皆休，界限：上凭光宗田，下凭田，左凭姜昌宗，右凭李绍璜。此山二股均分，买主先年得买龙祥理一股，本名占一股，栽手在内；又一块，先年佃栽买主之山，栽地五股均分，地主占叁股，栽手占贰股，地名从谢内，界限：上凭地垦，下凭水沟，右凭本望之山与岭为界，左凭范姓之山，四至分明。本名占栽手二股，请中二处出卖与姜钟英老爷、侄世豪二位为业。当面议定价纹银一两零捌分，亲手领回应用。自卖之后，任买主叔侄修理管业，卖主不得异言。今欲有凭，立此卖字为据。

外批：内添二字。

    凭〔中〕　姜永发
    代笔　姜本望
    道光二十三年二月廿六日　立
    本房龙绍宾卖皆休山……并从谢内栽手。即名翁顺卖永卿砍，自家开山，前□无用，此地股向义祥买得，登选、登瀛共七股，存五股。民国卅二年二月初六日登泮、登熙二股卖与向义祥为业。

【姜凌霄卖山场杉木契】

　　立断卖山场杉木约人姜凌霄，为因要银用度，无处得出，情愿将……绍齐等所共之山场壹块，地名白皓山小松宠，其……顶，下抵路以冲为界，左凭上边凭岭，下抵□路，右凭冲，此山分为拾两之山，本名占壹钱九分贰厘贰毛，四至分明，今将出断与任志泰名下承买为业。当日凭中议定价银九钱八分，亲手收足应用。自卖之后，任凭买主蓄禁管业，我等房族弟兄不得异〔言〕。倘有异言，俱在卖主上前理落，不与买主相干。口说无凭，立此卖字存照。

　　　　　　　　　　　凭中　高显荣、姜凌汉、老齐
　　　　　　　道光廿叁年六月十八日　亲笔　立

【范绍粹等卖山场契】

立断卖山场契人岩湾寨范绍粹、绍乡、锡禄、锡寿、长庚、乐尧、绍乡得买承尧名下之股，为因缺少银用无出，自愿将到祖遗山场一块，地名皆众，界限：上凭范文直卖与买主之山，下凭河，左凭福素与文斗之山为界，右凭范绍加之山为界，此山场分为捌大股，姜载渭得买范绍尧壹大股，绍乡本名占壹大股，又得买承尧壹大股，绍粹占壹大股，又得买乐尧壹大股，锡禄占壹大股，长庚占壹大股，锡寿叔侄占壹大股，共合柒股，今将凭中出断卖与文堵（斗）寨姜钟英名下承买栽植为业。卖主叔侄房族并外人不得异言。凭中亲手受过价银陆两正（整）。以后倘有人心不古，立此断卖契为据。

外批：以前绍粹、绍乡等卖契是故纸。

凭中　姜大烈、姜光宗、姜钟灵、范照魁
道光廿三年闰七月初一日　范锡寿　亲笔　立

【杨惟谋佃山契】

立佃栽杉种粟字人天柱贰□里岩门寨杨惟谋，今佃到文斗寨姜钟英地三股、姜相弼一股共合四股之山，地名污皆怀，上凭六音之山，下黎角，左凭岭，右凭冲，四至分明。言定三年之内栽杉成林，日后照五股均分，栽手占贰股，地主占三股。倘若不成林，栽手无分，地主另招别人，杨姓便无异言。立此佃字为据。

凭中　姜相得
道光二十三年又七月十九日　亲笔　立

【李氏与孙姜凌青等卖山契】

立断卖山场杉木字人李氏、孙姜凌青、凌汉凌云弟兄，为因要银用度，情愿将祖遗之山场壹块，地名乌晚曾溪，界至：上凭顶，下凭田以溪为界，左凭范绍加之山，右凭范姓之山下至小冲为界，四至分明。此山地主、栽手分为伍股，地主占叁股，栽手占贰股，今将地主叁股出断卖与姜钟英、世豪伯侄名下承买为业。凭中议定价银壹两捌钱，亲手收足。其山场自卖之后，任凭买主修理管业，卖主不得异言。今欲有凭，立此断卖字为据。

凭中　姜大发、朱达才

道光二十三年又七月廿日　凌汉　笔　立

【龙昌贵父子卖山场契】

　　立断卖山场契人龙昌贵父子，为因要银用度，无处得出，自愿将到祖遗之山一块，地名污兄出，界趾（至）：上凭顶，下凭污兄出，左凭领（岭）以污兄出为界，右凭凹以小冲为界。此山分为八股，本名占贰股出卖与本房姜钟英、世豪伯侄二人名下承买为业。当日凭中三面议定价银一两八钱正（整），亲手收回应用。其山场自卖之后，任从买主修理管业，卖主并房族弟兄不得异言。契有异言，俱在卖主上前理落，不干买主之事。今欲有凭，立此断卖山场字为据。

　　　　　　　　凭中　　姜老引
　　　　　　　　代笔　　龙载坤
　　　　　　　　道光二十三年十月初五日卖主龙昌贵父子　立
　　　　　　　　龙昌贵卖污兄出山场契
　　　　　　　　〔外〕批：污兄出的四方山引连受登泮之股，
　　　　　　　　卖与周礼为业，登熙笔批。

【姜相国父子卖山场杉木契】

立断卖山场杉木契人本房姜相国父子，为因要银用度，无从得出，自愿将父亲分落祖遗之杉山一块，地名九龙山，小地名冉忧，界限：上凭地坪，下抵乌堵溪，左凭绍齐，熙华二人皆宠之山，右凭相荣与买主之山，四至分明。此山栽手、地主分为五股，栽手占二股，地主占三股，我本名占地主一股半，今请中出卖与本房姜钟英，世豪叔侄名下承买为业，当面议定价银拾两零八钱。其杉山自卖之后任从买主修理管业，我卖主房族弟兄不得异言，如有此(不)清俱在卖主向前理落，不与买主相干，今欲有凭，立此断卖山厂字契为据。

外批：忝(添)二字。

永远发达。

凭中　叔姜朝韩

亲笔　姜相国

道光廿三年十二月廿七日　立

相国父子九龙山卖契

【姜老引卖山场杉木契】

立断卖山场杉木契人姜老引，为因要银使用，无处得出，自己将到地名皆休，小地名翁顺，出卖与本房姜钟英、世豪伯侄名下修理管业。当日凭中议定价文（纹）银五钱正（整），亲手领回应用。其山界限：上凭田，下凭大河路，左凭绍璜之山，右凭卖主之山，四至分明。自卖之后，任凭买主管业，卖主房族弟兄不得异言。今欲有凭，立此卖字为据。

此山失业与周信家去了，伊卖与周礼保、礼渭，□木山在向义祥田角右边上。

凭中　易明喜
代笔　姜邦彦
道光二十四年正月十八日　卖主押　立

【姜荣等卖山场契】

　　立卖山场字人姜荣、姜春发、侄本望、本清、本善、本宏、本法五家人等，为因要银用度，自愿将到祖遗山场一块，坐落地名冉强，此山分为四股，姜钟英父子先年已得买叁股，余下我等壹股今凭中出卖与姜钟英叔侄父子名下。三面议定价银五两，亲手领回应用。其有界趾（至）：左凭买主，右凭岩洞，上凭地坎，下凭朝瑚。自卖之后任凭买主管业，我卖主父子弟兄不得异言。欲后有凭，立此卖字存照。

凭中　姜绍周

代笔　本清

道光贰十四年正月廿八日　立

姜荣五家卖冉强山场木契

【张仕清与姜光尧等分成合同】

　　立分合同字人张仕清，为因先年佃到文斗下寨姜光尧、光琳二人之山场一块，坐乐（落）地名报鬼，耕种栽杉修里（理）杉木成林，二比寻愿立分合约，此木分为五股，杨姓占一股，张姓占一股，地主占三股。以今为时，定栽手修理，日后不修，栽手无分，张杨贰姓一姓修理一年，任木长大，坎（砍）发（伐）下河，照股均分，不得易（议）论。此山界至：上凭盘路，下凭朝琦、朝珪之山为界，左凭柱周，右凭岭，四至分明。今欲有凭，立分合约为据。

　　立分合同二家发达【半书】

凭〔中〕　保长姜宗元

请书　张山贤

嘉庆贰拾四年三月十八日　立

【加池寨姜世琏、世元兄弟卖木契】

　　立断卖山场杉木约人加池寨姜世琏、世元二人，为因家中缺少银用，无处得出，亲自登门问到，自愿将到山场杉木一块，地名刚晚，其界至：上凭坪子为界，下凭买主之山为界，左凭买主，右凭买主为界，四至分明，今凭中出卖其山场贰大股均分世琏、世元二人名下所占一股出卖与文堵（斗）寨姜钟英老爷名下承买为业。当日凭中议定断价纹银一两一钱整，亲手领回应用。其山场杉木自卖之后，任从买主上山修理管禁，卖主不得异言。恐有日后外人争论，俱在卖主上前理落，不关买主之事。恐后无凭，立此断卖字约子孙存照。

　　外批：先年得买杨光武之山场多处，共是纸，故未拨来。世元亲批。

亲代笔　姜世元

凭中　龙茂怀

道光廿四年六月初五日　立发

加池姜世琏、世元卖刚晚木契

立断卖山场杉木字人龙维元、载坤第（弟）兄二人，为因缺少粮食，无从得出，自愿将到山场杉木一块，地名羊求，其山界址：上凭田，下凭田，左凭买主，右凭田，四至分清。栽手、地主作五股均分，栽手占二股，地主占三股，本名占一股半出卖与姜钟英、世豪伯侄名下承买为业。当面凭中议定价银二钱正（整），亲手收回应用。其山自卖之后，任从买主修理管业。恐后无凭，立此卖字为据。

凭中　绍元

亲笔　龙维元

道光二十四年七月十五日　立

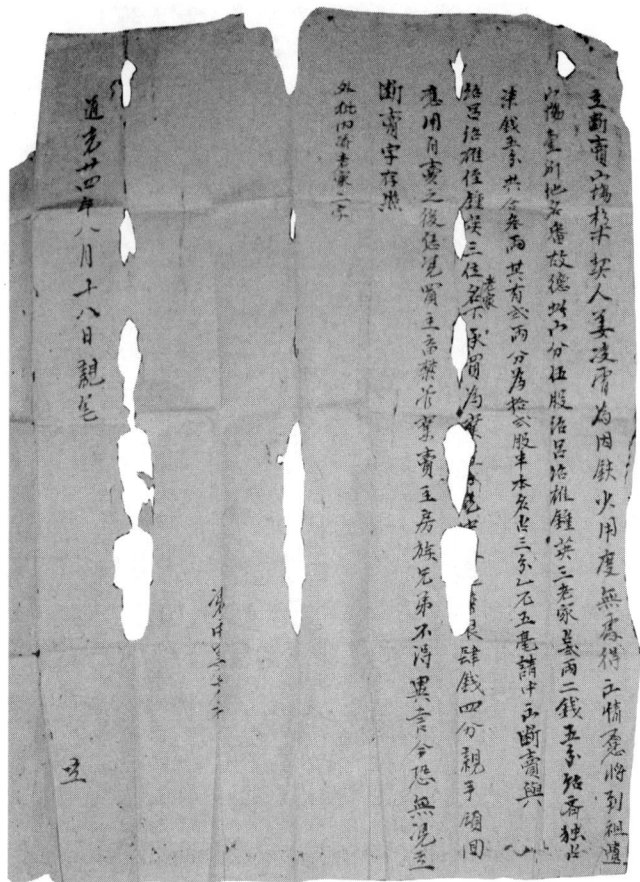

【姜凌霄卖山场杉木契】

立断卖山场杉木契人姜凌霄，为因缺少用度，无处得出，情愿将到祖遗山场壹所，地名番故德，此山分伍股，绍吕、绍雄、钟英三老家占贰两二钱五分，绍齐独占柒钱五分，共合叁两，其有贰两分为拾贰股半，本名占三钱一厘五毫，请中出卖与绍吕、绍雄、侄钟英三位老家名下承买为业。当日凭中议定价银肆钱四分，亲手领回应用。自卖之后，任凭买主蓄禁管业，卖主房族兄弟不得异言。今恐无凭，立断卖字存照。

外批：内添"老家"二字。

凭中　姜□□

道光廿四年八月十八日　亲笔　立

【姜光禹兄弟悔错字】

　　立悔错字人姜光禹、光宗、光照、光绪兄弟，先年将抱中保山场杉木并地出卖与姜绍齐、钟英叔侄二人为业。不意光绪亡故，我兄弟三人不在家，弟侄不知，又将光绪安埋，又乱坎（砍）杉木。兄弟回家查识，自知理错，日后不转再葬，如有此情，任凭绍齐叔侄即字见官，自干（甘）受罪。恐口无凭，立此错字为据。

　　　　　　　　　　　　凭中　姜荣
　　　　　　　　　　　　光照　亲笔
　　　　　　　　　　　　道光廿四年十二月廿五日　立

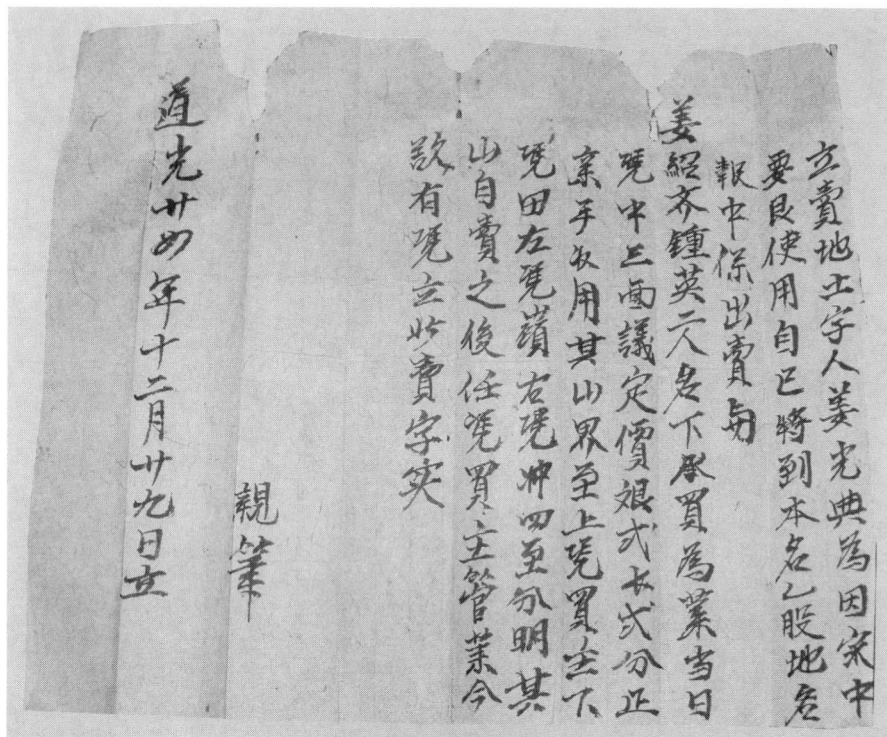

【姜光典卖地契】

　　立卖地土字人姜光典，为因家中要银使用，自己将到本名一股，地名报中保，出卖与姜绍齐、钟英二人名下承买为业。当日凭中三面议定价银贰钱贰分正，亲手收用。其山界至：上凭买主，下凭田，左凭岭，右凭冲，四至分明。其山自卖之后，任凭买主管业。今欲有凭，立此断卖字〔是〕实。

　　　　　　　　　　　　　亲笔
　　　　　　　　　　　　　道光廿四年十二月廿九日　立

【姜贵保卖山契】

　　立断卖杉木字人姜贵保，为因家中缺少银用，无处得出，自己请中将到杉木一块，地名皆兴了王杉木二股，出卖与本房姜钟英、世豪二人名下承买为业。当面凭中议定价银一两正（整），亲手收回应用。其山自卖之后，任凭买主修理管业，卖主不得异言。其山界〔至〕：上凭路，下凭溪，左凭上房共山，右凭买主之山，四至分明。恐后无凭，立此断卖字为据。

凭中　姜绍亲

代笔　龙载坤

道光二十五年二月十七日　立

贵保严皆洗雍□木契

【龙载坤卖山场杉木契】

立断卖山场杉木字人龙载坤，为因家〔中当〕下缺少银用，无从得出，自己请中将到山场杉木一块，地名冉稿多，上凭买主，下凭田，左凭买主，右凭冲，四至分明。其山地主、栽手分为贰大股，载坤占一大股，维垣占一大股，今将本名占一大股请中出卖与姜钟英老爷、世豪父子名下承买为业。当面凭中议定价银六钱正（整），其银亲手领回应用。自卖之后，任凭买主修理蓄禁管业，卖主不得异言。倘有不清，卖主理落，不与买主相干。今欲有凭，立此断卖字是实。

凭中　姜绍清

姜朝理　笔

道光二十五年三月十五日　立

【龙维元卖山场杉木契】

立断卖山场杉木字人龙维元，为因家〔中当〕下缺少银用无出，自己请中将到山场杉木一块，地名冉稿多，上凭田，下凭田，左凭买主，右凭冲，四至分明。其山地主、栽手分为贰大股，本名占一大股出卖与姜钟英老爷、世豪父子名下承买为业。当面凭中议定价银六钱五，其银亲手收回应用。自卖之后，任凭买主蓄禁管业，卖主不得异言。倘有不清，卖主理落，不与买主相干。今欲有凭，立此断卖字是实。

龙维元　笔
凭中　姜绍清
道光贰十五年四月初十日　立
……之块卖与周礼为业……格翁范姓□
□又卖与永卿为业。
龙维元卖冉稿多山木契

【姜相弼卖山场杉木契】

　　立断卖山场杉木字人姜相弼，先年得买天祥、东黎、连寿所栽之地，界限：左凭冲，右凭大冲，与钟英、相弼二人之山为界，上凭顶，下凭载渭之山，四至分明。此山分为四股，先年二家得买叁股，今相弼弟兄得买天祥之一股，相弼出卖半股与钟英、世豪二人名下为业。当面议定价钱壹两伍钱整，亲手收回应用，未欠分厘。其山之后二家凭分，日后不得异言。今欲有凭，立此断卖字为据。

　　天祥之契相弼存，二家共。

凭中　朝里、邦彦

道光二十五年六月二十九日　亲笔　立

相弼卖风黎山木

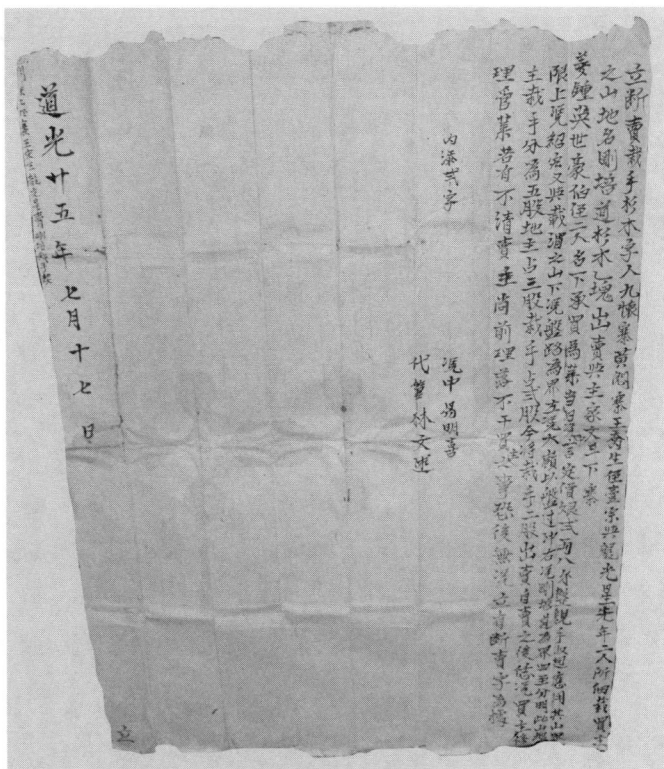

【王乔生、龙光星卖栽手木契】

　　立断卖栽手杉木字人九怀寨、黄闷寨王宋生、侄壹宗与龙光星，先年二人所佃栽买主之山，地名刚培道杉木一块，出卖与主家文斗下寨姜钟英、世豪伯侄二人名下承买为业。当日凭中言定价银贰两八钱整，亲手收回应用。其山界限：上凭绍宏又与载渭之山，下凭盘路为界，左凭大岭以盘过冲，右凭刚培道为界，四至分明。此山地主、栽手分为五股，地主占三股，栽手占贰股。今将栽手二股出卖，自卖之后，任凭买主修理管业。若有不清，卖主尚（上）前理落，不干买主之事。恐后无凭，立有断卖字为据。

　　内添贰字。

凭中　易明喜

代笔　林文述

道光廿五年七月十七日　立

……九怀寨王乔生、龙光星卖刚培栽手契

【姜光清、姜老月弟兄卖栽手杉木契】

立断卖栽手杉木字人姜光清、老月弟兄所同光必名下所栽，上房姜钟英名下之山壹块，地名是板中，地主、栽手分为伍股，地主占叁股，栽手占贰股，光清弟兄名下占栽手壹股，自愿出卖与姜光模名下为业。当日凭中议价纹银肆钱伍分正（整），亲手收回应用。其栽手杉木至（自）卖之后，任凭买主修理管业，卖主不得异言。今欲有凭，立此断卖字为据。

批：界限：上凭大路，下凭田沟，左凭买主，右凭水沟。

凭中　姜琏、姜天祥
代笔　姜天祥
道光廿五年十月初一日　立

【姜凌汉、凌青、范有凤卖山契】

立断卖山场杉木约人姜凌汉、凌青、范有凤，为因缺少银用，情愿将到山场壹块，地名冈（刚）晚，界至：上凭买主之山（编者注：原文"买主之山"四字被涂，此四字即是外批中所说的"内涂四字"），下凭买主，左右凭买主，四至分明。此山分为叁股，本名占壹股半，今凭中出断卖与姜钟英、世俊伯侄名下承买为业。凭中议定价银壹两叁钱五分，亲手领足。其山场自卖之后，任凭买主修理管业，卖主不得异言。今欲有凭，立此断卖山场杉木字存照。

外批：界至：上凭岭，下凭买主，左右凭买主，除栽手贰股在外。

内涂四字。

范有凤先年得买姜凌睿之股概卖在内。

　　　　　　凭中　姜老齐、龙合锦
　　　　　　凌汉　笔
　　　　　　道光二十五年十二月十二日　立
　　　　　　姜凌青、凌汉、范有凤卖刚晚山木契

【姜老凤卖菜园契】

　　立卖菜园字人姜老凤，为因要银使用，无处寻出，自己请中将到菜园一副（幅），地名□报，上凭买主，下凭贵保年之园，左右凭买主，四至分明，请中出卖与姜钟英、世俊伯侄二人名下承买为业。当面凭中议定价银一两一钱正（整），其银亲手领回应用。自卖之后，任凭买主栽菜管业，卖主房族弟兄不得异言。今欲有凭，立此卖字是实。

　　　　　　　　　　凭中　姜老合
　　　　　　　　　　代笔　姜朝理
　　　　　　　　　　道光二十五年十二月十六日　立

【姜凌霄卖山场契】

立断卖山场约人姜凌霄，为因缺少粮食，无处得出，情愿将到祖遗与买主所共之山场壹块，地名污榜溪口，其山界趾（至）：上凭盘路，下凭杨姓之田，左凭老广之木为界，右凭冲，四至分明。此山分为陆大股，弟兄共占一股，此壹股分为叁小股，本名占一股，出断卖与姜钟英兄名下承买为业。当日凭中议定价纹银一钱四分，亲手收足应用。自卖之后，任凭买〔主〕管业，卖主兄弟不得异言。口说无凭，立此断卖山场字存照。

外批：老契约凌汉存。

凭中　易明喜

道光廿六年柒月初十日　亲笔　立

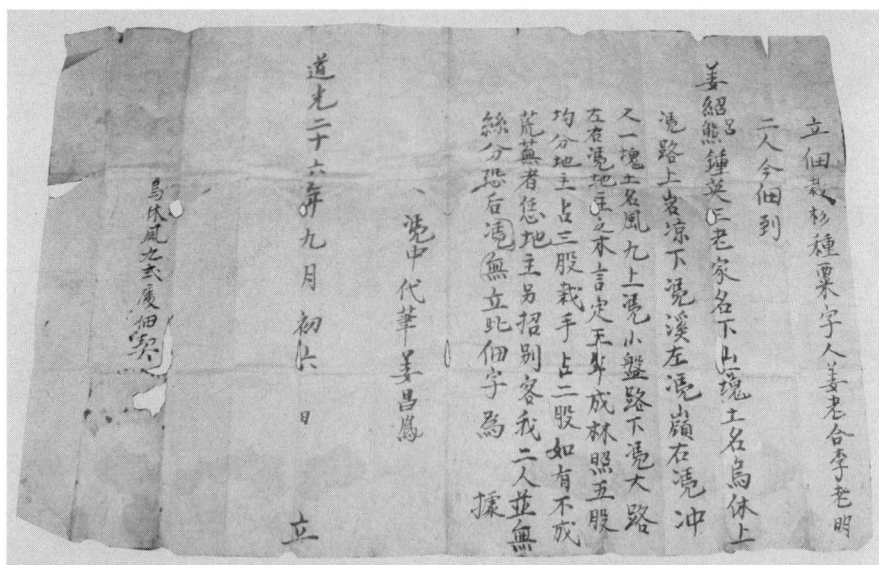

【姜老合、李老明佃山契】

　　立佃栽杉种粟字人姜老合、李老明二人，今佃到姜绍熊、绍吕、钟英三老家名下山一块，地名乌休，上凭路上岩凉，下凭溪，左凭岭，右凭冲；又一块，地名凤九，上凭小盘路，下凭大路，左右凭地主之木。言定三年成林，照五股均分，地主占三股，栽手占二股。如有不成荒芜者，任地主另招别客，我二人并无系分。恐后无凭从山立此佃字为据。

凭中、代笔　姜昌凤

道光二十六年九月初六日　立

乌休、凤九贰处佃契

【姜相德卖木契】

立断卖山场杉木字人姜相德，为因家下缺少银用，无从得出，自己请中将到山场杉木一块，地名九其山，上凭顶，下凭濠沟，左凭领（岭），右凭冲，买主载渭之木，四至分明。其山分为五股，地主占叁股，栽手占贰股，今将地主壹股请中出卖与姜钟英老兄名下承买为业。当面凭中议定价银四两五钱，其银亲手领回应用。自卖之后，任凭买主蓄禁管业，卖主房族不得异言。倘有不清，居（俱）在卖主理落，不干买主相干。今欲有凭，立此卖字为据。

外批：内添九字，涂贰字。

凭中　姜朝理

道光廿七年五月十四〔日〕　姜相德　笔　立

【范老孔、范长连佃山契】

　　立佃种山场栽杉木字人岩湾寨范老孔、长连二人，今佃到朱先生达湘名下之山场一块，地名打卦岩，其有山界止：上凭顶头，下凭大路，左凭冲，右凭冲，四抵分明。今凭中三面言定栽主贰股、地主三股，日后木植长大成林照依伍股分派，日后不得异言。恐口无凭，立此佃种山场字存照。

凭中、代笔　姚开福

道光二十八年二月十四日　立

【朱镐卖山契】

立断卖油山字人文斗上寨朱镐，因为缺少银用，无处得出，自愿将到先年得买姜凌肖油山，地名网堵，此山分为三大股，得买凌肖名下一大股，今将得买凌肖一大股出卖与下寨姜绍齐、钟英二人名下承买为业。当日凭〔中〕议定价银三两二钱五分，亲手领回应用。日后不得意〔异〕言，如有不清，俱在卖主理落。恐口无凭，立此卖字是实。

外批：此界至：上凭大盘路，下凭杉山，左凭下寨油山，右凭买主之山为界。

内添四字。

凭中　姜老齐

道光二十八年十一月初八日子　亲笔　立

【姜熙华、熙和兄弟卖山契】

　　立断卖山场杉木字人姜熙华、熙和，为因用银使用，无处得出，到（自）愿将到地名九奇祖遗之山场壹股，出卖与本房姜钟英叔名下为业。当面凭中议定价纹〔银〕肆两捌钱正（整），亲手收回应用，分毫不欠。其山界限：上凭路，下凭犁嘴，左凭领（岭）与买主零（临）界，右凭冲为界。其山至（自）卖之后，应凭买主修理管业，卖主、房族弟兄不得异言。今欲有凭，立此断卖字为据是实。

　　外批：祖遗之山并无契字。

　　外批：地主叁股，本名壹股出卖。

凭中、代笔　姜相德

道光廿九年三月初八日　立

熙华弟兄九奇卖契

【范文治、老秋分山合同】

　　立分合同字人岩湾寨范文治、老秋二人，为因先年佃到文斗寨姜钟英老爷、侄世俊二人名下之山场一块，地名略美，此山界止（至）：上凭姜世道，下凭田，左凭朱姓之木，右凭范绍孝之木，四至分明。今已木植长大成林，二比自愿分立合同。日后砍伐下河，照五股均分，地主占叁股，栽手占贰股。日后无得异言争论。恐后无凭，立此合同字为据。

　　书立合同二纸，钟英存一纸，范文治、老秋存一纸。

凭中、代笔　姜大烈

道光廿九年十二月廿八日

立分合同永远存照□□笔【半书】

【姜本巨卖山场杉木并地契】

立断卖山场杉木并地字人下房姜本巨，为因要银度用，无从得出，自愿将到父亲得买姜朝贵、姜老地之山，地名补两卧奢，界趾（至）：上凭路，下凭地坎与天福山木〔为界〕，左凭买主之山，右凭路，四至分明，此山自愿出卖与上房姜钟英、侄世俊名下承买为业。当面议价银五钱，亲手领回应用。其山场杉木自卖之后，任凭买主修理管业，我卖主房族弟兄不得异言。如有此情，俱在卖主向前理落，不干买主之事。今欲有凭，立此断卖字为据。

外批：此山场杉木分落本巨一人名下独占，栽手、地主俱卖在内。

凭中　姜朝伟

代笔　姜春发

道光卅年三月初三日　立

下房本巨补两卧奢木契

【姜德茂父子卖山场杉木并地契】

　　立断卖山场杉木字人下房姜德茂父子，为因家〔中当〕下缺少粮食，无处得出，自愿将到祖公遗下之山一块，地名补两卧奢，界限：上凭大路，下凭地垦与天祥之木为界，左凭路与买主之木为界，右凭路与本义木为界，四至分明。此山分为两大股，天未名下占一股卖与本巨，我德茂名下一股，栽手、地主并地全卖，自愿请中度到上房姜钟英、侄世俊二人名下承买为业。当面凭中三面议定断价谷壹石，其谷亲手领回家中应用。自卖之后，内除阴地贰棺在外，余者俱卖，任凭买主修理管业，我卖主父子日后并房族、外人不得在（再）葬在（再）争。如有不清，俱在卖主上前理落，不关买主之事。恐后无凭，立此断卖山场杉木并地是实。

　　外批：内添一字，涂一字。

凭中、代笔　姜朝伟

道光卅年三月初五日　姜德茂　立

下房姜德茂卖补两卧奢约契

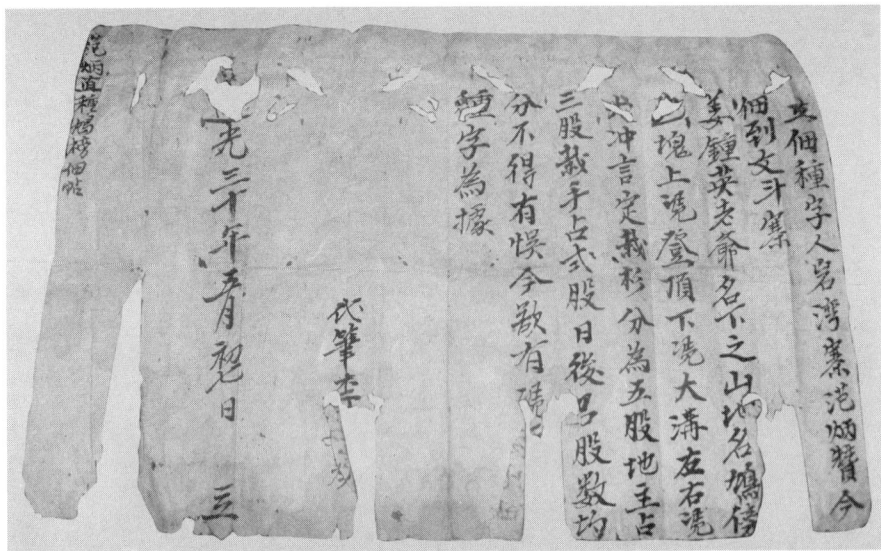

【范炳赞佃山契】

　　立佃种字人岩湾寨范炳赞，今佃到文斗寨姜钟英老爷名下之山，地名鸠傍山一块，上凭登顶，下凭大沟，左右凭大冲。言定栽杉，分为五股，地主占三股，栽手占贰股，日后照股数均分，不得有误。今欲有凭……种字为据。

代笔　李……

道光三十年五月初七　立

范炳直种鸠榜（傍）佃帖

【李必才佃山契】

立佃字人松黎李必才，今佃到姜钟英、相弼、相珍名下有山一块，坐落地名松黎，其山界至：上登顶，下抵毓萃山，左凭冲，右凭岭，四至分明。此山地主、栽手分为五股，地主占三股，栽手贰股，限五年成林，若不成林，栽手无分，任凭地主另招别人佃种，李姓不得异言。今欲有凭，立佃字是实。

立佃字合同【半书】

凭中　姜相德

代笔　姜德宏

咸丰贰年九月廿六日　立

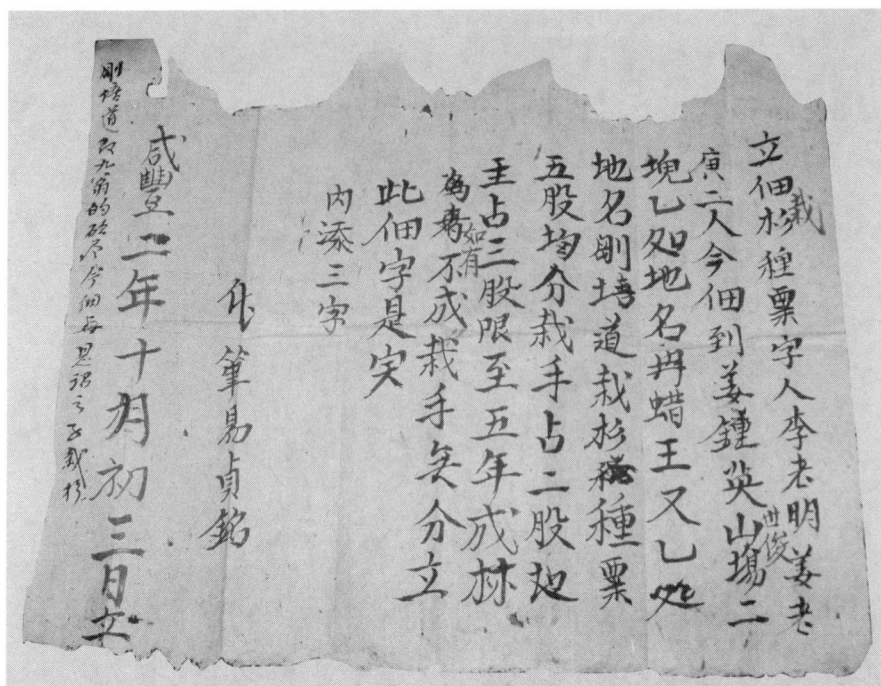

【李老明、姜老庚佃山契】

立佃栽杉种粟字人李老明、姜老庚二人，今佃到姜钟英、世俊山场二块，一处地名冉蜡王，又一处地名刚培道，栽杉种粟五股均分，栽手占二股，地主占三股。限至五年成林，如有不成，栽手无分。立此佃字是实。

内添三字。

代笔　易贞铭
咸丰二年十月初三日　立
刚培道即九翁的，砍尽，今佃与恩沼之子栽杉。

【范炳质佃山契】

立佃字人岩湾范炳质，今佃到姜钟英名下地名乌甲溪山壹块种粟栽杉，限五年内成林，言定五股均分，地主占叁股，栽手占贰股，日后逐年修理不得荒芜。恐后无凭，立此佃字为据。

凭　锡寿中　笔

咸丰二年十一月十六日　立

【姜本信、姜德茂佃山契】

　　立佃字人姜本信、德茂二人，今佃到姜绍吕、绍齐、钟英之山，地名皆尤二块。其地二比言定五股均分，地主占三股，栽手占二股，限佃五年成林，如不成林，栽手无分。今欲有凭，立此佃种山字为据。

　　外批：上块上凭路，下凭田，左凭冲，右凭领（岭），四至分明；又下边一块，上凭田，下凭田，左凭冲，右凭领（岭），四至分明。

　　　　　　　　　　　　　　　　　　代笔　姜恩诏

　　　　　　　　　　　　　　　　　　咸丰三年二月二十三日　立

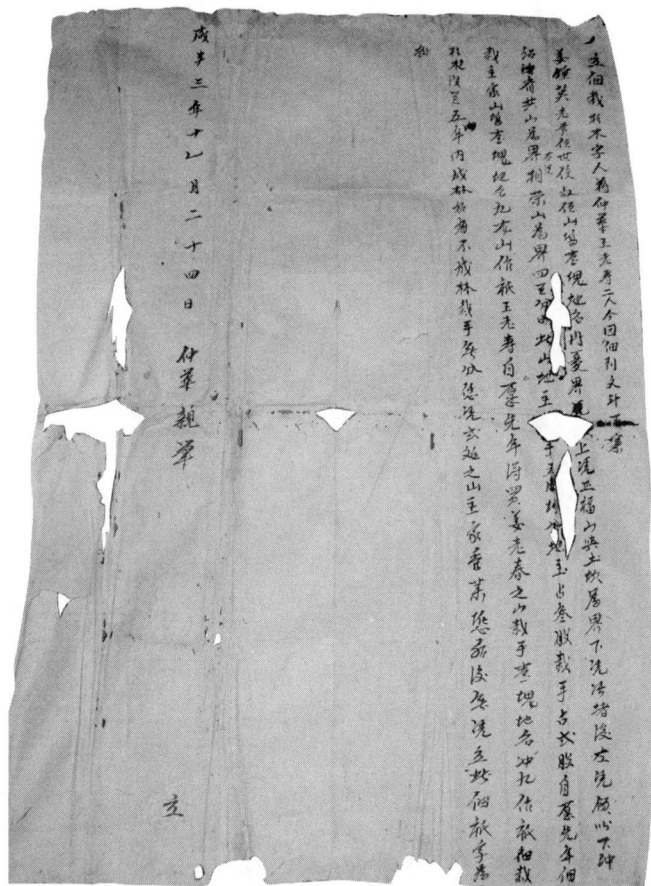

【蒋仲华、王老寿佃山契】

　　立佃栽杉木字人蒋仲华、王老寿二人，今因佃到文斗下寨姜钟英老爷、任世俊叔侄山场一块，地名冉优，界址：上凭正福山与地坎为界，下凭污堵溪，左凭岭以下冲绍齐共山为界，右凭相荣山为界，四至分明。此山地主、栽手五股均分，地主占叁股，栽手占贰股。自愿先年佃栽主家山场壹块，地名九龙山，作抵王老寿，自愿先年得买姜老春之山，栽手壹块，地名冲九，作抵佃栽杉木。限至五年内成林，如有不成林，栽手无分，任凭贰处之山主家管业。恐后无凭，立此佃抵字为据。

咸丰三年十一月二十四日　抵仲华　亲笔　立

【朱达泗、朱达泮等卖园地契】

立断园地字人朱达泗、达泮仝（同）侄大樟，今将祖遗文堵（斗）下寨园地壹幅，上凭姜族祖坟拜台脚，下抵路，左抵含英塘埂，右抵光廉荒地为界，今凭中出断与下寨世俊兄、姜钟英亲家名下承断为业。当日实受过断价铜钱壹千贰佰捌十文，亲领应用。其园地自断之后，任凭买主管业。如有不清，俱在卖主理落，不与买主相干。恐后无凭，立此断字永远存照。

凭中　姜朝望
堂弟达材
咸丰四年四月初三日　弟达渊　笔　立

【舒昌凤佃契】

　　立佃种栽杉字人舒昌凤，因佃到姜钟英名下山场一块，坐落地名污皆怀，界至：上凭大路，下凭作海之田，左凭冲，右凭红路，四至分明。其山栽杉成林，设定地主占叁股，栽手占贰股，限至五年成林，若不成林，栽手并无系分。恐口无凭，立此佃字是实。

　　　　　　　　　　　　　　　　　　　代笔　朱达材

　　　　　　　　　　　　　　　　　　咸丰六年四月十六日　立

【薛老科佃契】

　　立佃种山场栽杉字人薛老科，今因佃到姜钟英、侄世俊伯侄名下山场壹块，地名卧腰，此山木地主、栽手分为伍股，地主占叁股，栽手占贰股，其木界止（至）：上凭顶，下凭梨嘴，左凭三老家之地，右凭岭，以黄家之山为界，四至分明。其木限至五年成林，若不成林，栽手并无系分。日后木植成林，另立合同。恐口无凭，立此佃字存炤（照）。

凭中　姜钟芳

朱达材　笔

咸丰六年六月初五日　立

【岩湾寨范锡寿佃契】

立佃帖字人岩湾寨范锡寿，今〔佃〕到文斗下寨姜本灿、本信弟兄等之山，地名冉柳金，界趾（至）：上凭岭，下凭姜吉兆之山，右凭姜寿宫之山，左凭范姓〔之〕山为界，四至分明。今佃栽杉种粟，日后木大五股均分，地主占叁股，栽手占贰股。限定五年成林，如不成林，栽手无分。口说无凭，立此佃字为据。

〔凭〕中　姜本义、姜五公、范本清

姜相珍　笔

咸丰六年七月十七日　立

【范绍华佃山契】

　　立佃山场栽杉种粟字人岩湾寨范绍华，今因佃到文斗寨姜世德、世俊兄弟名下山场一块，地名鸠翁忧，界至：上凭主人山，下凭河，左凭主人山，右凭加池、世太之山为界，四至分明。其山言定五股均分，地主占三股，栽手占二股。限至五年之内成林，如有不成，任凭地主另招别客栽种，而我不得异言。今欲有凭，立此佃字为据。

　　　　　　　　　　　　　　　凭中　范炳文
　　　　　　　　　　　　　　　代笔　朱达源
　　　　　　　　　　　　　　　咸丰七年十一月廿二日　立

【杨再福佃契】

立佃栽杉种粟字人杨再福，为因无地栽种，今因佃到文斗寨姜世德、世俊弟兄名下之山一块，地名鸠榜，小地名冉腮外，界至：上凭钟奇之山，下凭溪，左凭岭以朱姓之木为界，右凭钟奇之山，四至分明。此山日后分地主占三股，栽手占二股，限至五年之内成林，如有荒废，任从地主另招别人栽种。恐后无凭，立此佃字为据。

请代笔人　朱达源
咸丰七年十一月卅日　立

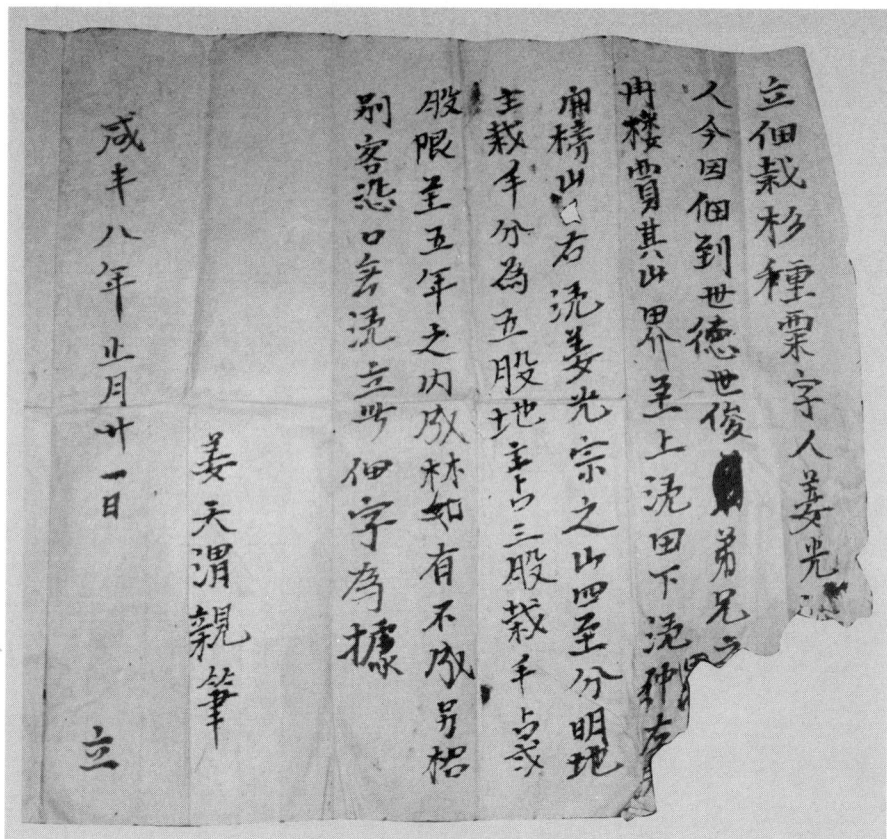

【姜光□等佃山契】

　　立佃栽杉种粟字人姜光……人，今因佃到世德、世俊弟兄之……冉楼贾，其山界至：上凭田，下凭冲……开榜山，右凭姜光宗之山，四至分明。地主、栽手分为五股，地主占三股，栽手占贰股。限至五年之内成林，如有不成，另招别客。恐口无凭，立此佃字为据。

姜天渭　亲笔

咸丰八年正月二十一日　立

【杨志坤、杨再有佃契】

　　立佃栽杉种粟字人冉格山杨志坤、杨再有二人，今佃到文斗下寨姜世德、世俊兄弟之山场一块，地名冉格，上凭本名之山以地恳（垦）为界，下凭岩洞，左凭大冲，右上凭岭，下凭冲，四至分明。此山地主、栽手分为五股，地主占叁股，栽手占贰股。地主叁股分为六股，姜世德占四股，姜春发叔侄占贰股。其山杉木限至五年之内木成林，如有不成，任凭地主另招别客，我栽手毫无系分。今欲有凭，立此佃字为据。

　　添一字。

　　　　　　　　　　　　　　凭中　杨建春、朱达源、姜世珍
　　　　　　　　　　　　　　杨再能　亲笔　立
　　　　　　　　　　　　　　咸丰捌年九月十二日　立

【姜老寿佃山契】

　　立佃栽杉种粟字人姜老寿，今佃到下寨上房姜钟碧、相珍、世德叔侄之山，地名皆也卧姑勿，白名皆培相，边界至：上凭渡舡田，下凭大河，左凭大冲，右抵冲。限至伍年成林，地主、栽手分为伍股，地主占叁股，栽手占贰股。日后木植长大发卖，地主各照契据管业。恐口无凭，立此佃字为存照。

凭中　王士万

代笔　姜钟芳

咸丰八年十月廿五日　立

【姜老元佃山契】

立佃栽杉种粟字人姜老元，今佃到上房姜世德、世俊弟兄之山，地名假兄，界至：上凭顶以大路为界，下凭乌堵溪，左凭冲以姜会英山为界，右凭上截以世贤山为界，下截凭□英山小冲为界，四至分清。限至五年成林，栽主(手)、地主分为五股，栽手占贰股，地主占三股。恐口无凭，立此佃字为存照。

凭中　潘邦泰
代笔　姜钟芳
咸丰八年十一月初八日　立
老元未栽，后佃与龙老起亦未栽成。

【姜正邦佃契】

　　立佃栽杉种粟字人中房姜正邦，今佃到下寨姜世德、世俊弟兄之山壹块，地名皆㟖故滔，界至：上凭大路，下凭田，左凭冲，右凭大阶。地主、栽手分为伍股，地主占叁股，栽手占贰股。限至伍年成林，若不成林，栽手无分。恐口无凭，立此佃字为据。

凭中　王寨王士万

代笔　姜钟芳

咸丰八年十二月初九日　立

【罗天贵、刘喜高佃契】

立佃栽杉种栗人冉格山罗天贵、刘喜高二人，今佃到文斗下寨姜世德与光本、光祖、天相所共之山一块，地名污大求，界〔至〕：上凭本元之山，下凭地主所共之山，左凭张花寨之山以岩洞为界，右凭冲，四至分明。其山地主、栽手分为五股，地主占叁股，栽手占贰股。限至五年之内成林，如有不成，任凭地主另招别客栽手，毫无细分。恐口无凭，立此佃字为据。

外批：〔此〕山地主叁股分为五两五钱，日后木植长大砍伐，各照契据均分。

请代笔 姜本灿

咸丰八年（闰）十二月廿八日 立

【姜老寿佃山契】

　　立佃栽杉种粟字人中房姜老寿，今佃到姜世德、姜世俊兄弟之山一块，地名皆凉亭，界〔至〕：上凭路，下凭沟，左凭毓菁之山，右凭路，四至分明。地主、栽手分为五股，地主占三股，栽手占二股。其山杉木限至五年之内成林，如有不成，任凭地主另招别客，栽手毫无系分。恐口无凭，立此佃字为据。

　　添二字，涂一字。

代笔　正理

咸丰九年正月廿日　立

【姜老宗、老仁佃契】

立佃栽杉种粟字人姜老宗、老仁二人，今佃到本房姜世德、世俊弟兄之山一块，地名从故□，界趾（至）：上登岭以地垦为界，下凭地垦以毓青之山为界，左凭岭，右凭钟奇之山以岩□为界，四至分明。此山之木地主占叁股，栽手占贰股，限至五年成林。如有不成，任凭地主另招别客，我栽手二人毫无系分。若有成林，〔另〕立分合同。恐口无凭，立此佃字为据。

代笔　邦彦
咸丰九年二月十二日　立
姜老宗、老仁从故□佃字

【黄同光、黄同春兄弟佃山契】

　　立佃种栽杉字人东黎黄同光、同春弟兄二人，今因无地种粟栽杉，自己登门佃到文斗下寨姜世德弟兄之山二块，一块地名东黎，别名从强，界〔至〕：上凭领，下凭水沟，左凭相开之山，右凭领以至盘沟；又一块地名东黎，上凭本旺之山，下凭屋地基，左凭小冲以本利之山为界，右凭地主之山，四至分明。言定五股均分，地主占三股，栽手占贰股。限至五年成林，如不成林，栽手无分，任凭地主另招别客。恐口无凭，立此佃字是实。

　　　　　　　　　　　　　　　　　　凭中、笔　姜相开
　　　　　　　　　　　　　　　　　　咸丰九年二月十二日　立

【姜老宗佃契】

　　立佃栽杉种粟字人上寨六房姜老宗，今佃到下寨上房姜世德、世俊弟兄之山，地名穷故八，界至：上凭岭，下至溪，左凭主家与相开所共之山，右凭嫩木为界，四至分清。言定五年成林，照五股均分，地主占叁股，栽手占贰股。若有不成林，栽手无分，任凭地主另招别客，栽手并无异言。恐口无凭，立此佃字为据。

代笔　姜钟芳

咸丰九年六月十七日　立

【党样蒋步云、宋文□佃契】

立佃字人党样蒋步云、宋文□二人，为因无地栽杉种粟，亲自上门问到文斗寨姜老爷世德、世俊弟兄山场一块，地名加池塘，上凭凹，下凭岭，左凭岭以沛清之山为界，右凭冲以沛清之山为界，四至分明。今将付与蒋、宋二姓栽杉，限至五年成林，照依五股均分，地主占三股，栽手占二股。如有不成林，栽手并无股分。恐口无凭，立此佃字为据。

凭中、代笔　杨昌发

咸丰九年八月廿八日　立

【姜老合佃契】

　　立佃栽杉种粟字人姜老合，今佃到姜世德、世俊弟兄之山，地名大早，界限：上凭岩梁，下凭黎角以沟为界，左凭万寿宫之山，右凭冲。言定五〔年〕成林，地主占叁股，栽手占贰股。若五年不成林，栽手无分，地主另招别人。恐口无凭，立此佃字为据。

凭中　潘邦泰
代笔　姜钟芳
咸丰九年十月廿一日　立

【刘文荣、杨应善佃山契】

立佃栽杉种粟字人冉格山居住刘文荣、杨应善二人，今到佃文斗下寨上房姜世模弟兄与下房姜春登叔侄所共之山一块，坐落地名冉格，界〔至〕：上登岭，下凭犁嘴，左凭四十两山，右凭岭，四至分清。言定五股均分，地主占三股，栽手占二股。限至五年成林，若不成林，任凭地主另招他人栽种，栽手不得异言。恐口无凭，立此佃字为据。

凭中、代笔　刘尚德

咸丰九年十一月二十二日　立

【姜老宗、龙九林佃契】

　　立佃栽杉木种粟字人姜老宗、龙九林，今佃到本寨姜相开、世模二家之山一块，地名从故□，界〔至〕：上登顶与相开山为界，下至小溪，左凭世模山，右凭世模之山，四至分明。议定伍股均分，地主占叁股，栽手占贰股。限至三年成林，如不成林，栽手无分，任凭主家另招别客，我姜、龙二姓并无异言。口说无凭，立佃字为据。

凭中　姜开宏、姜钟碧、姜世珍

依口〔述〕代笔　相珍

二家各执一纸永远为据【半书】

咸丰拾年二月初四日　立

〔老〕宗、〔九〕林二人种从故□佃字

【姜宋保等佃山契】

　　立佃栽杉种粟字人本房姜宋保、刘老概、台老九三人，今佃到姜世模、姜世俊弟兄之山一块，地名翁□□，界限：上登领，下至大河，左上截凭领，下截凭冲，右上截凭炳文山，下截凭冲，四至分明。日后木植长大，照伍股均分，地主占叁股，栽手占贰股。限至三年成林，若不成林，任凭地主佃与别人，我栽手毫无系分。恐口无凭，立此佃字为据是实。

　　外批：日后出卖，先问地主向先。

姜钟泰　中笔

咸丰拾年二月初九日　立

老概、老九、宋保种刚晚佃字

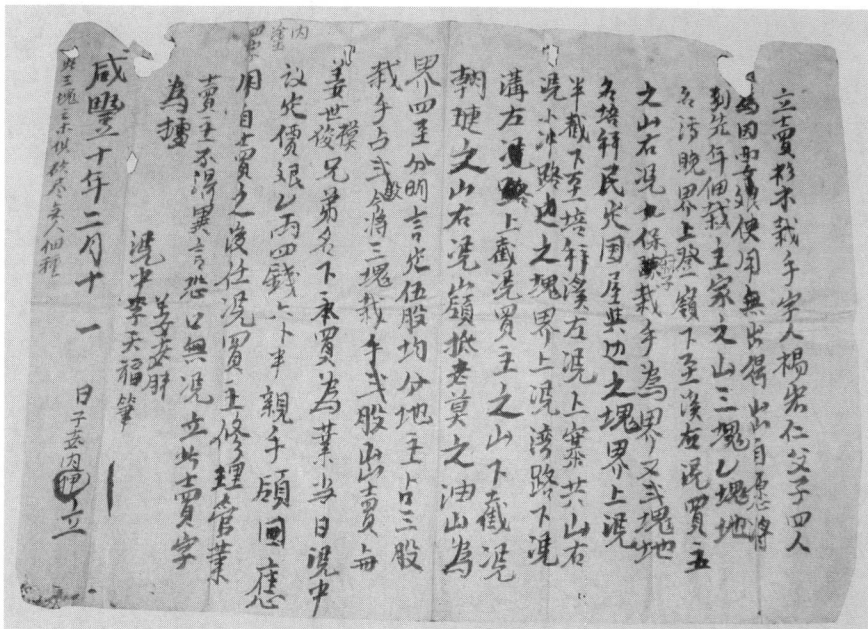

【杨岩仁父子卖栽手木契】

立卖杉木栽手字人杨岩仁父子四人，为因要银使用，无出（处）得出，自愿将到先年佃栽主家之山三块，一块地名污晚，界〔至〕：上登岭，下至溪，左凭买主之山，右凭保麻子栽手为界；又贰块地名培拜，民定国屋与〔路〕边之块，界〔至〕：上凭半截，下至培拜溪，左凭上寨共山，右凭小冲；路边之块界〔至〕：上凭湾路，下凭沟，左上截凭买主之山，下截凭朝璇之山，右凭岭，抵老莫之油山为界，四至分明。言定伍股均分，地主占三股，栽手占贰股。今将三块栽手贰股出卖与姜世模、世俊兄弟名下承买为业。当日凭中议定价银一两四钱六分半，亲手领回应用。自卖之后，任凭买主修理管业，卖主不得异言。恐口无凭，立此卖字为据。

内涂四字。

凭中　姜老胖、李天福　笔
子世内押
咸丰十年二月十一日　立
此三块之木俱砍尽，无人佃种。

【杨殿安佃契】

　　立佃栽杉种粟字人天柱县岩〔湾〕寨移居莲花山居住杨殿安，佃到文斗寨主家姜世模、世俊二位弟兄名下之山一块，地名董攸，别名系秧卧救，界趾（至）：上凭范姓四公之山，下凭大路，左上截凭冲，下截凭范本信之山，右凭岭，四至分明。其木长大，言定五股均分，地主占三股，栽手占二股。限至三年成林，若不成林，任凭地主另佃与别人栽种，若果成林，二比方分合同。恐口无凭，立此佃栽杉字为据。

凭中　姜钟奇

依口〔述〕代笔　朱达源

咸丰十年三月十九日　立

杨殿安种系秧卧救佃字

【龙发贵佃契】

　　立佃栽杉种栗字人羊报龙发贵，今佃到姜世模、世俊弟兄之山□壹块，地名培松，界至：上凭……凭岩洞，左凭岭，右凭冲；又壹块地名假兄田，上凭地垦与姜柏开之山为界，下凭乌堵溪，左凭冲，与□箐之山为界，右凭冲，四至分清。其木限至五年成林，言定伍股均分，地主占叁股，栽手占贰股。木长成林，栽手务要逐年挖修，若不挖修荒芜，地主挖修，……则无分。恐口无凭，立此佃字为据。

　　内添"乌堵、荒芜"四字。

　　外批：□谷壹佰伍拾斤。

凭中、代笔　姜钟芳

咸丰拾年润（闰）三月卅日　立

……之佃字

【姜昌明换山契】

　　立巧换杉木字人姜昌明，为因要老木割寿方，无处得出，自愿将到先年与姜桥壹共栽地主之山壹块，地名污宜，地主、栽手分伍股，地主占叁股，栽手占贰股，今将名下所占栽手之壹股换与姜世模、世俊弟兄名下为业。其山界限：上凭盘路，下凭水沟，左凭三老家之山，右凭姜钟奇弟兄之山，四至分清。自换之后，二比不得异言。恐口无凭，立此换字为据。

　　　　　　　　　凭中、代笔　姜钟芳
　　　　　　　　　咸丰拾年八月二十二日　立
　　　　　　　　　昌明卖栽手契，卖与凤祖砍伐。

【范锡荣、锡禄弟兄佃契】

立佃栽杉种粟字人岩湾寨范锡荣、锡禄弟兄二人，今佃到文斗寨姜相弼、世模二人名下之山一块，地名污晚，界趾（至）：上凭田，下凭污晚溪，左凭范本英之山，右凭冲以钟奇之山为界，四至分清。其木长大言定伍股均分，地主占叁股，栽手占贰股。限至五年成林，若不成林，栽手无分。恐口无凭，立此佃字为据。

佃字二纸，各存一张【半书】

倘〔日〕后栽手出卖，先问地主，地主未收，务分合同，方卖别人。

佃帖贰张，相弼存一张，世模存一张。

凭中　姜钟碧、姜钟芳

锡禄　亲笔

咸丰十年十一月初一日　立

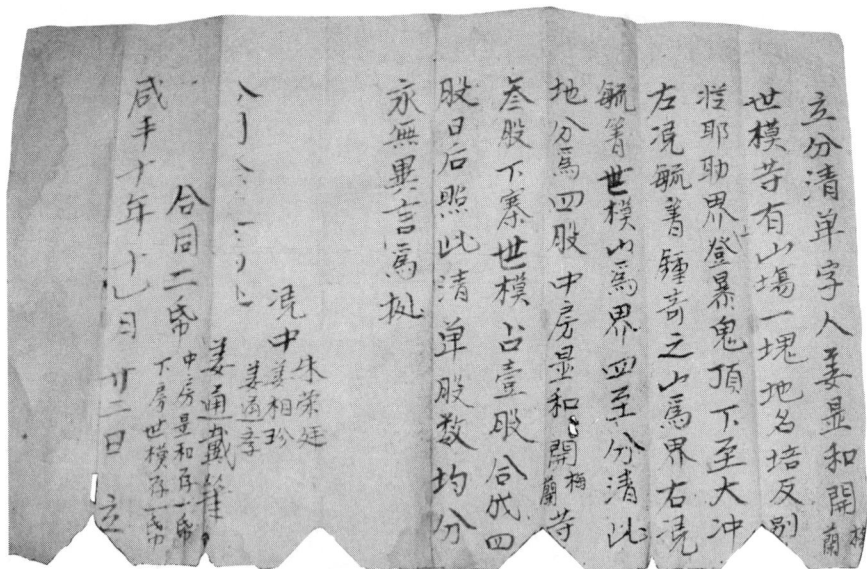

【姜显和等分山合同】

立分清单字人姜显和、开梅、开兰、世模等，有山场一块，地名培反别……耶助，界〔至〕：上登暴鬼顶，下至大冲，左凭毓青、钟奇之山为界，右凭毓青世模山为界，四至分明。此地分为四股，中房显和、开梅、开兰等叁股，下寨世模占壹股，合成四股。日后照此清单股数均分，永无异言为据。

凭中　朱荣廷、姜相珍、姜通孝
姜通戴　笔
合同发达为据【半书】
合同二纸，中房显和存一纸，下房世模存一纸。
咸丰十年十一月廿二日　立

【岩湾寨范钟灵佃契】

立佃地栽杉种粟字人岩湾寨范钟灵，今佃到文斗寨姜世模、世俊弟兄之山贰块，地名四里塘，上一块界趾（至）：上凭地垦以锡□之山〔为界〕，下凭地垦以毓菁之山为界，左凭钟奇之山，右凭冲，以毓菁之山〔为界〕；山下一块，别名老虎跳岩，界趾（至）：上凭犁嘴，下凭盘路，左凭毓菁之山，右凭小冲以锡贵栽之木为界，四至分清。日后木植长大另分合同，言定伍股均分，地主占三股，栽手占贰股。限至三年成林，不得荒废，若不成林，栽手无分。恐口无凭，立此佃字为据。

代笔　姜钟璧
凭中　姜凤条
咸丰拾年十二月初三日　立

【姜齐兴、齐尧弟兄卖山契】

　　立卖栽手杉木字人姜齐兴、齐尧弟兄二人，为因要银使用，无处得出，自愿将到先年佃栽买主之山贰块，一处地名从堆，界趾（至）：上凭田，下凭冲，左凭冲，右凭岭；又一处地名皆攸，界趾（至）：上凭田，下凭田，左凭岭，右凭岭与相开为界，四至分清。地主、栽手分为伍股，地主占叁股，栽手占贰股，又分为四股，齐兴、齐尧弟兄占栽手一股，今将出卖与本房姜世模，世俊弟兄承买为业。当面凭中议定价银六钱四分，亲手领足应用。其木自卖之后，任凭买主管业。倘有股数不清，俱在卖主理落，不干买主之事。恐口无凭，立此卖字为据。

代笔、凭中　龙载坤
咸丰十年十二月初八日　立
齐兴、齐尧弟兄卖从堆、皆攸栽手契
从堆三块砍尽，佃与黄均华父子栽杉。

【李老明、姜老根卖木契】

　　立卖栽手杉木字人李老明、姜老根二人，为因要银使用，无处得出，自愿将到先年佃栽买主文山一块，地名补两卧诗，界趾（至）：上凭大路，下凭路与木洪为界，左凭岭，右凭买主老木，四至分清。地主、栽手分为伍股，地主占叁股，栽手占贰股，今将栽手贰股出卖与主家姜世模、姜世俊弟兄名下承买为业。当面凭中议定价银一两零贰分，亲手领足应用。其木自卖之后，任凭买主修理管业，卖主房族不得异言。倘有界限不清，俱在卖主理落，不干买主之事。恐口无凭，立此断卖字存照。

　　　　　　　　　　凭中　姜凤桥
　　　　　　　　　　代笔　罗廷瑞
　　　　　　　　　　咸丰十年又十二月初三日　立
　　　　　　　　　　羊报李老明、姜老根卖补两卧诗栽
　　　　　　　　　　手契
　　　　　　　　　　卖与思诏、世法砍伐。

【姜凤翔叔侄卖荒坪契】

立断卖荒坪字人下房姜凤翔叔侄，为因要钱用度，无处得出，自愿将到父亲名下分落之荒坪一块，地名扳皆笼，界趾（至）：上凭大路，下凭五公荒坪，左凭买主，右凭地坎以本和为界，四至分明。今将出卖与上房姜世模、世俊弟兄名下承买为业。当面凭中议定价钱一千四百文，亲手领足应用，其荒坪坎边之楠木并卖在内。自卖之后，任凭买主管业，卖主房族不得异言。恐口无凭，立此断卖字为据。

凭中　潘鼎经

代笔　姜本灿

咸丰十一年正月廿六日　立

【姜老胖等分山合同】

　　立分合同字人姜老胖、范钟□、姜凤桥、范锡荣，先年佃到姜世模、世俊弟兄之山，地名荣假堆。此山地主、栽手分五股，栽手占贰股，地主占叁股，栽手之贰股又分为四小股，老胖之小股先年凭中出卖与地主，余叁股自存。今木长大成林，二比自愿分合同，日后不得混争。今欲有凭，立此合同为据。

　　　　　　　　　　凭中　龙生隆
　　　　　　　　　　代笔　姜钟芳
　　　　　　　　　　……
　　　　　　　　　　姜世模存一纸、姜凤桥存一纸
　　　　　　　　　　咸丰十壹年五月十三日　立
　　　　　　　　　　左合同无用。

【姜世模弟兄、范锡荣等主佃分成合同】

　　立分合同字人范锡荣、姜老胖、范钟灵、姜凤桥，先年佃到姜世模、世俊弟兄之山，地名荣假堆。此山地主、栽手分为伍股，地主占叁股，栽手占贰股，栽手之贰股又分为四小股，老胖占壹小股，凭中出卖与地主，余三小股自存。今木植长大成林，二比自愿分合同，日后不得混争。今欲有凭，立此合同为据。

凭中　龙生隆
代笔　姜钟芳
姜世模存一纸，姜凤桥存一纸。
合同永远发达存照【半书】
咸丰十壹年五月十三日　立
合同无用

【范锡荣佃山契】

　　立佃栽杉种粟字人岩湾寨范锡荣，今佃到文斗寨姜世俊、姜世模弟兄之山，地名四里塘，小名依赖，界止（至）：上凭地主之山，下凭大河，左凭范绍华所栽之山，右凭地主之山，四至分清。栽杉成林，言定五股均分，地主占叁股，栽占贰股。日后木植成林长大，另分合同。立此佃字为据。

代笔、凭中　姜凤桥、姜钟芳

咸丰十一年十一月初六日　立

范锡荣栽四里塘佃字

【范锡荣分山合同】

　　立分合同字人范锡荣，今分到先年栽植姜世模、世俊弟兄之山地党兄，界至：上下凭马姓之田，左右凭姜毓菁之山为界，四至分清。地主占叁股，栽手占贰股。今木植长大成林，二比自愿分合同，日后不得混争。恐口无凭，立此合同为据。

　　外批：此山范锡寿佃，锡荣栽杉成林。

凭中　龙生隆，代笔姜钟芳

二比合同各存壹纸为据【半书】

咸丰廿一年五月十三日　立

老合同无用。

【姜相儒等佃山契】

　　立佃栽杉种粟字人姜相儒、邦正二人，今佃到本房姜世俊、姜世模弟兄之山一块，地名翁扭，界限：上登山岭以黎嘴为界，□凭地坎以名卿为界，左凭名卿之山，右凭地主，四界载明。其木长大成林，议定伍股均分，地主占三股，栽手占二股。限至伍年成林，不致荒无（芜）。若不成林，任凭地主另招别人栽种。恐后无凭，立此佃字为据。

　　　　　　　　龙昌荣　笔
　　　　　　　　同治元年四月初一日　立
　　　　　　　　本房相儒、邦正□冉拜佃字，光绪十八年
　　　　　　　　砍尽后又佃与永和栽杉。

【姜老合父子佃契】

　　立佃栽杉种粟字人姜老合父子，今佃到本房姜世模、世俊弟兄之山一块，地名鸠翁的，界至：上登顶，下凭河，左凭地主，右凭地主，四至分明。限定三年成林，若不成林，另招别人栽种，我父子不得系分。若果成林，言定五股均分，地主占叁股，地主占贰股，日后务要分立合同。恐口无凭，立此佃字为据。

　　外批：将岩扳坡田坎脚栽手作抵，若不成林，任凭主家管业。

代笔　姜钟□

同治元年八月初四日　立

【姜天隆佃契】

　　立佃栽杉种粟字人下房姜天隆，今佃到上房姜世模、世俊弟兄之山壹块，地名□为酉，界至：上凭地垦，下凭盘路，左凭岭，右凭冲，四止（址）分清。其木长大，言定五股均分，地主占叁股，栽手占贰股。限定五年成林，如有不成，栽手无分。恐后无凭，立此佃字永远存照。

熙成　笔

　　外批：日后木植长大，二比另分，合约有出卖者先问地主，地主不收，方准卖与外人。内添一字。

同治元年九月拾壹日　立

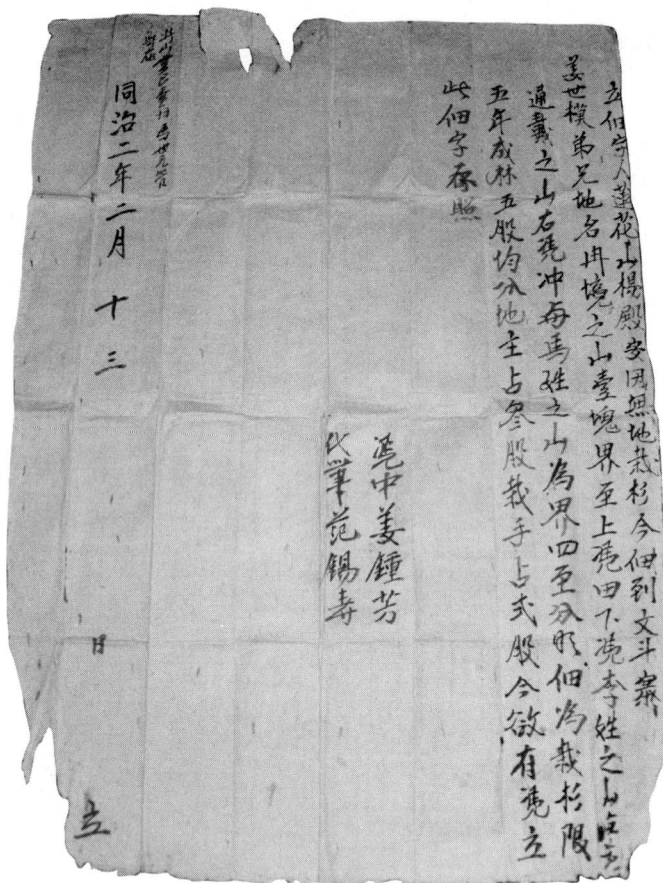

【杨殿安佃契】

　　立佃字人莲花山杨殿安，因无地栽杉，今佃到文斗寨姜世模弟兄地名冉镜之山壹块，界至：上凭田，下凭李姓之山，左凭通戴之山，右凭冲与马姓之山为界，四至分明，佃为栽杉。限五年成林，五股均分，地主占叁股，栽手占贰股。今欲有凭，立此佃字存照。

　　此山业已卖归马世元管〔业〕，无存。

凭中　姜钟芳

代笔　范锡寿

同治二年二月十三日　立

【张老壹佃山契】

立佃栽杉种粟字人中房张老壹，今佃到下寨上房姜世模、世俊弟兄之山一块，地名菜离，上一条岭，界至：上登顶，下至大河，左右凭冲；下一条岭，上登顶，左上截凭溪，下截凭洪，中截凭陆姓之山，右凭小冲以下至姜葵之山，四至分明。其木限至五年成林，栽手占贰股，地主占叁股，合成五股均分。后木长大，二比另分合同。恐口无凭，立此佃字为据。

凭中、代笔　姜钟芳

同治叁年二月初八日　立

【姜福贵、发顺弟兄卖栽手木契】

立断卖栽手杉木字人姜福贵、发顺弟兄二人，为因家中缺少银用，无处得出，自愿将到父亲先年佃栽主家之山，今将栽手贰股请中出卖与上房姜世模、世俊弟兄承买为业。当日凭中议价铜钱玖佰伍拾文。其山地名松离，白名穷闷污路坎下，界至：上凭路，下凭舒姓之屋角并水豪〔壕〕为界，左凭冲，右凭岭与姜春发之山为界；又壹块地名松离，白名洪路，界至：上凭姜开红之山，下凭主家之山，右凭丢榜杨老二之山，左凭主家黄姓佃栽之木。共卖贰块之木，分为伍股，地主占叁股，栽手占贰股。将贰块之贰股出卖，任凭主家修理管业，我栽手弟兄不得异言。倘有异言，我卖主上前理落，不干买主之事。今欲有凭，立此卖杉字为据。

凭中　姜映元
代笔　姜钟芳
福贵押
同治叁年二月廿日　立
得买松离姜福贵贰处之栽手木，砍尽上块，
无人佃栽，路下之块佃与苏老长栽杉。

【姜本和佃山契】

立佃栽杉重（种）粟字人下房姜本和，今佃到上房姜世模弟兄山一块，地名□冲，其山界至：上凭名卿木为界，下凭路，左凭相吉木为界，右凭相吉木为界，四至分明。平（凭）中议定股数，五股均分，地主占叁股，栽手占贰股。后木长大，召（照）股数均分。今欲有凭，立佃字存照。

凭中　姜本和、姜本春　亲笔
同治三年二月二十四日　立

【姜天隆佃山契】

　　立佃地种粟栽杉字人下房姜天隆，今佃到本寨上房姜世模弟兄之……山一块，地名刚培道之山，上抵名卿、之……相吉之山，下凭路，左凭大岭，右凭大路，四至分明。日后木植长大分为五股均分，地主占三股，栽手占二股。今欲有凭，立此佃字为据。

　　　　　　　　　　　凭中、代笔　陆绍机
　　　　　　　　　　　同治四年正月……日　立
　　　　　　　　　　　下房姜天隆佃栽刚培道

【罗老四佃山契】

　　立佃栽杉种粟字人岩湾寨罗老四，今佃到文斗寨姜世模、世俊弟兄名下之山一块，地名兄康刀，界趾（至）：上凭田，下凭河，左右凭冲，四至分明。日后木植长大成林，言定伍股均分，地主占叁股，栽手占贰股。恐口无凭，立此佃字为据。

凭中　陆大敏

代笔　朱达源

同治四年十二月二十日　立

罗老四栽兄康刀佃字

【姜钟述卖栽手杉木契】

立卖杉木栽手字人姜钟述，为因要银使用，无处得出，自愿将到先年佃栽买主之共山贰副（幅），地名皆粟，又栽陆绍机之山一块，地名皆粟，共合叁块，地主之贰副（幅），界趾（至）：上凭地垦，下凭污堵溪。左凭买主之山，右凭污格溪陆姓之块，界趾（至）：上凭毓英之山，下凭买主之山，左凭买主之山，右凭田角，四至分明。地主、栽手分为伍股，地主占叁股，栽手占贰股，今将三处栽手出卖与本房姜世模、姜世俊弟兄名〔下〕承买为业。当日凭中议定价银叁两四钱八分，亲手收足应用。自卖之后，任凭买主修理管业，卖主不得异言。今欲有凭，立此卖字为据。

凭中　姜凤桥
代笔　姜世清
同治伍年三月初三日　立
砍尽左幅凭田角，左边佃与潘大本，栽杉木
已成林，右幅田坎下佃与陆宗华栽成林。

【潘大宇等佃山契】

立佃地栽杉字人□九佑潘大宇、大发、龙通林，今登门佃到文斗寨主家姜钟奇叔侄、姜毓英、通代等九股之山一幅，地名乌冉，界至：上凭毓英子木地垦为界，下凭田与溪，左凭毓英老木以冲为界，右凭地主六股之山，四至分明。其山自种之后，言定五年内成林，二比方立合同，五股均分，地主占三股，栽手占二股，倘木不成林，地另招别人挖种，佃客不得异言。口说无凭，立此佃字是实。

外批：此山地主九股均分，姜毓英占五股半，姜钟奇叔侄占贰股半，姜通代占一股，合成九股，所批是实，佃字三纸，各执一纸。

凭中、代笔　姜凌云

同治五年六月二十四日　立

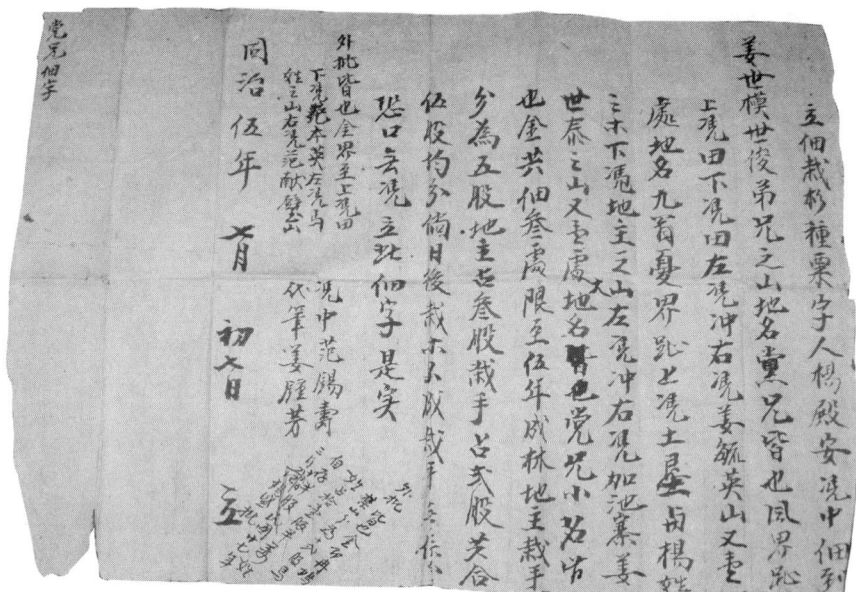

【杨殿安佃契】

　　立佃栽杉种粟字人杨殿安，凭中佃到姜世模、世俊弟兄之山，地名党兄皆也风，界趾（至）：上凭田，下凭田，左凭冲，右凭姜毓英山；又壹处地名九翁忧，界趾（至）：上凭地垦与杨姓之木〔为界〕，下凭地主之山，左凭冲，右凭加池寨姜世泰之山；又壹处地名皆也党兄，小名皆也金，共佃叁处。限至伍年成林，地主、栽手分为五股，地主占叁股，栽手占贰股，共合伍股均分。倘日后栽木不成，栽手无分。今恐口无凭，立此佃字是实。

　　外批：皆也金界至：上凭田，下凭范本英，左凭马姓之山，右凭范献璧山。

凭中　范熙寿

代笔　姜钟芳

同治伍年七月初七日　立

党兄佃字

外批：皆也金即冉鸠禁，〔此〕山分为十贰股，马姓占拾壹股半，姜姓自存半股。民国廿七年三月十六日。范锡盛批

【姜世珍卖木契】

　　立卖杉木字人姜世珍，为因缺少银用，自愿将到地名乌休山老木大小叁块出卖与姜世模、世俊弟兄名下为业。凭中议价银四两叁钱三分，亲手收足应用。其木分为玖股，世珍名下占壹股出卖。今欲有凭，立此卖字是实。

　　　　　　　　　　　　　　　　凭中　姜凤桥
　　　　　　　　　　　　　　　　代笔　姜钟芳
　　　　　　　　　　　　　　　　同治柒年又四月十二日　立

【张益孟父子佃山契】

　　立佃栽杉种粟字人中房张益孟父子，今登门求到下寨姜世模、世俊弟兄之山壹块，地名子丢……佃为种粟栽杉，其山界趾（至）：上凭岩洞，下凭陆房姜老福、老双弟兄之山，左凭李麻子山，右凭河边李四元山，四至分明。日后木植长大以作五股均分，地主占叁股，栽手占贰股。今欲有凭，立此佃字存照。

凭　姜世清
笔　姜钟芳
同治柒年九月初五日　立
□房张益孟佃栽之丢山契

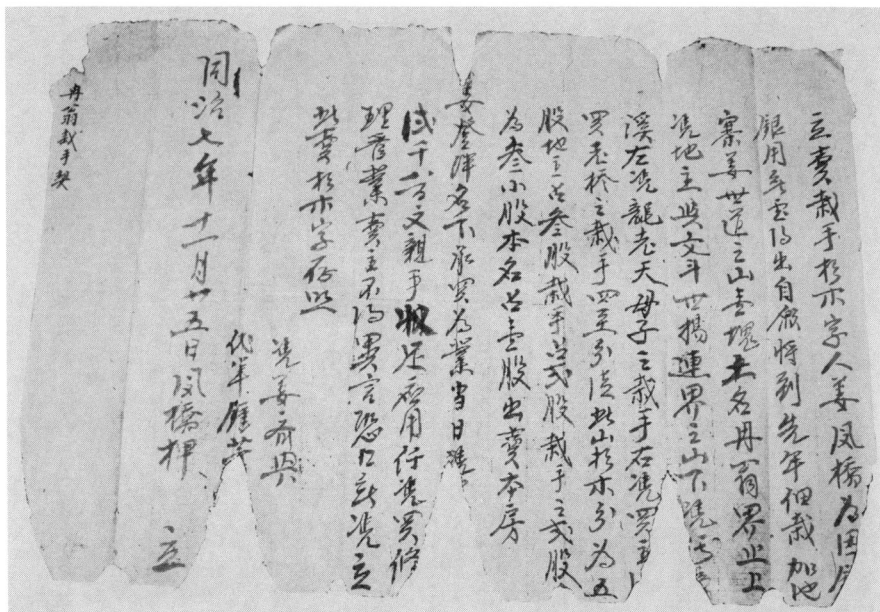

【姜凤桥卖栽手杉木契】

立卖栽手杉木字人姜凤桥，为因缺银用，无处得出，自愿将到先年佃栽加池寨姜世道之山壹块，地名冉翁，界止（至）：上凭地主与文斗世杨连界之山，下凭污□溪，左凭龙老天母子之栽手，右凭买主买老桥之栽手，四至分清。此山杉木分为五股，地主占叁股，栽手占贰股，栽手之贰股〔分〕为叁小股，本名占壹股，出卖本房姜登泮名下承买为业。当日凭中……二千八百文，亲手收足应用。任凭买〔主〕修理管业，卖主不得异言。恐口无凭，立此卖杉木字存照。

凭　姜齐□
代笔　钟芳
同治七年十一月廿五日凤桥押　立
冉翁栽手契

【姜正保、东保弟兄卖栽手木契】

立卖杉木栽手字人羊报姜正保、东保弟兄，为因缺少银用无出，自愿将到先年二伯佃栽买主之山叁块，壹处地名穷为汝，界趾（至）：上凭顶，下凭冲，左凭买主三光之共山，右凭岭；又壹处地名污首追，上凭路，下凭溪，左凭冲，右凭买主；又一处半坡大路边，上凭大路，下凭田，左凭中房姜光寿栽买主之地，右凭路，四至分清。此山之木分为伍股，地主占叁股，栽手占贰股，今将栽手贰股请中登门出卖与本房姜世模、世俊弟兄名下承买为业蓄禁。当面凭中议定价银壹两八钱六分，亲手收足应用。其木自卖之后，任凭买主修理管业，卖主弟兄房族不得异言。恐口无凭，立此出卖杉木字契存照。

凭中　龙岩林、姜世清
代笔　姜钟芳
正保押
同治八年二月廿九日　立
正保弟兄卖〔栽〕手木契

【姜世模、范锡荣等主佃分成合同】

立分合同字人岩湾寨栽手范锡荣、锡禄二人，文斗寨地主姜世模有山壹块，地名污晚皆□悠，界趾（至）：上凭田，下凭溪，左凭四公山，右凭地主，四至分清。此山之木分为伍股，地主占叁股，栽手占贰股。今木长大成林，二比自愿分合同。日后砍伐照合同股数均分，二比不得异言。今欲有凭，立此分合同二纸，各执一纸存照是实。

钟芳　笔

同治玖年正月十九日　立

各执合同一纸存照【半书】

【姜丁未佃契】

立佃栽油树字人加池寨姜丁未，今佃到文斗寨姜世模、世俊弟兄之山壹块，地名鸠榜，即在加池马道边，界趾（至）：上凭马道路，下凭兆祥之油山，左右凭冲，四至分明。其油山日后贰股均分，栽手占壹股，地主占壹股之油水。恐口无凭，立此佃栽油树字存照。其油山栽手足年挖修，不得荒芜，若有荒芜，栽手无分。

凭中、代笔　姜钟芳
同治九年正月廿九日　立

【姜兆魁等佃山契】

立佃栽杉种粟字人加地姜兆魁，今佃到文斗下寨姜世模、世俊弟兄之山，地名鸠□山壹块，界止（至）：上凭加池姜兆□之田下边之岭与大路为界，下凭沟，左凭岭，右凭冲，四至分清。其山……成林以作五股均分，地主占叁股，栽手占贰股，共合伍股。日后……出卖，先问地主，后问他人。恐口无凭，立此佃字存照。

代笔　姜钟芳

同治十年二月二十四日　立

【姜天相佃契】

　　立佃地栽杉字人姜天相，今佃到姜世模、世俊弟兄之山壹块，地名白□，其山界趾（至）：上凭思发之田，下凭污都溪，左凭地主之山，右凭冲，四至分明。日后木植成林，长大以作伍股均分，地主占叁股，栽手占贰股。口说无凭，立此佃字存照。

　　　　　　　　　　　　　　　凭中　李天福　亲笔
　　　　　　　　　　　　　　　同治十一年六月十一日　立

【姜老宗、昌保父子佃契】

　　立佃栽杉种粟字人姜老宗、子昌保父子佃到世模、世俊之山，地名南堵。地主、栽手分为五股，地主占叁股，栽手占贰股，老宗父子占栽手壹股，地主自占栽手壹股。恐口无凭，立此佃字是实。

　　　　　　　　　　凭中　蒋思舜
　　　　　　　　　　代笔　钟芳
　　　　　　　　　　光绪二年正月二十五日　立

【龙之文等佃山契】

　　立佃帖种山字人中仰寨龙之文、之建、之贵、恩志、恩奇五人，为因无地种粟，今请中上门佃到……寨姜熙侯、姜志明、登伴、肇彬、恩相、国相等，地名井东，下□甲共山一所□大，界限：上凭岭破以中仰六房共山为界，下抵污斗大溪，左凭岭以瑶光寨姜培元与文斗中房所共冉依之山为界，右上凭三□□田坝过去□少田坝却为界，右下凭星子洞以小溪为界。因先年左右幅佃与丢佑林龙二姓所栽下，存中一幅系在桥头上，首无人佃种合我中仰龙姓五人自愿讨中上门佃种，开挖栽杉。其山佃种之□自当努力栽杉，不敢荒芜，如有荒芜，为我有人名等事问以作贰大股均分，言限五年栽杉成林，再为分主合同均，若不成林，栽手无分。恐口无凭，立此佃种山字为据存照。

　　……

　　　　　　　　　　……凭中傅名榜……
　　　　　　　　光绪贰年贰月初五日　笔　之文　立

【姜正科、正茂佃契】

立佃栽杉木字人姜正科、正茂兄弟二人，佃栽姜世模、世俊兄弟之山，坐落地名鸠翁的，此山界至：上凭大路，下凭冲，左凭名卿之山，右凭地主之山，四至分明。地主、栽手分为五股，地主占叁股，栽手占贰股，二比言定，限五年成林，若不成林，栽手无分。今欲有凭，立此佃字是实。

外批：宣统二年卖与姜永辉砍伐下河，永久佃栽。

父 悬诏 笔

光绪二年十二月二十日 立

【姜登瀛卖木契】

立卖杉木字人姜登瀛，为因要钱使用，自愿将到南攸七分所占之股出卖与堂弟姜登泮名下承买为业。当日议定价钱贰仟叁百文，亲手收足应用，日后不得异言。今欲有凭，立此卖字为据。

〔外〕批：此山之木分为卅六股，登瀛占壹股出卖，〔日〕后木砍尽，地归原主。

凭中　姜凤祖

代笔　姜世模

光绪三年六月十三日　立

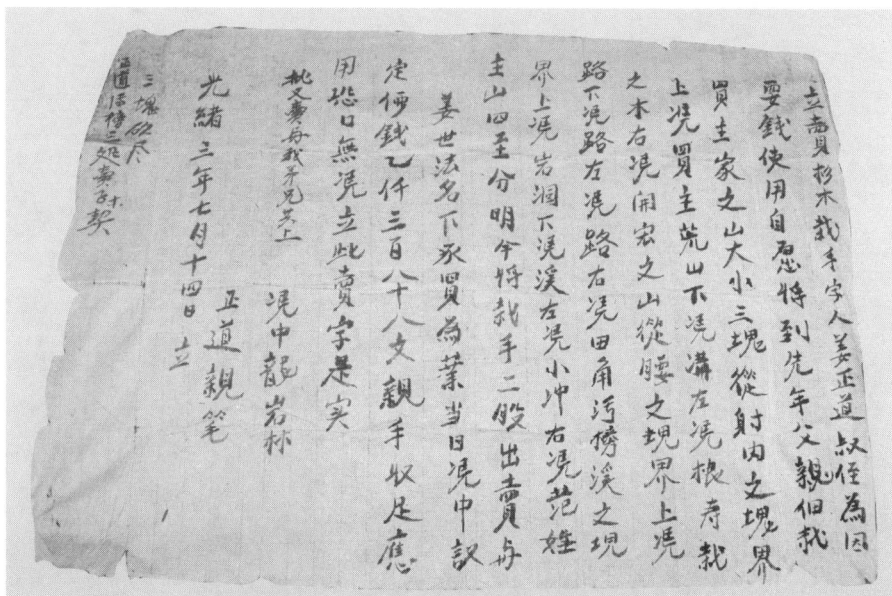

【姜正道叔侄卖栽手杉木契】

立卖杉木栽手字人姜正道叔侄，为因要钱使用，自愿将到先年父亲佃栽买主家之山三块，从射内之块界：上凭买主荒山，下凭沟，左凭根寿栽之木，右凭开宏之山；从腰之块界：上凭路，下凭路，左凭路，右凭田角；污榜溪之块界：上凭岩洞，下凭溪，左凭小冲，右凭范姓主山，四至分明。今将栽手二股出卖与姜世法名下承买为业。当日凭中议定价钱一仟三百八十文，亲手收足应用。恐口无凭，立此卖字是实。

批：又卖与我弟兄共上。

> 凭中　龙岩林
> 正道　亲笔
> 光绪三年七月十四日　立
> 三块砍尽，正道、污榜三处卖子木契

【张、姜两姓分木股契】

光绪叁年七月廿五卖污大求五两五钱之山木栽，共卖价纹银捌两捌钱正（整），伍股均分，地主三股，占银五两贰钱八分，栽手贰股，占银叁两五钱贰分。地主叁股作为伍两伍钱，每两山占银玖钱六分，张姓占地主叁两叁钱六分八厘，姜姓占地主贰两贰钱山，该分银贰两壹钱壹分贰厘。

其单仰交原人代回。

【龙启魁卖栽手杉木契】

　　立卖杉木栽手字人下房龙启魁，为因要□使用无出，自愿将到先年父亲所栽之□一块，地名松离，界限：上登顶抵李姓之山□，下凭坎，左凭冲，右凭李姓之山为界，四至分明，其山之木分为伍股，地主占叁股，栽手占贰股，今将栽手出卖与姜世模、世俊弟兄叔侄名下承买为业。当面凭中议定价钱玖佰捌十文，亲手收足。口说无凭，立此卖字据。

　　内添叁字。

凭中　姜凤乔

光绪叁年十月廿七日　亲笔　立

启魁卖松离栽手契

砍尽今又佃栽木成林。

【姜贵□、杨老四佃契】

　　立佃栽杉种粟字人姜贵□、杨老四二人，今佃到姜钟芳、世模、世清三老家之山一块，地名扳污休，界至：上凭路坎上之岩□，下凭岩洞以溪为界，左凭冲，右凭岭，抵本川弟兄之山为界，四至分明。日后木植长大成林，另分合同，地主占叁股，栽手占贰股，后栽手出卖先问地主。恐口无凭，立此佃字为据。

　　　　　　　　代笔　饶□润
　　　　　　　　光绪四年正月廿七日　立佃仝（同）前

【龙老忠父子讨地基契】

立讨地基走路字人龙老忠，今讨到姜世模、世俊弟兄之地基走路。父子既讨之后不得异言，日后不籍地基为老路。恐后无凭，立此讨字为据。

凭中、代笔　姜世芳
昌保押
光绪四年三月十七日　立
讨字

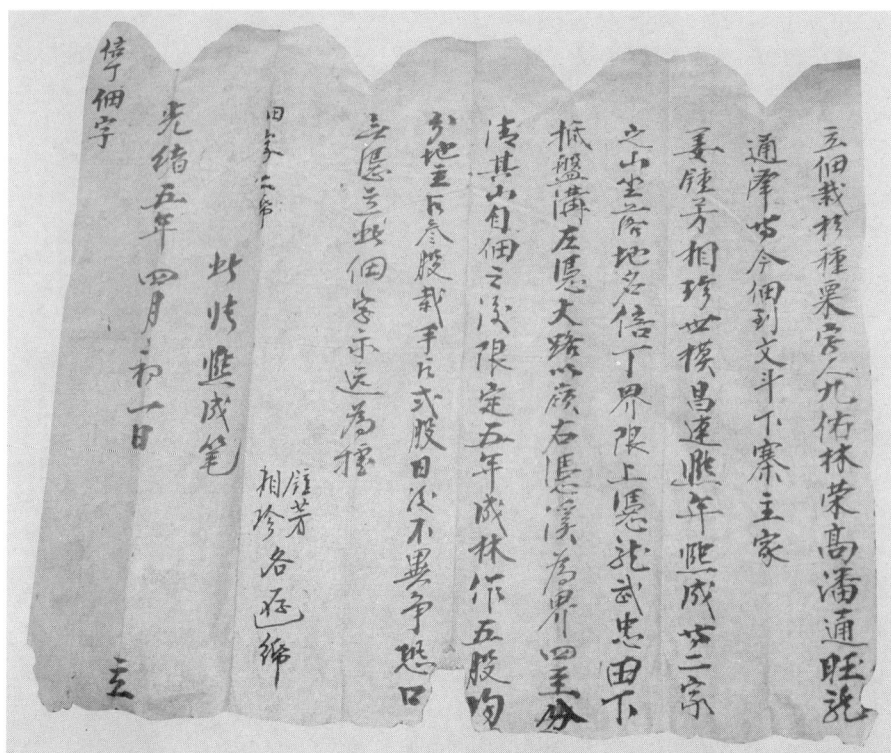

【九佑林荣高等佃山契】

立佃栽杉种粟字人九佑林荣高、潘通旺、龙通泽等，今佃到文斗下寨主家姜钟芳、相珍、世模、昌连、熙年、熙成等二家之山，坐落地名倍丁，界限：上凭龙武忠田，下抵盘沟，左凭大路以岭，右凭溪为界，四至分清。其山自佃之后，限定五年成林，作五股均分，地主占叁股，栽手占贰股，日后不异争。恐口无凭，立此佃字永远为凭。

佃字贰纸

钟芳、相珍各存一纸。

此张熙成笔。

光绪五年四月初一日 立

倍丁佃字

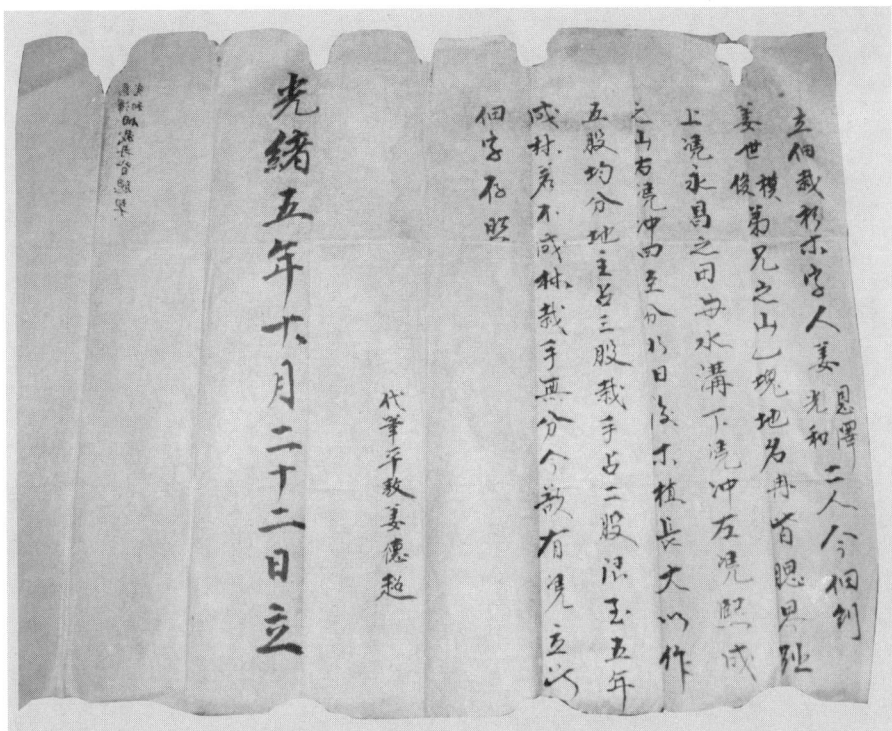

【姜恩泽、光和佃契】

　　立佃栽杉木字人姜恩泽、光和二人，今佃到姜世模、世俊弟兄之山一块，地名冉皆腮，界趾（至）：上凭永昌之田与水沟，下凭冲，左凭熙成之山，右凭冲，四至分明。日后木植长大以作五股均分，地主占三股，栽手占二股，限至五年成林，若不成林，栽手无分。今欲有凭，立此佃字存照。

代笔　平敖姜德超

光绪五年十一月二十二日　立

【龙松茂、杨保你佃契】

立佃栽杉种粟字人龙松茂、杨保你二人，今佃到姜世模、世俊弟兄之山一块，地名皆粟，其山界趾（至）：上凭熙年之山，下凭名卿之山以地垦为界，左凭岭抵钟碧之山，右凭主家佃与明珠之山，四趾（至）分明。其山之木日后长大成林，以作伍股均分，地主占三股，栽手占贰股。口说无凭，立此佃字为据。

凭中、代笔　钟碧
光绪柒年三月十三日　立
龙松茂、杨保你佃皆粟字契，日后好查。

【姜开美、李文科分山合同】

　　立分合同字人姜开美、李文科二人，因先年佃到姜世俊、姜世模弟兄报楼之山一块，界趾（至）：上凭万寿宫之山，下凭田，左凭地主之山，右凭水冲为界，四至分明。其山杉木砍伐下河以作五股均分，地主占叁股，栽手占贰股。恐口无凭，立此分合同为据。

　　栽手二人每人占一股。

　　　　　　　　　　凭中　任伍喜
　　　　　　　　　　合同为据。
　　　　　　　　　　光绪八年二月廿八日　文广　笔　立

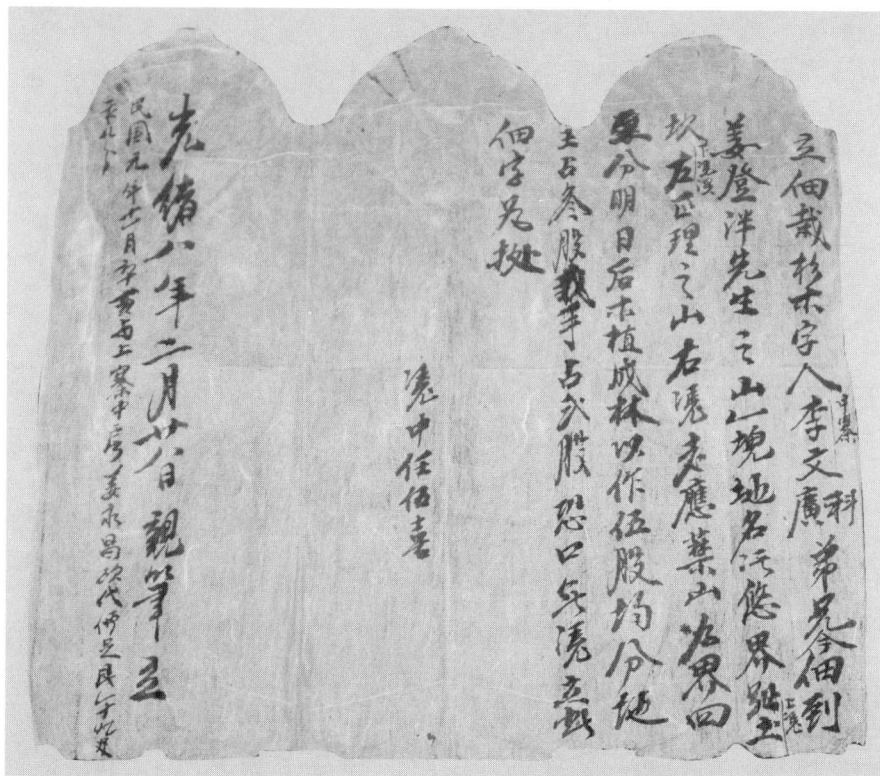

【李文科、李文广弟兄佃山契】

　　立佃栽杉木字人中寨李文科、李文广弟兄，今佃到姜登泮先生之山一块，地名污悠，界趾（至）：上凭地坎，下凭溪，左（凭）正理之山，右凭老应药山为界，四至分明。日后木植成林，以作五股均分，地主占叁股。栽手占贰股。恐口无凭，立此佃字为据。

　　　　　　　　凭中　任伍喜
　　　　　　　　光绪八年二月廿八日　亲笔　立
　　　　　　　　民国元年十一月卒，卖与上寨中房姜永昌
　　　　　　　　砍伐，价足艮（银）一十九两□□□

【污盖溪分单合同】

计开污盖溪山场一所，界趾（至）：上凭顶，下凭溪，左凭冲，右凭大岭，此山地主分为叁大股，上寨姜廷魁占地主贰大股，今姜开彰等五公共占；下寨姜连合、映祥、映林、龙玉宏等占地主壹大股，分为四甲，姜昌连、姜世模、世清、熙麟、老乔、老来、发生、龙发富等共占。以后照依叁大股均分，各股另照子分单□落多寡查收。欲后有凭，立此分单合同叁张存照。

分单合同叁张存照【半书】

姜世模存一张，姜开彰存一张，龙发富存一张。

世模　笔批

光绪八年六月初三日　分单

【范兴荣佃山契】

　　立佃地种粟栽杉字人岩湾寨范兴荣，今佃到文斗寨姜世模、姜世俊弟兄叔侄之山一块，地名四里塘，界趾（至）：上登岭，下至河，左凭范镜湖之山，右上截抵世官弟兄之山，下截抵名卿之山以冲为界，四趾（至）载明。限至三年成林，若不成林，栽手无分。日后木植长大以作伍股均分，地主占叁股，栽手占贰股。口说无凭，立此佃字为据。

　　　　　　　　　　　　　代笔　蒋思舜
　　　　　　　　　　　　　光绪八年十月初一日　立
　　　　　　　　　　　　　范兴荣怀栽四里塘佃字

【姜凤乔佃山契】

立佃栽杉木字人姜凤乔，今佃到姜世模、姜世俊弟兄叔侄之山一块，地名党□，界趾（至）：上凭世珍田以地垦为界，下凭水沟盘路，左凭地主三老家共山以岭为界，右凭开宏永文之山，以垦岭为界，四趾（至）分明。日后木植长大，言定伍股，地主占叁股。栽手占贰股，口说无凭，立此佃字为据。

代笔　蒋思舜
光绪八年十月初四日　立
凤齐栽党宜佃字
民国元年卖右边三老之块与姜思任砍伐越
界……错私山一块补钱一仟二百文。

【李文科、文广弟兄杉木分成合同】

　　立分杉木合同字人李文科、文广弟兄，因先年父亲佃到姜世模、世俊弟兄报楼之山一块种粟栽杉。今木植成林，定言伍股均分，地主占叁股，栽手占贰股。此山界趾（至）：上凭地主之山，下凭水沟，左凭冲抵姜世模、姜相珍所共之山，右凭岭，以下凭世清之山，落冲为界，四至分清。逐年务要挖修，不得荒芜。倘栽手出卖，先问地主。恐后无凭，立此合同为据。

　　　　　　　　凭中　任伍喜
　　　　　　　　合同为据【半书】
　　　　　　　　光绪八年二月廿八日　亲笔　立
　　　　　　　　二十一年砍尽，今佃与孙什作连宽生，
　　　　　　　　被火烧坏，尚未成林。

【岩湾寨范基明佃契】

立佃种栽杉字人岩湾寨范基明，今佃到文斗寨姜世俊、世爵叔侄之山一块，坐落地名岗晚，别名依莱，其有界趾（至）：上凭地主之山，下凭地主之山，左凭镜湖叔侄之山，右凭地主之山为界，四至分明。此木限五年成林，若不成林者，栽手无分，任凭地主另招别客；如有成林，地主、栽手分为伍股，地主占叁股，栽手占贰股，以后栽手出卖先问地主，无银交买后问地（他）人。恐说无凭，立此佃字为据。

代笔　平敖寨姜作弼
光绪拾二年三月二十三日　立
岩湾依莱佃字

【范祖送等三人佃山契】

　　立佃字人岩湾寨范祖送、范发生、范宽生三人等，因无地种粟，今佃到文斗下寨姜世俊、姜世爵、姜世龙、姜世法、姜登瀛、姜登泮、姜登熙等之山场一块，地名翁罢纲，界限：上登大岭，下抵大何（河），左右凭冲以范镜湖山为界。地栽分为五股，地主占叁股，栽手占贰股，限至五年成林，若不成林，栽手无分，日后出卖，先问地主，后问他人。口说无凭，立此佃字存照。

　　　　　　　　　　　　　　　　　　　　　范宽生　亲笔

　　　　　　　　　　　　　　　　　　　　　光绪拾叁年九月拾叁日

【潘大本佃山契】

立佃字人党加潘大本，今因佃到文斗下寨姜登瀛、姜世俊叔侄等之山壹块，地名皆述，上凭地坎以油山〔为界〕，下凭地坎以相珍山〔为界〕，左凭地主，右凭路，四至分清。其山限定五年栽杉成林，日后五股均分，地主占叁股，栽手占贰股。如不成林，栽手无分，任凭地主另招别人佃栽无异。恐口无凭，立此佃字为据是实。

凭中、笔　姜开明
光绪拾肆年十一月初十日　立
党加潘大本佃栽皆述山

【龙作连等佃山契】

　　立佃种地栽杉木人龙作连、姜世爵、孙什保三人，今佃到姜世俊、世龙、世爵、世法、登泮、登瀛、登熙祖遗山壹块，地名也皆占，界限：上凭田，下抵岩洞，左凭冲，右凭田角为界。此山分为伍股均分，地主占叁股，栽手占贰股，其山限至五年成林，若不成林，栽手无分。恐口无凭，立此佃种地栽杉木永远发达存照。

　　　　　　　　　　　　　世远　笔

　　　　　　　　　　　　　光绪拾五年九月二十日　立

【范开科佃山契】

　　立佃种栽杉木字人岩湾寨范开科，为因无地栽种，今佃到文斗寨姜世俊、姜世爵弟兄叔侄之山一块，地名布见皆九翁忧，界趾（至）：左凭冲，右凭显国之山，上凭地垦以地主之山〔为界〕，下凭河，四抵分明。其山限定五年成林，若不成林，栽股无分。日后成林者，照五股均分，地主占叁股，栽手占贰股，倘有栽手出卖，先问地主，后问他人。恐口无凭，立此佃字为据。

　　　　　　　　　　　凭中、代笔　姜登……
　　　　　　　　　　　光绪十六年正月二十七日　立

【龙作连、姜宽生、孙什保佃契】

　　立佃种栽杉字人龙作连、姜宽生、孙什保三人，为因无处栽种，自愿登门佃到姜世俊、世爵弟兄叔侄三块〔地〕。又（一）处地名松离，小名也教，界趾（至）：上凭熙麟之山，下凭盘沟，左凭冲，右凭岭，以恩成等之山为界；又一处地名皆敢拜，界趾（至）：上凭田以小盘路为界，下凭大路，左凭岭路，右凭冲；又一处地名皆攸，上凭路以田角为界，下凭河以大路为界，左凭冲，以本名之山为界，右凭田角、贤清之山为界，四至分明。限定五年成林，若不成林，任凭地主另招别人栽种，佃主无分。倘栽成林，日后出卖先问地主，后问他人。恐口无凭，立此佃字为据。

　　外批：日后五股均分，地主占三股，栽手占贰股。

　　　　　　　　　　　　　　代笔　姜世龙

　　　　　　　　　　光绪拾捌年二月初七日　立

【陆宗培领回山场杉木契】

立领杉山人巴州寨陆宗培，情因祖父先年遗有杉木山场，在文渚（斗）地方兵灭后，有本族陆正宽，于同治年间将祖遗地名一处从皆榜，一处地名在离，一处地名冉楼假，一处地名从堆，一处地名杨公庙外边，一处地名黄养，一共六块，卖与文斗姜世俊、姜世模、登泮叔侄，因我遗有叔坟在于文斗，今登泮叔侄念前友谊，将该杉山地名六处字共三契，概凭亲友退回宗培领清，日后所遗之地各自清理管业，不得向模叔侄重清。恐口无凭，立领是实。

　　　　　凭　亲龙见田、黄秀集
　　　　　　族陆景光、陆志田
　　　　　　友邓寅阶、吴子佩
光绪拾捌年十二月十二日　请代笔秦国清　立

【范德生、祖送佃山契】

立佃字人岩湾范德生、祖送二人，为因无地种粟，今佃到文斗姜思显、世俊、乔相、岩湾范四公、元臣众等之山，地名乌晚溪，界至：上（凭）岭，下（凭）田，左（凭）姜思成等之山，右凭范四公之山，四至分明。限定三年俱要成林，若不成林，佃栽毫无细分。恐口无凭，立此佃字为据。

分合同在内。

凭中　姜寅发
范元辅　笔
……【半书】
光绪十九年八月十八日　立

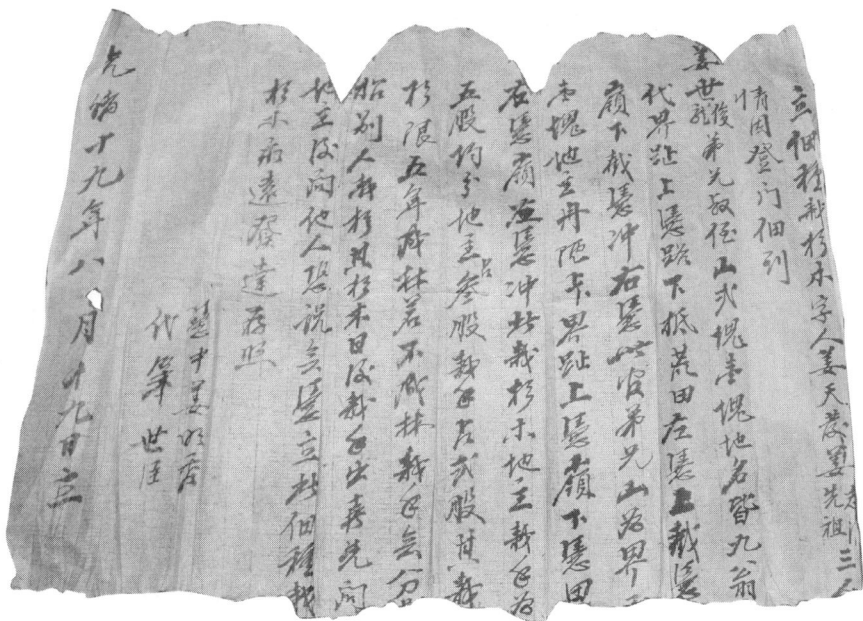

【姜天发等佃山契】

立佃种栽杉木字人姜天发、姜□□、先祖三人，情因登门佃到姜世俊、姜世龙弟兄叔侄山贰块，壹块地名皆九翁……代，界趾〔至〕：上凭路，下抵荒田，左凭上截……岭，下截凭冲，右凭世发弟兄山为界；又壹块地主冉陌卡，界趾〔至〕：上凭岭，下凭田，右凭岭，左凭冲。此栽杉木，地主栽手为五股均分，地主占叁股，栽手占贰股，其栽杉限五年成林，若不成林，栽手无分……招别人栽杉。其杉木日后栽手出卖，先问地主，后问他人。恐说无凭，立此佃种栽杉木永远发达存照。

凭中　姜明秀
代笔　世侄
光绪十九年八月十九日　立

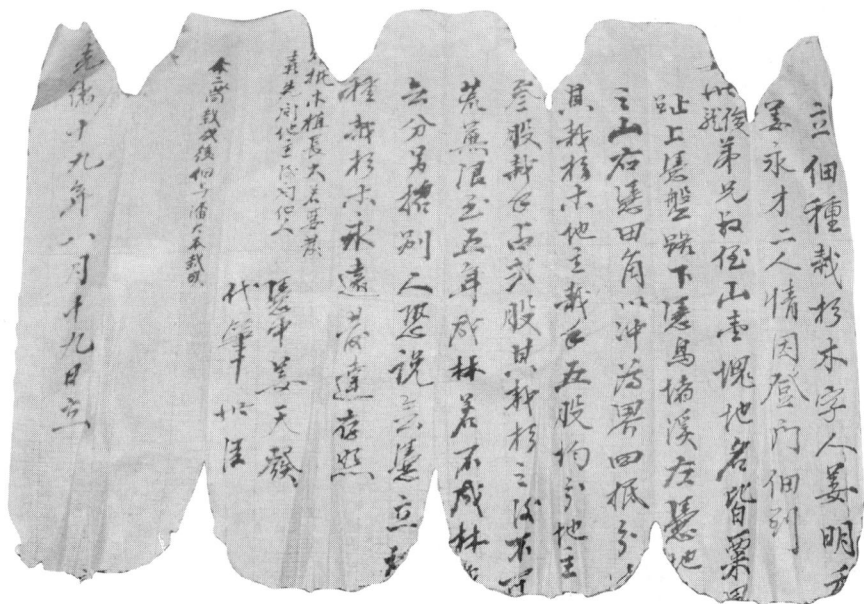

【姜明秀、姜永才佃山契】

　　立佃种栽杉木字人姜明秀、姜永才二人，情因登门佃到姜世俊、世龙弟兄叔侄山壹块，地名皆粟，界趾（至）：上凭盘路，下凭乌堵溪，左凭地□之山，右凭田角以冲为界，四抵分清。其栽杉木地主、栽手五股均分，地主占叁股，栽手占贰股，其栽杉之后不得荒芜，限至五年成林，若不成林，栽手无分，另招别人。恐说无凭，立□种栽杉木永远发达存照。

　　外批：木植长大，若要发卖，先问地主，后问他人。

凭中　姜天发

代笔　世侄

今二人□栽成，后佃与潘大本栽成。

光绪十九年八月十九日　立

【岩湾寨范德生与姜世俊等分成合同】

　　立分合同字人岩弯（湾）寨范德生、宽生弟兄二人，佃到文斗姜世俊、世龙弟兄叔侄等之山一块，地名翁罢枉，其山界限：上凭岭以路为界，下凭大河，左凭冲以镜湖之山为界，右凭冲以范镜湖之山为界，四至分明。今杉木长大成林，此山地主、栽手分为伍股，地主占叁股，栽手占贰股，日后栽手出卖先问地主，后问他人。恐后无凭，立此合同为据是实。

　　立分合同为据【半书】

　　　　　　　　　　　　　凭中、代笔　姜登榜
　　　　　　　　　　　　　内添一字。
　　　　　　　　　　　　　光绪二十年二月初三日　立

【九佑林大福与姜元卿等分成合同】

立分合同字人九佑林大福、大万、大寿、大全，为因先年我等弟兄等向到文斗寨主家中房姜元卿、侄齐相、国相三大房人，上房姜际春、姜秉文，下房姜世俊、世珍弟兄，又下房姜熙侯、熙献，中仰陆步元鉴、堂元魁弟兄叔侄等所共之山壹块，地名松衣，另名音歹飞林硐。其山界限：上凭大坳十字路为〔界〕，下抵乌堵溪横上九佑小溪〔为界〕，左凭长岭以滑岩板坡直下溪为界，右凭冲以文斗下四甲山水濠为界，四至分清。此山木植，今以（已）成林，二比同心，合意言定，地〔主〕、栽〔手〕二大股均分，地主共占壹大股，我栽手弟兄共占壹大股，日后发卖二比邀约，不得相欺妄砍妄卖等情。恐后无凭，立此合同字为据存照。

凭中　姜永发、开贤

代笔　林贞元

立分合同三纸【半书】

登泮执中纸。

光绪二十年三月十六日　立

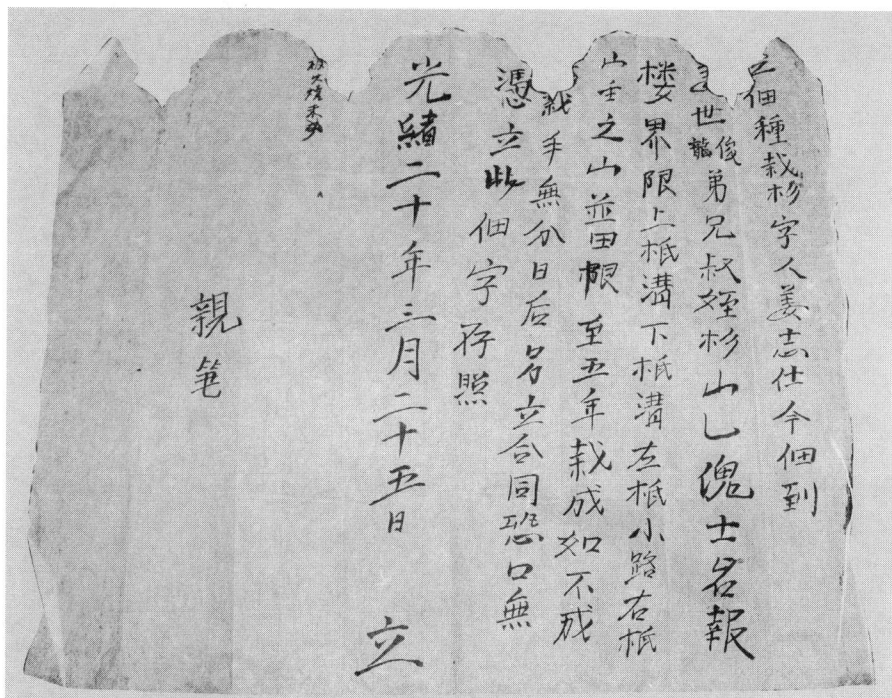

【姜志仕佃契】

立佃种栽杉字人姜志仕，今佃到姜世俊、世龙弟兄叔侄杉山一块，地名报楼，界限：上抵沟，下抵沟，左抵小路，右抵山主之山并田。限至五年栽成，如不成，栽手无分，日后另立合同。恐口无凭，立此佃字存照。

光绪二十年三月二十五日　立
亲笔
被火烧未成。

【龙松茂、孙什保、姜正魁佃契】

　　立佃种粟栽杉木字人龙松茂、孙什保、姜正魁三人无地佃种，今求到本房姜世俊、世龙弟兄叔侄之山一块，地名皆也美景，其山界限：上凭田，下凭垦，左右凭冲，四至分明。此山分为五股，地主占三股，栽手占二股。限至五年成林，若不成林，任凭山主另沼（招）别人，栽手不〔得〕异言。恐口无凭，立有佃字为据。

　　　　　　　　　　凭中　龙庆星
　　　　　　　　　　代笔　姜登熙
　　　　　　　　　　内涂一字，添一字。
　　　　　　　　　　光绪二十年七月二十五日　立

【姜世俊等分阴地契】

立分阴地字人姜世俊父子,祖遗分落地名古道之田壹坵,台子之截取出阴地配立卯山酉向,今凭亲族自愿将此地分一□与堂侄姜登泮安葬,母亲凭亲族等补价银叁两捌钱捌分。日后任我父子左右进葬无异。恐口无凭,立此分定字为据是实。远永(永远)发达,富贵双全。

凭中　世臣、范如贤、朱大礼、姜显清
姜向明　笔
光绪二十年十贰月初八日　立

【任伍喜父子佃契】

立佃种栽杉字人任伍喜父子，因无地栽种，自愿登门佃到姜世俊、世龙弟兄叔侄之山壹块，地名冉培松，其有界趾（至）：上登顶，下至地垦以荒平（坪）为界，左凭岭，右凭冲以海闻之山为界，四抵分明。今佃种限定五年成林，若不成林，栽手无分，任凭地主另招别人。日后其木长大，五股均分，地主占三股，栽手占贰股，贰比不得异言。恐口无凭，立此佃字为据。

凭中、代笔　世清

光绪廿壹年贰月拾七日　立

【龙瑜田、高庆吉佃山契】

立佃字人龙瑜田、高庆吉二人，无处栽杉，今因佃到下寨姜世龙、姜世发叔侄等之山一块，地名汪陆，其有界至：上登顶以龙破领下至凹，下凭岩洞，左凭范姓之山，右凭冲，四至分清。今佃限至陆年成林，若不成林，任凭地主另招别人佃栽，而我二人便无股分。如成林者，言定五股均分，地主占叁股，栽手占贰股无异，倘栽手急卖，先问地主，后问他人。恐口无凭，立此佃字为据是实。

外批：内添一字。

代笔　开明
光绪二十一年叁月二十九日　立

【岑梧寨陆相仕弟兄佃山契】

立佃字人琴（岑）梧寨陆相仕、相朝、相培弟兄，因无地栽种，自愿登门佃到文斗上下两寨，上寨姜开文、际春、际云、春元等，下寨姜世清、世龙、姜熙麟、姜来生、永文、龙发富等之山壹所，地名污界，其有界限：上登顶以大盘路为界，下凭溪，左凭小冲以水毫抵下房，以交明等之共山为界，右凭大岭，四抵分清。今地主、栽手分为伍股，地主占叁股，栽手占贰股。限至伍年成林，若不成林，栽手无分，任凭地主另招别人。如有成林者，日后要分分关合全（同）为据。恐口无凭，立此佃字永远存照是实。

上寨姜济云存一张，下寨姜世龙存一张。

凭中　山主姜开文
外批：山内未坎（砍）之木除开，日后任
　　　凭地〔主〕出卖，栽手无分。
亲笔相培
光绪贰拾壹年六月初贰日　立
计污界佃字

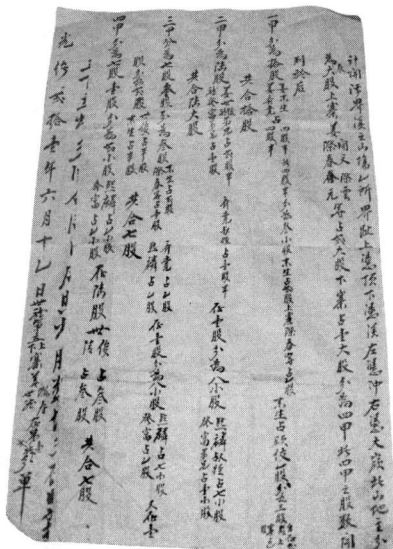

【姜齐党、姜末生、姜世俊等分山契】

计开污界溪之山场一所，界趾（至）：上凭顶，下凭溪，左凭冲，右凭大岭，此山地主分为叁大股，上寨姜际春、开文、春元、际云等占贰大股，下寨占一大股，分为四甲，此四甲之股数开列于后：

一甲分为拾股，姜齐党占四股半，姜末生占四股半。此四股半分为叁小股，末生占贰股，上寨际春等占一股。末生占顾绞一股分为三股，自存二股，上寨占一股。共合拾股。

二甲分为陆股，姜世俊、世龙弟兄占贰股半，龙登富弟兄占一股，齐党叔侄占壹股半。存壹股分为八小股，熙麟叔侄占七小股，发富弟兄占一小股。共合陆大股。

三甲分为七股，叁股分为叁股，末生占贰股，齐党占一股，际春等占壹股，熙麟占一股。存一股分为八小股，熙麟占七小股，登富占一股。又存一股分为贰股，世俊占半股，末生占半股。共合七股。

四甲分为七股，壹股分为贰小股，熙麟占一小股，登富占一小股。存陆股，世俊占叁股，世清占叁股。共合七股。

光绪贰拾壹年六月十一日分单
上下□□分关合同，日后照□股数均分……【半书】
世龙 笔 立
上寨姜际春存第壹纸，下寨姜世龙存第贰纸

【姜世俊、世龙叔侄弟兄等分山契】

立分合同佃帖字人姜世俊、世龙叔侄弟兄、姜德先、德明二人，今因佃栽所分地主姜世俊、世龙弟兄叔侄之山一块，地名报楼，界限：上凭顶，下凭任伍喜所栽之山为界，左凭岭，右凭岭与熙龄之山为界，四字（至）分清。其山限至五年成林，照五股均分，地主占叁股，栽手占贰股。地主不得异言。恐后无凭，立此合同佃栽为据是实。

被李姓放火烧未成林。

凭中　登榜代笔
合同为据【半书】
外批：除三字添四字。
光绪贰拾壹年十二月廿八日　　立

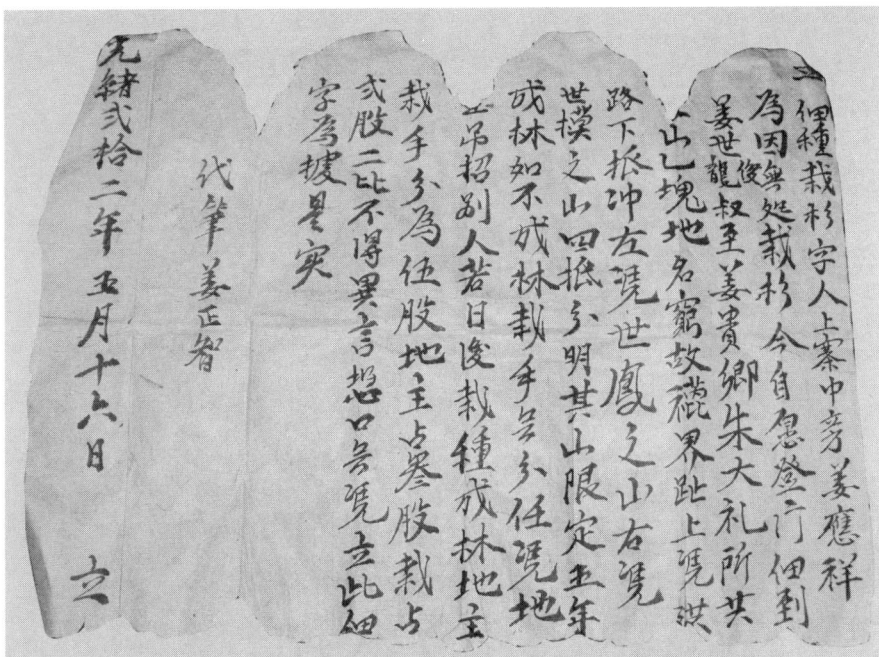

【姜应祥佃契】

立佃种栽杉字人上寨中旁（房）姜应祥，为因无处栽杉，今自愿登门佃到姜世龙、世俊叔至（侄）、姜贵卿、朱大礼所共之山一块，地名穷故□，界趾（至）：上凭洪路，下抵冲，左凭世凤之山，右凭世模之山，四抵分明。其山限定五年成林，如不成林，栽手无分，任凭地主另招别人。若日后栽种成林，地主、栽手分为伍股，地主占叁股，栽〔手〕占贰股，二比不得异言。恐口无凭，立此佃字为据是实。

代笔　姜正智
光绪贰拾二年五月十六日　立

【龙保佃契】

　　立佃帖人上寨龙保一人，无地种粟栽杉，自愿上门佃到姜世俊、登□叔侄等之山，地名冉休，界限：上抵沟，下抵沟，左抵田角以下至冲，右抵小冲为界，四抵清白。议定地〔主〕、栽〔手〕分为伍股，地主占叁股，栽手占贰股，限至叁年成林，另分合同。如叁年不成林者，任地主另招别人，我佃户无分。口说无凭，立此佃字存照。

　　清〔亲〕笔龙现田

光绪二十二年十一月二十三日　立

【龙在兴、姜林主佃契】

立佃种栽杉字人上寨龙在兴、姜林主，为因无地，今求到下寨姜世龙、世俊弟兄叔侄之山贰块，一块地名污加者，界限：上凭路，下凭溪，左凭以岭为界，右凭以石条溪为界；又一处地名丢宜，界限：上凭田沟，下凭田沟，左凭将树以为田冲为界，右凭小冲，四字(至)分清。今木长大，倘有出卖，先问地主，后问他人。口说无凭，立此佃柴(契)为据。

光绪贰拾叁年正月初十日　立
未成林。

【龙松茂、姜正料等佃契】

立佃栽种粟字人下寨龙松茂、姜正料、正魁、陈付保、易启顺、杨老保五人，今因求到中房姜世俊、登泮、登熙叔侄名下之山一块，地名杨公庙陛后，界趾（至）：上凭田垦，下凭路，左上截凭冲以沟砍为界，下截凭志清之山，右凭红路为界。栽手、地主分为五股，地主占三股，栽手占贰股。言定限至三年成林，若不成林，栽手无分。倘有出卖之时，先问地主，后问他人。从此以后，栽手总要勤俭挖修浚束，免得荒芜。立此佃字为据是头（实），远远（永远）发达存照。

内添四字。

将山分为十二股，外有四股，本名存八股荒芜。

代笔　姜德光

光绪二十三年二月初八日　立

杨公庙佃字

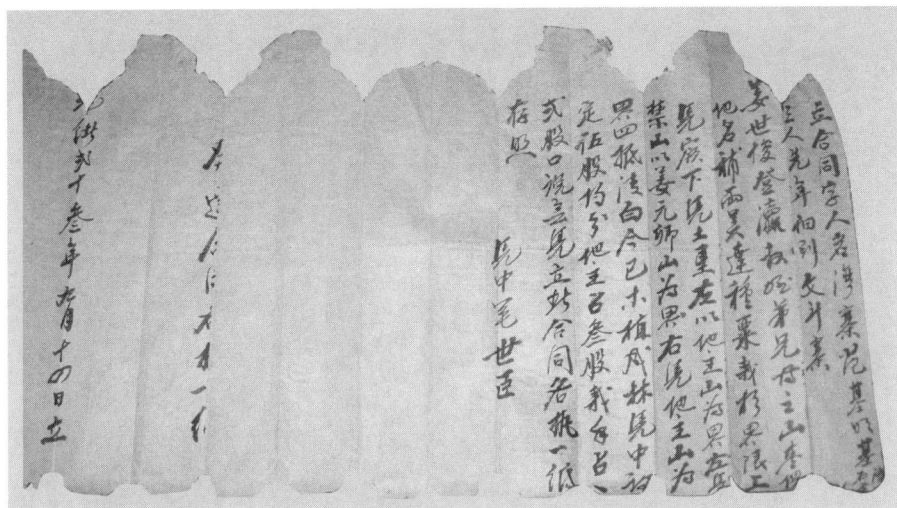

【岩湾寨范基明与姜世俊等分成分同】

立合同字人岩湾寨范基明、基隆、基厚三人，先年佃到文斗寨姜世俊、登瀛叔侄弟兄等之山壹块，地名补雨昊达，种粟栽杉。界限：上凭岭，下凭地垦，左以地主山为界，左凭禁山以姜元卿山为界，右凭地主山为界，四抵清白，今已木植成林。凭中议定伍股均分，地主占叁股，栽手占贰股。口说无凭，立此合同各执一纸存照。

凭中、〔代〕笔　世臣
发达合同各执一纸【半书】
光绪贰十叁年九月十四日　立

【姜世法卖山场契】

　　立断卖山场字人姜世法，为因缺少粮食，无处得出，自愿将到祖遗之山壹块，地名报独，界限：上抵登瀛之田，下抵元卿家之田，左抵路，右抵元卿家之田，四抵清白，出断卖与堂侄姜登泮等为业。凭中议定价谷壹百零八斤，亲手领足。自卖之后，任凭买主栽种管业，我卖主父子并外人不得异言。恐口无凭，立此断卖字为据。

凭中　姜世珍

光绪廿三年十二月十二日　亲笔　立

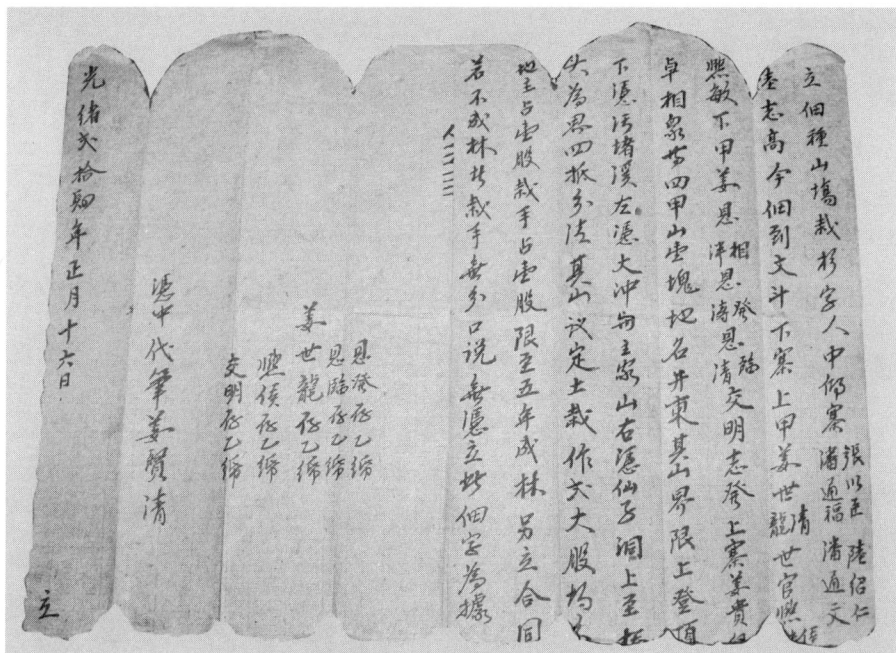

【张以臣等佃山契】

立佃种山场栽杉字人中仰寨张以臣、潘通福、陆绍仁、潘通文、陆志高，今佃到文斗下寨上甲姜世清、姜世龙、世官……熙……熙敏，下甲姜恩相、恩泮、恩发、恩涛、恩临、恩清、交明志发上寨姜贵……卓相众等四甲山壹块，地名井东，其山界限：上登顶，下凭污堵溪，左凭大冲与主家山，右凭仙子洞上至桥头为界，四抵分清。其山议定地栽作贰大股均分，地主占壹股，栽手占壹股。限至五年成林，另立合同，若不成林，此栽手无分。口说无凭，立此佃字为据。

姜恩发存一纸
姜恩临存一纸
姜世龙存一纸
姜熙侯存一纸
姜交明存一纸

凭中、代笔　姜贤清
光绪贰拾肆年正月十六日　立

【姜登奎、姜登熙弟兄分田合同】

　　立分关合同字人姜登奎、姜登熙弟兄，今见族长等，将祖遗之田均分，登熙占皆杨田叁坵，皆垒田壹坵，岩坡坡田大小拾壹坵，登奎占也郎田贰坵。所有山场日后发卖得银，照依股数分派二比，不得争论，恐口无凭，此合同字各执一纸，永远发达存照。

　　　　　　　　　　凭中　世珍、世俊、世龙、世凤、登泮
　　　　　　　　　　世臣　笔
　　　　　　　　　　分关合同，发达有照【半书】
　　　　　　　　　　光绪贰拾四年贰月初一日　立

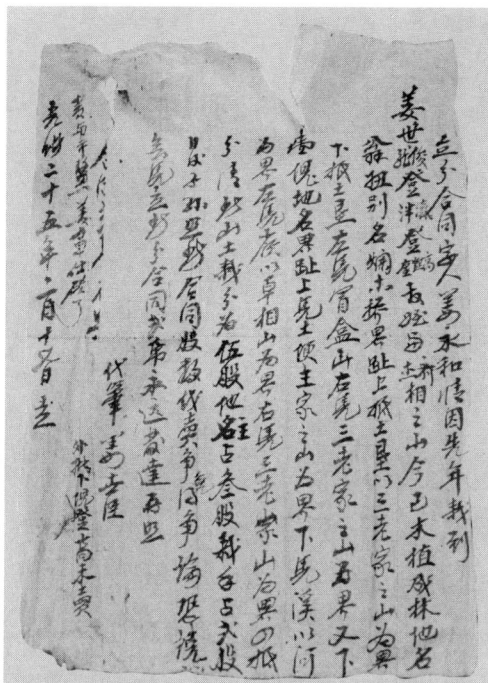

【姜世俊等、姜永和主佃分成合同】

　　立分合同字人姜永和，情因先年栽到姜世俊、世龙、登瀛、登泮、登高、登熙、登奎叔侄与齐相、杰相之山，今已木植成林，地名翁扭，别名烂木桥，界趾（至）：上抵地垦以三老家之山为界，下抵地垦，左凭冒盒山，右凭三老家之山为界；又下壹块地名……界趾（至）：上凭地埂〔以〕主家之山为界，下凭溪以河为界，左凭岭以卓相山为界，右凭三老家〔之〕山为界，四抵分清。此山地〔主〕、栽〔手〕分为伍股，地主占叁股，栽手占贰股。日后子孙照此合同股数伐卖，免得争论。恐说无凭，立此分合同贰纸，永远发达存照。

代笔　姜世丞

合同贰纸存照　【半书】
卖与平鳌姜章仕砍了。
外批：下块登高未卖。

光绪二十五年二月十七日　立

【姜熙豪、姜熙朝佃山契】

立佃栽杉种粟字人姜熙豪、姜熙朝二人，合共开挖种粟，佃到世龙、登泮、登科等一交公，熙朝、熙豪，熙就、熙尧弟兄交公共山，地名对门河乌皆怀薛家屋脚之山，界址：上凭地垦，下至黎嘴水冲，左凭岭抵魏姓山，右凭冲抵世□、熙豪共山，四至分清。木地五股均分，栽手占贰股，地主占叁股，限五年成林，若不成林，栽手无分。口说无凭，立此佃字为据。

……三十一年四月十四日熙豪笔

【姜吉春等佃山契】

立佃栽杉种粟字人上寨姜吉春、本房姜东保，今因佃到姜世隆、姜世□，侄登泮、登科弟兄叔侄之山一块，地名从故□□，界限：上登岭，下抵冲，左凭际春之山，右凭姜□卿之山，四界分清。其栽杉木限至五年成林，栽手……若不成林，另招别客。今木成林栽手、地主分为五股，地主占三股，栽手占贰股。后有出卖，先问地主，后问他别人，恐口无凭，立此佃字为据。

凭中　张圣瑞
代笔　登沼
光绪二十六年七月初八日　立佃字

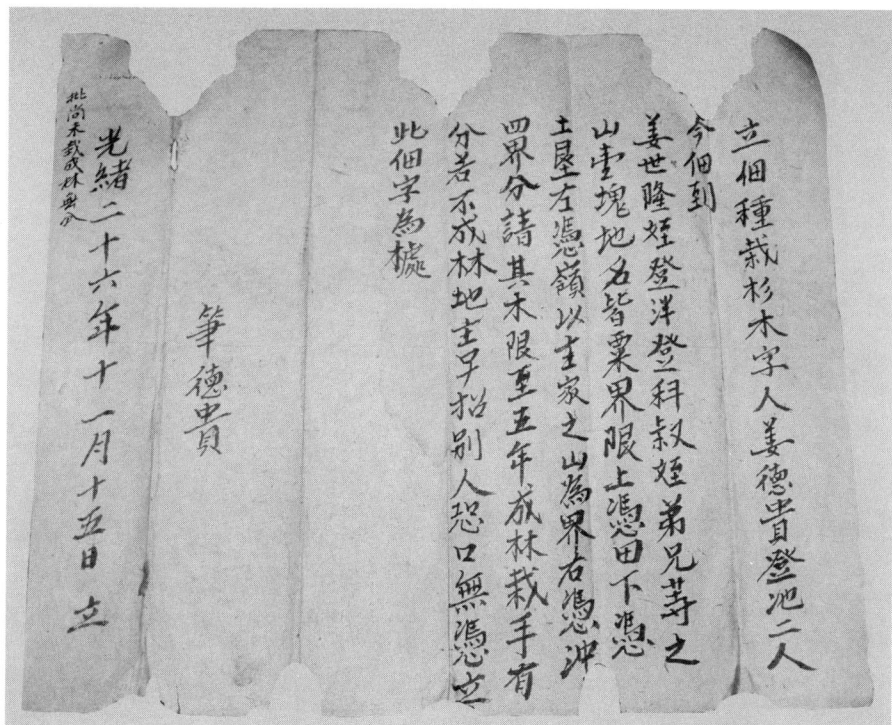

【姜德贵、登池佃契】

　　立佃种栽杉木字人姜德贵、登池二人，今佃到姜世隆侄、登泮、登科叔侄弟兄等之山壹块，地名皆粟，界限：上凭田，下凭地垦，左凭岭以主家之山为界，右凭冲，四界分清。其木限至五年成林，栽手有分，若不成林，地主另招别人。恐口无凭，立此佃字为据。

　　外批：尚未栽成林，无分。

笔　德贵

光绪二十六年十一月十五日　立

立佃地栽杉字人九榜杨忠文今佃到
文斗下寨
姜世龙登泮叔侄等之山壹块地名刚
堆反即在加池寨姜显清乾田角右边
界趾上凭大路下凭大沟左凭上寨姜德
相叔侄共山石凭小冲为界此山自佃栽之
後限定五年成林如不成林栽手无分若
得成林五股均分地主占叁股栽手占贰
股口说无凭立此佃字为据

　　　　　中笔姜肇彬

光绪贰拾玖年润五月初六日　立

【杨忠文佃契】

　　立佃地栽杉字人九榜杨忠文，今佃到文斗下寨姜世龙、登泮、登科叔侄等之山一块，地名刚堆反，即在加池寨姜显清干田角右边。界趾（至）：上凭大路，下凭大沟，左凭上寨姜德相叔侄共山，右凭小冲为界。此山自佃栽之后，限定五年成林。如不成林，栽手无分；若得成林，五股均分，地主占叁股，栽手占贰股。口说无凭，立此佃字为据。

　　　　　　　　　　　中、笔　姜肇彬
　　　　　　　　　　　光绪贰拾玖年润（闰）五月初六日　立

【姜世法、姜世龙等分油山合同】

　　立分油山合同字人姜世法、姜世龙，登泮、登科、登文、登高、登奖，元标叔侄公孙等，缘因祖父遗□油山陆块，姜世法、姜世龙、登高、登泮、登奖，元标等占中岗壹块，占故聋壹块丢了壹块，中岗南左边所副□界限照依老契修。管今分之后，子孙各管各业，不得乱砍乱占。今欲留凭，立此分油山合同字存照为据。

　　外批：内添贰字，涂一字。

凭中　本房姜世官

代笔　下房姜肇彬

光绪叁十一年十二月十一日　立

【张以文等佃契】

立佃栽杉种粟字人张以文、林荣玉、林荣富、潘明发四人，为因无地栽种，自愿登门佃到文斗下寨姜世龙、登泮、登科叔侄与姜熙侯等所共之山壹块，坐落地名秀奇，其有界限：上登顶，下凭水冲，左凭卓贤之山以小冲为界，右凭岭以地主之山为界，四抵分清；又右边壹块系世龙、登泮、登科叔侄等私山一块，上凭顶，下凭冲，左凭岭与熙侯所共之山为界，右凭冲，四抵分清。其山地主、栽手分为伍股，地主占叁股，我种栽之人占贰股。限定五年成林，若不成林，我佃种之人无分，任凭地主另招别人。恐后无凭，立此佃字为据是实。

外批：内添一字。其山日后成林，要与地主分合同。如有栽手出卖，定要先问地主，后问他人。

凭中、代笔　姜登津

光绪叁拾二年八月卅日　立

【姜世龙等分山合同】

立分合同字人下寨姜世龙、世清叔侄、姜熙豪，上寨姜际元、际春弟兄、岑屋陆春秀弟兄，情因共山，坐落地名乌界。其山界限：上登顶破岗界岭至大路抵岑屋，地方界为：下凭溪，左凭冲抵下房山，右破岭至南界，四抵分清。此山原系叁大股均分，上寨先占贰大股，下寨等占壹大股。此一大股所因前后买卖不一，派作四甲分占开列□后：

一甲作拾两均分，熙豪占山捌两一钱六分七正，上寨姜际元、际春二人占山一两八钱三分三正。

二甲作陆两均分，世龙叔侄占山贰两五钱，熙豪占叁两五钱。

三甲作柒两均分，又分为贰拾一两。熙豪占山拾捌两，上寨姜际元、际春二人占山叁两正。

四甲作七两均分，世清占山叁两正，世龙叔侄占山叁两正，熙豪占壹两正。

原笔批内外分为贰幅。内幅陆姓所栽，地界上寨，所占此先贰大股地，全卖陆姓管业，四甲占壹大股。此上有名，自存余外幅，陆姓无分，仍栽甲内之山。日后照此合同字为据。

凭中　龙老恩、姜登儒
世清存一纸、世龙存一纸、熙豪存一纸、际元存一纸。
光绪叁十三年六月初四日　姜熙豪　笔　立

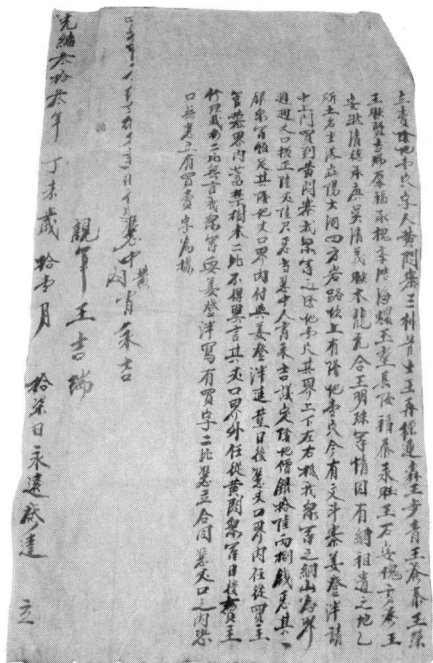

【黄闷寨众人卖阴地契】

立卖阴地壹穴字人黄闷寨三林首士王再标、连森，王步青，王发泰，王荣，王映贤、吉瑞、厚福、承槐、□□、海螺、玉堂、长隆、福泰、汞旺、玉石、安槐、秀发，王安然、清德、承庚，吴清茂、映木，龙元合，王明珠等，情因有□祖遗之地一所，地名坐落□阳大河，四方岩路坎上有隆地壹穴，今有文斗寨姜登泮请中上门买到黄闷寨我众等之阴地壹穴，其界上下左右抵我众等之纲山为界，□□□口横正陆丈陆尺，正当凭中人宵汞吉议定阴地价银拾陆两捌钱整。其银众□领足，其阴地丈口界内付与姜登泮进□，日后凭丈口界内任从买主管墓，界内蓄禁树木，二比不得异言。其丈口界外任从黄闷众等，日后卖主修理栽木，二比无言，我众等要姜登泮写有买字，二比凭立合同，凭丈口之内。恐口无凭，立有买卖字为据。

……【半书】
凭中　黄闷肖汞吉
亲笔　王吉瑞
光绪叁十叁年丁未岁拾壹月拾柒日永远发达　立

【龙吉恩卖房屋并地基契】

　　立断卖房屋、地基字人龙吉恩，为因缺少钱用，无处得出，自愿将到房屋与堂弟吉祥所共之屋，我名下分占右边房屋、地基壹间半，界限：上下凭沟，左凭卖主地基，右凭沟，四抵分清，今将请中登门将屋、地基出断卖与姜登熙名下承买为业。当面凭中议定价钱八千六百八十文，亲手收足应用。其房地基只存中间房屋、地基。自卖之后，任凭买主修整坐住管业，卖主不得异言。恐口无凭，立此卖断字为据。

　　　　　　　　　　　　　凭中　姜德能
　　　　　　　　　　　　宣统元年十二月初十日　亲笔　立

【姜正高立戒约字】

立戒约人上寨姜正高居心不良，屡行盗砍木，今又盗砍下寨姜世龙、世清、登泮、登熙、登科、登文、元标等叔侄弟兄之山，地名卧夭杉木叁拾一根，被山主查知拿获，赃真证确，自知情亏理曲（屈），再三哀求宽宥，以免报款送官。今凭团首姜卓贤、熙毫、正才、保长姜寅邓，自愿将盗砍之木退还失主，照依款上条规，罚钱壹千叁佰文。已（以）后痛改前非，不敢妄为，如有再犯，任凭执字报款议罚，送官究治，罪所应得。口说无凭，立此戒约为据。

凭中　姜熙毫、姜正才、姜寅邓
卓贤　笔
姜正高左手大指押
宣统贰年十二月廿一日　立

【马锦堂等分立合同】

立分合同字人南路马锦堂、文斗寨姜德相、希相、周义，下寨姜世龙、世法、恩相、恩显等，为因世龙、世法、恩相、恩显等卖冉格山与四里塘李忠芳砍伐，因指界不明，越界错砍左右山木，经锦堂、德相等请中理讲，三面〔议定〕登山踩界将字对验，世法、世龙、恩相、恩显等六两山字，左凭污干宣，右凭岭；姜德相、希相四十两山字，右凭污干宣；马锦堂、姜德相六两山字，左凭岭；李姓果然砍错四十两山木十根，砍错马姜所共六两山木半边岭。除李姓立错字，退木登门服礼外，我们再立合同。嗣后德相、希相四十两山，世龙、恩相等六两山均以污干宣分界，世龙、恩相等左边六两山，马锦堂、姜德相共右边六两山均以中岭分界。照契管业，不得越界。经争若有仍蹈前辙，任地方罚惩。恐口无凭，立此分合同为据是实。

凭中　姜开贤、姜沛昌、朱韩厘、姜周礼、姜正才
立合同二纸【半书】
姜德相、姜世龙各执一纸　马德彰批
民国二年四月初九日　登文　笔　立

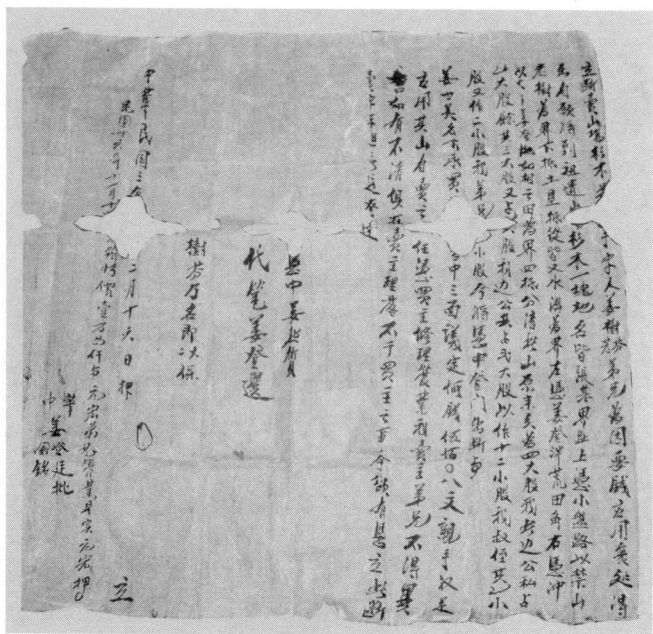

【姜树芬、树芳弟兄卖山场杉木契】

立断卖山场杉木……字人姜树芬、树芳弟兄，为因要钱应用，无处得出，自愿将到祖遗山场杉木一块，地名皆张基，界趾（至）：上凭小盘路以禁山老树为界，下抵地垦抵从皆又水沟为界，左凭姜登泮荒田角，右凭冲以下至姜登熙、如相之田为界，四抵分清。此山原来分为四大股，我此边公私占一大股，余共三大股，又占一大股，我边公共占贰大股以作十二小股，我叔侄共一小股又作二小股。我弟兄一小股，今将凭中登门出断与姜世美名下承买为业。凭中三面议定价钱伍佰零八文，亲手收足应用。其山自卖之后，任凭买主修理管业，我卖主弟兄不得异言。如有不清，俱在卖主理落，不干买主之事。今欲有凭，立此断卖字存照永远发达。

凭中　姜超质
代笔　姜登远
树芬乃名即大保、二保。
中华民国三年二月十六日押　立
民国卅六年十一月十……价壹万四仟与
元宏弟兄管业是实。元宏押
笔　姜登廷批
中　姜□铭

【姜老清等佃契】

立佃种山场栽杉字人下斗、文斗姜老清、老宏、志通、志远弟兄四人，今佃到姜杰相弟兄贤相、伟相、周栋、周林、辅相弟兄、登熙弟兄叔侄等共山地壹块，地名污或溪外拾两山，界限：上凭顶，下抵污或溪，左凭岭抵内拾两山连界，右凭冲抵杰相弟兄分占祖山为界，务要照界挖完，不得荒芜。言定五年成林，再分合同，其有山内所剩残木，任随砍伐出售。倘有荒废等情，山内之残木多少，我弟兄自愿赔还山主，不得异言。恐口无凭，立此佃种栽杉木字为据。

凭中　朱冠标、姜永芳
代笔　姜登伟
中华民国六年润（闰）二月初七日　立

【姜世龙、姜世法等分山场地股合同】

　　立分山场地股合同字人姜世龙、世法、登科、登熙、登文叔等，姜恩德、恩临、永松、永光、如相叔侄等二房祖遗有山场壹块，地名污大求，其山界限：上登顶，下抵小盘路，与世龙、登科叔侄之山为界，左凭岭与张花寨范光荣、承政、尚棋等之山为界，右凭大冲。此山地股分为贰大股均分，禄名占山股数列于后：

　　姜世龙、世法、登科、登熙、登文、树芬、公孙等占山地股一大股；

　　姜恩德、恩临、永松、永光、如相叔侄公孙等占山地股壹大股，今因卖与上寨姜化贤所伐下河，价为铜元拾千零八百八十文。除合食外，余钱照二大股分清以后，佃栽与别人栽杉。照此股数分派二比，不得异言。恐口无凭，立此分山合同字为据存照。

凭中　季枝培、易元泉、姜登津
合同为据【半书】
登熙存一纸，恩临存一纸。
民国七年七月十二日　恩临　笔　立

【苏光廷佃山契】

　　立佃种栽杉木字人苏光廷，居住松离，今因佃到文斗主家姜世龙、世法、登科、登文、元贞、登熙、登选叔侄等之山壹块，地名里教，界限：上凭永韬之山，下凭盘沟，左凭冲，右凭岭，以姜坤相之山，四至分明。其山限至伍年□通，栽杉成林。如有成林者，日后地主、栽手分为五股，地主占叁股，栽手占贰股，日后另立合同。若不成林，栽手无分，二比不异言。恐口无凭，立此佃字为据。

凭中、代笔　登津

民国捌年十一月初十日　立

也教苏光廷佃字

【姜登选、桃芝卖田契】

　　立断卖田字人堂弟姜登选、四弟媳桃芝，为因胞兄夫君亡故，无钱用度，自愿将到地名冉的祖遗之田四垃，约谷八□，界限：走路田壹垃，上凭山，下抵本祖坟山与马姓田〔为界〕，左凭垦领本祖地，右凭范姓田；坟前一垃，界限：上凭本家祖坟，下抵马姓田，左凭水沟以范姓田〔为界〕，右凭马姓小田；冲内壹垃，界限：上凭范姓田，下抵马姓田，左凭马姓小田角，右凭坡，又冲内禾田壹垃，界限：上下抵马姓田，左凭本祖坟前田，右凭坡，四抵分清。此田三老家共分作三拾股，我四兄名下占壹股，自愿将占之壹股断卖与堂兄姜登熙兄名下承买为业。当日凭房族议定价钱壹仟伍百八十文，亲手领去谷五十□，照扣折钱以收足葬兄应用。其田自卖之后，任凭买主堂兄管业，我卖主兄弟叔侄房族人等，不得异言。倘有不清，俱在为弟理落，不与买主何干。恐口无凭，立此断卖田字人为据存照。

　　内涂二字。

　　　　　　　凭中　堂兄姜登池
　　　　　　　民国拾壹年十二月十三日　登选　亲笔　立
　　　　　　　此契不得卖登文之股。

【姜登利等分山合同】

　　立分合同字人姜登利、登熙、登池、登伟、登选、登兰、登鲁，侄元良、元贞、元彬、元经、寿芬、寿芳等，姜兴部、兴贵、兴胜、兴国、侄建钥等，今有祖山壹块，地名扳皆龙升，界限：上凭大路，下抵田沟，左右凭冲，四抵分清。此山地上分为四老股，三老家占叁老股，今有壹老股，先年登科、登熙、登池等得买姜士模壹老股，现在注薄

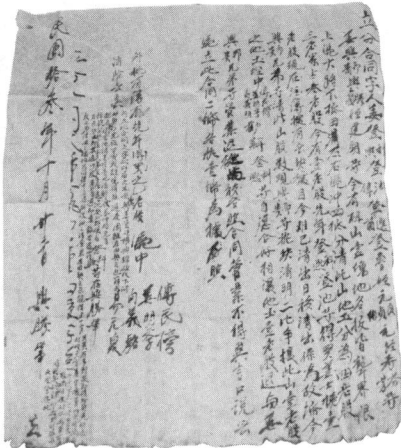

据有，无□据，目今难已（以）清出，日后清出，系为故纸。今兴部、兴贵兄弟等清此山股数，现兴部、兴贵等执块清明，二比争攘此山壹老股之地土，经中傅民榜、姜明学、向义明劝解，登科、登熙等自愿合好相让，地土壹老股退与姜兴部、兴贵兄弟等管业。退从（与）之后，各照合同管业，不得异言。口说无凭，立此合同二纸，各执一纸为据存照。

　　外批：有薄有先年得买之一老股，消除无异。

　　　　　　　　　　凭中　傅民榜、姜明学、向义铭、易元泉
　　　　　　　　　　登科、登熙等存
　　　　　　　　　　兴胜　笔

　　所立此合同之字，砍此届之木系卖与姜登廷、杨兴锦砍伐下河。此契先祖早买，我虽晓得见过，奈因杂在田契之包，一时未想看到。因登池请姜兴贵吃酒醉，伏姜坤相光当谭毓，□言卖弟男子侄，追逼要出契据，看若无契出，即要退山一股，若不肯退，即要报告处罚我之弟侄，个个据（惧）怕，只得经中立退，嗣后细细清查，果在田契之包，亲得于十二月。兴贵有事到家，即得此契，凭明学对他之言，看字据卖山之价，尚有六千八百文之价，贵未追取。倘日后砍伐再争，可将买契砍鸡印血，方可放与他受。登熙批。

　　立分合同贰纸，各执一纸为据存照【半书】

　　　　　　　　　民国拾叁年十月廿三日　兴胜　笔　立

【李大道父子佃契】

立佃种开挖栽杉木字人下理格李大道父子，自己登门问到文斗寨姜姓岑梧寨陆姓之山场壹所，地名污盖，界限：上登岭顶，下抵污盖溪，左凭龙之德佃栽主家之山，右凭大岭直下双溪口为界，四抵分清。自佃之后，限至五年成林，另立合同。地主、栽手分为贰大股均分，地主占壹大股，栽手占壹大股。若不成林，栽手毫无系分。恐口无凭，立此佃栽杉木字为据存照。

外批：文斗姜登熙存一纸。

凭〔中〕 黄宗秀 笔
付有招帖一张，岑梧陆相存一纸。
民国乙丑年十二月初四日 立

【姜尚镛等分山合同】

立分山合同字人文斗寨姜尚镛、大标、姜登津、登熙、登池、姜超□、超秀，岑梧陆相仁、相芝、陆胜贞、陆秀文等共山壹所，地名污盖溪，其山界限：上登大岭，下抵溪，左凭大冲以姜周礼等之共山，右凭岗休大岭，直下双溪口为界，四趾（至）分清。此山分为叁两，占山人名列后：姜尚镛、姜大标等共占山壹两伍钱贰分；姜登泮、登熙、登池、姜超□、超秀等共占山柒钱贰分；陆相仁、相芝、陆胜贞、陆秀文等共占山柒钱陆分。自分之后，各人按照分山合同管业无异，立此分山合同三纸。

分山合同叁张【半书】

姜登泮、登兴、超□等执第二纸。

姜尚镛　笔

民国拾七年五月十六日　立

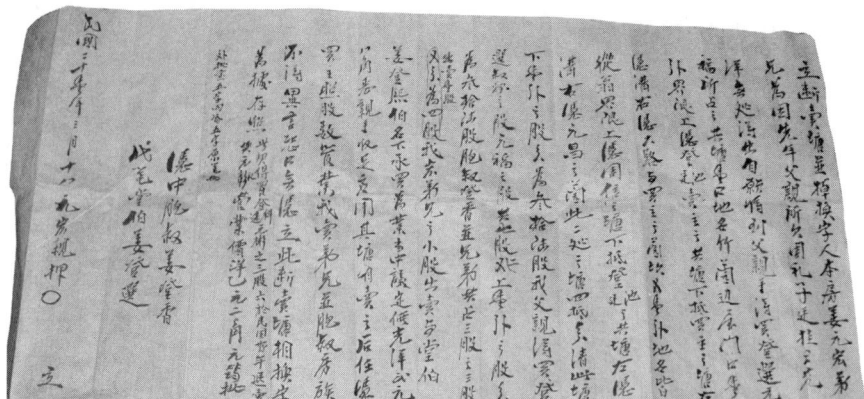

【姜元宏弟兄卖塘并掉换契】

立断卖塘并掉换字人本房姜元宏弟兄，为因先年父亲所欠周礼子廷挂之光洋，无处得出，自愿将到父亲手得买登选、元福所占之共塘一口，地名竹园边屋门口一处，界限：上凭登廷、登池卖主之共塘，下抵买主之塘，左凭沟，右凭大路与买主之园坎〔为界〕；又一处地名皆从翁，界限：上凭周信之塘，下抵登廷、登池之共塘，左凭沟，右凭元昌之园，此二处之塘，四抵分清，此塘下壹处之股分为叁拾陆股，我父亲得买登选叔侄之股、元福之股共七股，二又上壹处之股分为叁拾陆股，胞叔登香并兄弟共占三股之三股出卖壹股，我宏弟兄之小股出卖与堂伯姜登熙伯名下承买为业。当中议定价光洋贰元八角整，亲手收足应用。其塘自卖之后，任凭买主照股数管业，我卖弟兄并胞叔房族不得异言。恐口无凭，立此断卖塘相换字为据存照。

此契得卖登选、登科、元彬之三股六，于民国廿□年退卖与元彰、元礼管业，价洋一元二角。　元筠批

外批：涂五字，内添五字。　原笔批

凭中　胞叔姜登香
代笔　胞叔姜登选
民国二十壹年三月十八　元宏亲押　立

【姜登熙等分山合同】

立分山股数合同字人文斗寨姜登熙、元经、元周、树森等，岩湾范炳荣有山壹块，地名污晚中溪，其山界限：上登刚晚大岭，下抵污晚溪以田为界，左抵范姓之山，右抵范姓之山为界，四抵分清。今将木植卖与客人范修泽砍伐下河，议妥价洋四元五角整，内除分山价，合食费用洋五角，存洋四元，地栽分作五股，每股占洋八角，地〔主〕占三股，占价洋二元四角。凌青、凌汉又分为十二股，每股占洋二角。登熙、元经等占山七股，占洋一元四角。岩湾范炳荣占买世龙、世法、登瀛、登科、登选名下占山五股，占洋一元，又占栽手二股，占洋一元六角。自分之后，二家各以合同管业。口说无凭，立此合同二张，各执一张为据。

凭中、代笔　姜登廷
立分合同二张，各执一【半书】
姜登熙存第二张。
民国癸酉年十二月十二日　立

【姜登熙卖山场杉木契】

立断卖山场杉木字人姜登熙，为因要钱用度，无处得出，自愿将到山场杉木壹块，地名污榜溪，另名塘房田坎脚，其山界限：上凭田地垦，下抵田以溪〔为界〕，左凭老户姜老广、朱姓之山木，右凭小冲，此山地主、栽手分为五股，栽手占贰股在外，地主占三股，又分为二大股，买主家占一大股，我卖主兄弟人等占一大股，又分作十二小股，我卖主占一股，又占堂兄登泮一股，共合二股，今凭中将此山场杉木二股出断卖与上寨中房姜廷桂名下承买为业。当日凭中议定价钱壹拾贰千八百文，亲手收足应用。其山场自卖之后，任凭买主管业，我卖主不得异言。尚有不清，卖主理落。口说无凭，立此断卖山场杉木〔字〕为据。

外批：内添四字。

凭中　弟姜登选

民国二十五年六月十六日　亲笔　立

【姜登照、姜登池等分山合同】

立分合同字人文斗寨姜登照、登池、登伟弟兄叔侄等,南恕黄元昌等,情因民国廿六年十一月初十日请到污大求之山,此山界限:上凭岩字与小盘路以登照、永周二家之山〔为界〕,下抵黎嘴至溪,左凭小冲与张化寨范姓之山〔为界〕,右凭大冲,四抵分明。其山地股五两五钱整,分□所占山多少开列于后:

文斗寨姜登照、登池、登伟、登选弟兄叔侄等占山四两七钱整,南恕村黄元昌占山八钱整。

合同二纸各执一纸【半书】

凭中　范基超、姜永标

代笔　姜茂春

民国廿六年十一月初十日　立

【姜国藩借抵契】

立借抵字人姜国藩，为因缺少钱用，无处得出，自愿将到反浩之山，上凭路，下凭冲，左凭冲，右凭小岭，五股本名占一股，今将出抵与姜元筠名下之钱柒佰贰十四千文，每年上租谷壹千斤，限至十月内归还不误。恐口无凭，立此借抵字为据。

批：此数元浩占三佰卅七仟，元筠占三佰卅一仟五，家礼占五十五仟。 此批

外批：水牛四股抵一股在内。

凭中 姜周模

民国二十捌年二月卅日 亲笔 立

【姜元浩卖田契】

　　立断田字人姜元浩，为因家中缺少洋用，无处得出，自愿将所得买之共田，地名冉垚之股，此田分为叁拾陆股，本名得买登宰之叁小股，又得登科之壹股贰，又得元贞、元□弟兄壹股贰，又得登选一股贰，又得世法壹股，又得元良、树芬、树芳一股，共捌股陆，界限：上凭范姓之田以杉山为界，下凭马姓之田，左凭田以水冲〔为界〕，右凭山，界限分清，今将此股出卖与堂兄姜元筠名下承买为业。当日议定价洋陆拾元零捌，亲手收足应用，不欠分文。其田自卖之后，任凭买主管业，卖主不得意（异）言。尚有股数不清，具（俱）在卖主理落。口说无凭，立此断卖字为据是实。

　　外批：其田大小四垸，元浩所占祖遗之股自存不卖。

凭中　党（堂）兄元兴

民国叁拾一年十一月十一日　亲笔　立

【黄门保、王庚酉卖栽主木契】

　　立卖栽主杉木字人黄门保王庚酉，今因要洋急用，无所得处，自愿将到地名豪映居十家山，此山地主、栽主分为拾股，地主占四股，栽主占六股，本名出卖五股，本房公恩瑞占壹股，其山界：上抵岭，下抵杂柴山脚岩洞为界，左上节（截）抵刘姓之杉山，下节（截）抵大冲以木业公分界，右抵大冲以刘姓栽杉分界，四抵分明。今将先父得买五股出卖与文斗保姜元钧、姜如相二人名下承买为业。当面议定价洋肆万贰仟捌百元整，其洋亲手领足应用。其山自卖之后，任凭买主管业，卖主房族人等不得异言。倘有不清，卖主前来理落。恐口无凭，立有卖字为据。

　　外批：内添叁字，涂壹字。此山待砍木后，地归地主。

凭中　王模厚

民国丙戌年十一月十六日　亲笔　立

策划编辑:李春林
责任编辑:李媛媛
装帧设计:周涛勇
责任校对:吕　飞

图书在版编目(CIP)数据

贵州文斗寨苗族契约法律文书汇编.姜启贵等家藏契约文书/
陈金全,梁聪 主编. -北京:人民出版社,2015.8
ISBN 978－7－01－011065－3

Ⅰ.①贵…　Ⅱ.①陈…②梁…　Ⅲ.①苗族-契约-法律文书-汇编-
锦屏县-清代　Ⅳ.①D927.734.360.9

中国版本图书馆 CIP 数据核字(2012)第 163446 号

贵州文斗寨苗族契约法律文书汇编
GUIZHOU WENDOUZHAI MIAOZU QIYUE FALÜ WENSHU HUIBIAN
——姜启贵等家藏契约文书

陈金全　梁　聪　主编

人民出版社 出版发行
(100706　北京市东城区隆福寺街99号)

北京市大兴县新魏印刷厂印刷　新华书店经销

2015年8月第1版　2015年8月北京第1次印刷
开本:710毫米×1000毫米 1/16　印张:31
字数:350千字

ISBN 978－7－01－011065－3　定价:79.00元

邮购地址 100706　北京市东城区隆福寺街99号
人民东方图书销售中心　电话 (010)65250042　65289539